I0440991

А.И.Зеличенко

ПСИХОЛОГИЯ ДУХОВНОСТИ

Издание 3-е

CreateSpace – 2014

Copyright © 2014 Alexander Zelitchenko

All rights reserved

ISBN-13: 978-1502365347

ISBN-10: 1502365340

Близким

Оглавление

Предисловие к изданию 1996 года

Эта книга не для всех.

Она заведомо не нужна тем, кто не замирал в восторге перед величественным пейзажем, кто не мучался невозможностью проникнуть в тайны мира, кому неизвестно чувство неудовлетворенности и непрекращающийся поиск, радость обретения и восторг вдохновения.

Она не нужна тем, кто полностью доволен собой и своей жизнью. Тем, кто не знаком с сомнениями и неуверенностью в себе. Тем, кто хорошо понимает свое предназначение и жизненный путь. Тем, кого не мучает внутренняя опустошенность и заполненность жизни десятками ненужных дел.

Бесполезна книга и для тех, кто ищет чудодейственные рецепты, как стать счастливым. Для тех, кто стремится обрести магические или парапсихологические способности, чтобы решить свои проблемы. Для тех, кто не хочет отказываться от привычных взглядов и начать серьезную, длительную работу.

Вряд ли будет интересна книга и тем, кто интересуется «чудесами» из праздного любопытства.

Эта книга для всех остальных — Тонких и Умных, но не очень счастливых людей, которые сталкиваются внутри себя с проблемами, более серьезными, чем бытовые, и готовы к трудной работе с ними.

Это книга для тех, кто хочет (и, гланое, может) лучше понять себя, понять, что такое дух и духовность, понять, что стоит за «чудесными» явлениями.

И, наконец, эта книга для того читателя, кто примет «эстафету размышлений», у кого мысли автора найдут созвучие, получат отклик и развитие — Читателя, о котором мечтает любой автор.

Как писалась эта книга

Я задумывал эту книгу как работу по психологии, адресованную относительно узкой группе коллег — профессиональных психологов, которые понимают, что не все в порядке «в датском королевстве». Прежде всего, с ними я хотел поделиться своей тревогой о современном состоянии психологии и пониманием необходимости расширить круг изучаемых психологией явлений.

Книга должна была иметь более или менее привычную «научную» форму, но по мере работы я ощутил яростное сопротивление материала. «Научно» сказать о духовности оказалось почти нечего. Работа продвигалась медленно и трудно.

В первоначальном плане последняя глава была посвящена прикладным задачам психологии духовности, прежде всего преодолению духовного кризиса. Добравшись до этой главы, я уже собирался написать еще несколько страниц «почти не о чем».

Но здесь произошел прорыв. Оказалось, что о духовных кризисах можно сказать очень много. Несколько недель я «запоем» писал о том, что такое духовный кризис и как можно с ним работать, и, когда закончил, обнаружил, что материала о кризисе гораздо больше и он гораздо ярче тусклых общетеоретических рассуждений о психологии духовности «вообще».

Стало ясно, что книгу следует назвать «Преодоление духовных кризисов» и адресовать тем, кто переживает такие кризисы.

Перечитав сделанное, я понял, что многое нуждается в пояснениях (особенно для неискушенных в психологии читателей) и нужно предварить разговор о кризисах «теоретическим вступлением». Начался второй этап работы.

Этот «теоретический» этап занял много времени и привел к очень неожиданным для меня «открытиям», которые, с одной стороны, были захватывающе интересны сами по себе, а с другой — необходимы для понимания работы с кризисами.

Переписав в свете «открытий» «кризисную часть», я понял, что переоценил широту круга читателей. Конечно, среди десятков (или сотен) миллионов тонко чувствующих людей, знакомых с проявлениями индивидуального духа, многие стремятся к духовной жизни, находятся в непрерывном поиске, а часто — и в борьбе, преодолевают кризисы духовного развития и вновь оказываются в кризисе. Но для продуктивной работы с кризисами оказалось мало чувствовать тонкие вещи. Нужны и другие качества: *ум*, чтобы понять то, что понять трудно, и *сила*, чтобы суметь воспользоваться понятым.

Обычные и необычные явления. Духовный кризис

Интерес к духовности обычно подогревается загадочными явлениями (парапсихологическими, магическими, целительскими и т.п.). В результате само слово «духовное» становится синонимом «чудесного».

Так как у меня опыта переживания «чудесных» явлений почти нет, в этой книге о них упоминается только вскользь.

Внимание сосредоточено на «обычных», знакомы многим явлениях, в которых проявляется индивидуальный дух, — феноменах творчества, любви, религиозных и эстетических чувствах и т.д. Но попытка понять «хотя бы» эти явления широко раздвигает горизонт видения мира.

Аналогично, хотя «духовным кризисом» можно называть разные вещи, например, как это сделали переводчики одноименного сборника работ под редакцией С.Грофа — феномены экстраординарного расширения сознания, я использую этот термин в более «обыденном» значении. *Духовный кризис — это неспособность сделать следующий шаг в своем развитии, которая проявляется, прежде всего, в дезориентации и опустошенности.*

Источники

По своему жанру эта книга — не научная монография (как и отрасль, изучающая духовность, — не наука в традиционном значении слова). В ней нет традиционного обзора литературы и мало ссылок. Количество литературы, на которую можно было бы ссылаться, настолько велико, что вряд ли такой обзор мог бы быть полным.

К тому же я не уверен, что достаточно полно знаком с трудами предшественников. Большинство книг были прочитаны мной уже в ходе работы над текстом. Наиболее сильное впечатление произвела на меня книга П.Д.Успенского о Г.И.Гурджиеве «В поисках чудесного». Несколько раз перечитывая ее, я все время находил что-то новое и важное. Гурджиев в буквальном смысле стал моим Учителем. Другим ценным для меня источником мудрости стала серия книг Омраама Микаэля Айванхова. Интересным и полезным было чтение классического труда В.Джемса «Многообразие религиозного опыта». Начиная с какого-то момента мне стали интересны многие книги, которые раньше не привлекли бы меня: работы Идриса Шаха о суфизме, Шрилы Прабхупады о сознании Кришны, книга Алисы Бейли «Эзотерическая психология», «Кабалла» Папюса и т.д.

Уже заканчивая редактирование рукописи, к своему удивлению и радости, я обнаружил, что не одинок и среди психологов. Некоторые идеи в работах С. Грофа по трансперсональной психологии и особенно Р.Ассаджоли по психосинтезу оказались во многом созвучны моим.

Большое количество источников (я не говорю уже об «обычной» психологической литературе) и «параллельных» работ, о существовании которых я только догадываюсь, конечно, исключает любые претензии на приоритет, которые, в лучшем случае, могли бы относиться только к некоторым способам развития и оформления известных идей. Но в работах, подобной этой, приоритет — это последнее, что может интересовать автора.

Об эзотеризме

Естественно-научная картина мира претерпевает кризис. Помимо того, что в ней нет места ни главным вопросам человеческого бытия (таким, как вопросы о счастье, предназначении человека, смысле жизни и т.д.), ни «чудесным» явлениям, она все больше увязает во внутренних противоречиях. Теория относительности, квантовая физика, генетика, кибернетика и т.д. настолько расшатали здание научного мировоззрения, что восстановить его без радикального пересмотра базисных представлений вряд ли возможно. Все большим числом людей осознается необходимость радикальных перемен. Это осознание привело к повышенному интересу к древним учениям.

Среди религиозных и философских доктрин одна группа занимает совершенно особое место. Это эзотеризм. Общим положением эзотерических учений является утверждение, что видимый *мир является только частью* (причем незначительной) *мира реального*.

Для ученого с мировоззрением физика естественно отнестись к эзотерическим текстам, как к литературным мистификациям, если не как к шарлатанству.

Однако при непредвзятом знакомстве с эзотеризмом, по меньшей мере, два обстоятельства заставляют отнестись к нему с большей серьезностью.

Во-первых, в эзотерических текстах содержится множество метких определений и наблюдений, свидетельствующих о мудрости их авторов. Хотя обычно часть эзотерического текста предстает как малопонятные рассуждения, другая часть обладает безусловным вкусом истинности. Мой опыт знакомства с эзотеризмом показал, что малопонятные части становятся понятней при повторном чтении. Это заставило меня отнести непонятность не к качеству текста, а к своей неготовности понять его и/или к интеллектуальной лени. При непредвзятом отношении к прочитанному я постоянно вспоминал, что «то, что я понял — прекрасно, и, следовательно, то, что я не понял, — еще более прекрасно».

Во-вторых, картина мира у авторов, принадлежащих к разным культурным традициям и разделенных тысячелетиями во времени и тысячами километров в пространстве (мусульман Среднего Востока — суфиев, кришнаитов в Индии, последователей Будды в Японии, Китае и Юго-Восточной Азии, эзотерических христиан, еврейских каббалистов и т.д. и т.п.), оказывается во многом одной и той же. Совпадения столь разительны, что объяснить их иначе, как происхождением из одного Источника, невозможно.

Все это наводит на мысль, что огульное неприятие эзотерических идей из-за необычности их формы, категоричности некоторых положений или несоответствия «научным» представлениям — не что иное, как проявление сайентистской гордыни.

Еще несколько пояснений

Авторы книг о духовности часто представляли себя читателю как Посвященных, знающих Тайну, которую они могут раскрыть лишь настолько, чтобы не передать бесполезного или даже опасного знания непосвященному читателю.

Так как я не считаю себя Посвященным, этих опасений у меня нет. Даже временами не покидавшее меня ощущение, что я пишу под Диктовку, не позволяет мне считать эту книгу Откровением. Скорее, она — попытка рассказать о проблемах, которые кажутся мне важными.

Думаю, что после окончания работы я знаю о человеческой духовности больше, чем перед ее началом, но вместе с тем количество непонятного и неизвестного намного больше, чем понятого.

Начиная работу над книгой, я был почти агностиком (как и положено человеку, получившему хорошее естественно-научное образование) и почти атеистом, а к тому же и антиклерикалом, склонным к сарказму.

Работа значительно изменила меня: устранила и агностицизм, и атеизм, но только укрепила антиклерикальность. Я по-прежнему не отношу себя ни к одной конфессии и считаю, что любая церковь, как социальный и культурный институт, давно утратила связь с духовными истоками религии.

Хотя многие места в книге могут показаться похожими на проповедь, это сходство кажущееся. Речь идет о прагматически полезном поведении с той только оговоркой, что прагматизм понимается шире, чем это делают обычно.

Благодарности

В конце предисловия положено благодарить. И благодарить есть кого. Их так много, что перечислить имена просто невозможно. Это мои родители, отдавшие мне все, что могли и без чего моя работа была бы невозможной. Это и авторы чудесных книг, которые помогали мне в поиске. И мои учителя. И сотрудники, и студенты факультета психологии МГУ, которые много открыли мне во внутреннем устройстве научной психологии. Это и мои друзья, которые своими точными, иногда брошенными вскользь замечаниями, но больше своими судьбами направляли работу мысли. Это и редакторы, способствовавшие улучшению рукописи.

Но имя одного человека, без которого эта книга просто не могла бы быть написана и которого в полном смысле можно считать ее соавтором, я хочу назвать. Этот человек — моя жена Катя.

Предисловие к интернет-изданию 2008 года

Я писал «Психологию духовности» в 1994-95 годах. На тот момент это была для меня этапная работа. Именно поэтому текст «Пихологии духовности» во многих местах слищком «горячий» - у меня не было времени «остужать» свои открытия с тем, чтобы преподнести их читателю более выверенным слогом. Эта неостуженность стала причиной того, что, когда я перечитал «Психологию духовности» летом 1998 года, то с ужасом заметил множество ее слабостей. Исправлять их, по сути, означало бы писать новую книгу. На тот момент у меня не было такой возможности – все мое время занимали будущие «Разговоры ученого с Учителем». Но и после завершения «Разговоров...» возможности (да и желания) вернуться к «Психологии духовности» у меня не было. Теперь на шесть лет меня полностью захватил «Свет Жизни». И только закончив «Свет Жизни», я к своему удивлению обнаружил, что интерес читателей к «Психологии духовности» сохраняется. Например, я узнал о двух пиратских перепечатках Части 8 в начале 2000-х годов. А потом ко мне стали обращаться читатели, которые просили разместить «Психологию духовности» на Интернете. Долгое время у меня не было даже технической возможности сделать это. Но сейчас такая возможность появилась, и я выполняю эту просьбу. Я специально не стал ничего менять в исходном тексте, так как необходимые с моей точки зрения изменения потребовали кардинальной переработки всего текста. Но думаю, что и в том виде, в каком «Психология духовности» появилась в книжных магазинах в 1996 году, она будет интересна «своим» читателям.

В общем, «чем богаты...». Читайте на здоровье.

А.И.Зеличенко, июнь 2008 года

Предисловие к изданию 2014 года

За прошедшие 6 лет моя первая, моя пограничная, быстро (в сравнении со «Светом...» и «Разговорами...») написанная и от всего этого очень горячая, очень не остывшая еще книга не стала мне нравится больше. Хотя она по-прежнему дорога мне как важный этап моего собственного профессионального и человеческого развития. Но не это стало причиной моего решения еще раз переиздать «Психологию духовности». Просто я думаю, что она по-прежнему может быть полезна как профессионалам, преодолевающим мировоззренческие рамки академической психологии, так и непрофессионалом, только становящимся на путь сознательного духовного развития и ищущим пути примирения научного мировоззрения с теми реалиями, которые они открывают в себе.

Этот путь был непростым, хотя и радостным для меня самого, и я желаю, чтобы он был не менее радостным для вас. Может быть, «Психология духовности» вам в этом поможет.

А.И.Зеличенко, сентябрь 2014 года

Прекрасно в нас влюбленное вино
И добрый хлеб, что в печь для нас садится,
И женщина, которою дано,
Сперва измучившись, нам насладиться.

Но что нам делать с розовой зарей
Над холодеющими небесами,
Где тишина и неземной покой,
Что делать нам с бессмертными стихами?

Ни съесть, ни выпить, ни поцеловать –
Мгновение бежит неудержимо,
И мы ломаем руки, но опять
Осуждены идти все мимо, мимо.

Как мальчик, игры позабыв свои,
Следит порой за девичьим купаньем,
И ничего не зная о любви,
Все ж мучится таинственным желаньем,

Как некогда в разросшихся хвощах
Ревела от сознания бессилья
Тварь скользкая, почуя на плечах
Еще не появившиеся крылья,

Так век за веком — скоро ли, Господь? –
Под скальпелем природы и искусства
Кричит наш дух, изнемогает плоть,
Рождая орган для шестого чувства.

Н.С.Гумилев «Шестое чувство»

Книга первая
ДУХОВНОСТЬ И ПСИХОЛОГИЯ

Часть 1
ЧТО ТАКОЕ ДУХОВНОСТЬ

Глава 1

НА ПОДСТУПАХ К ПОНЯТИЮ

...И Дух Божий носился над водою.

И сотворил Бог человека по образу Своему.

ДЕНЬ ОТКРЫТЫХ ДВЕРЕЙ • **«ЧТО-ТО ГЛАВНОЕ ПРОПАЛО»** • **НЕВОСТРЕБОВАННЫЕ ПОНЯТИЯ** • **ДВА НАБЛЮДЕНИЯ** • **ВЫСШИЕ ПЕРЕЖИВАНИЯ** • **Творчество** • Повседневность и новизна • Внутреннее содержание и его оформление • **Любовь** • Корыстное и бескорыстное притяжение • **Жизнь с Богом** • Ритуальная и психологическая религиозность • Религиозный опыт • Истоки: мировосприятие детей • Пролом • Общение с Богом • *«Слушание»* • *«Говорение»: молитва и служение* • **Развитие и поиск**

ДЕНЬ ОТКРЫТЫХ ДВЕРЕЙ

Когда мне было 14 лет, я решил стать психологом. Наблюдать за происходящим в себе было захватывающе интересно. Кроме того, как я умозаключил тогда и как продолжаю думать сейчас, в психологии скрыты ответы на все вопросы – это главная наука.

Я мечтал о психологии не меньше, чем д'Артаньян о плаще мушкетера, и моя дорога к ней оказалась не проще.

В 1972 или 1973 году на «дне открытых дверей» факультета психологии Московского университета перед нами, тогда школьниками, выступал декан факультета академик Леонтьев. В его речи меня поразила одна фраза. Ее смысл сводился к следующему: «Тому, кто хочет стать специалистом по человеческой душе, на факультете делать нечего». Это замечание вызвало у меня протест:»Как же так?! Так не может, не должно быть!» В последующем я убедился, как был прав академик.

Когда через несколько лет я начал самостоятельные занятия психологией, свое направление я назвал «психографией» — наукой о методах описания психики, позволяющих создавать *законченные* психологические портреты, в которых люди не только бы узнавали себя, но и признавали, что в портрете отражено *все* самое главное в их психике. Задача эта оказалась очень трудной. ГЛАВНОЕ все время ускользало.

Одновременно я запоем читал труды самых разных психологов и с удивлением заметил, что в академической психологии есть запретные, сознательно игнорируемые темы.

«ЧТО-ТО ГЛАВНОЕ ПРОПАЛО»

Восемь лет профессиональной работы в психологии подтвердили, что что-то в ней не так. Психология нарочито старается не замечать того, чего, казалось, не заметить невозможно. Психологические теории выхолащивают то, что делает человека человеком и в конце концов определяет картину психического. Особенно поразил меня один случай.

В 1988 году мне попалась книга американского гештальт-терапевта Джона Энрайта «Enlightenning Gestalt» («Просветляющий гештальт»). Книга мне очень понравилась. И глубиной мысли, и формой изложения, и практической полезностью. Энрайт ставил и глубоко анализировал важнейшие проблемы. Это была та редкая книга, где автор не прятался от проблем, а шел на них «с открытым забралом». В этом наступлении он пошел значительно дальше, чем авторы многочисленных руководств по психотерапии. И, по-видимому, переступил какую-то грань.

Я был уверен, что Энрайт знаменит у себя на родине. Каково же было мое удивление, когда, оказавшись через год в США, я не смог найти этой книги в богатейшем каталоге библиотеки Гарвардского университета. Кроме того, там вообще почти не было книг по гештальт-терапии – одному из наиболее интересных направлений современной психологии.

В переписке, которая завязалась у нас в последующем, я узнал, что, переступив ту грань, которую он переступил, Энрайт покинул академическую психологию. Как я сейчас понимаю, не мог не покинуть.

НЕВОСТРЕБОВАННЫЕ ПОНЯТИЯ

Несколько лет назад мне предложили принять участие в подготовке «Психологической энциклопедии». Я составил список игнорируемых академической психологией, но важных понятий. Хотя этот список не встретил энтузиазма у редакторов энциклопедии, он стал одним из истоков настоящей книги, и я хочу привести его здесь[1].

Поиск, самозабвение, спонтанность, озарение, жизненный порыв, вдохновение, устремленность, замысел, мечта;

просветление, приобщенность, чистота, чувство существования, легкость, ощущение глубины, внутренняя гармония, покой, переполненность, воодушевление, восторг, эстетическое наслаждение, счастье;

вера, трепет, благоговение, покаяние, очарованность, умиление, тайна, смирение, соблазн;

самоуглубленность, созерцание, ирония, философичность, ожидание, терпение – нетерпение, сомнение, внутренняя борьба, противоречие, метания, запутанность;

ожесточение, безысходность, печаль, обреченность, скорбь, отгороженность, тоска, одиночество, угасание, гнет, отрешенность, самообман, самобичевание, опустошенность, усталость, мизантропия, желание желаний, разочарование, холодность, ущербность, надлом, безразличие;

личностное решение, смерть, грех, открытие, падение, взлет, примирение, прощение;

---

[1] Часть понятий (главным образом общекультурных) была предложена для словника И. Югановым.

внутреннее богатство, строгость, уязвимость, внутренняя сила, закостенелость, внутренняя смелость, постоянство — изменчивость;

мудрость, прозорливость, правдоискательство, романтичность, поэтичность, мистичность;

пессимизм — оптимизм, любовь, надежда, богобоязнь, праведность, целомудрие;

доброта, милосердие, чуткость, благодарность, терпимость, сострадание, щедрость, преданность;

внутренняя работа, творчество, дерзание, познание и самопознание, служение;

духовность, внутренний закон, духовное развитие, психологическая связь, внутренний голос, внутренняя догма, внутренняя свобода;

энергия психическая, интуиция, кризис, чувство прекрасного, значимость, чувство долга, измененные состояния сознания, чувство юмора;

дух, жизнь, искусство, время, судьба, бессмертие, личина, материя, красота, дао, культура, путь, религия, парадокс, истина, заблуждение — ложь, добро — зло, самость;

Бог, святость, милость.

ДВА НАБЛЮДЕНИЯ

Определить свойство легче, наблюдая его в массовом проявлении. Два наблюдения помогли мне прийти к противопоставлению «духовного» и «бездуховного».

Самым ярким впечатлением от поездки в 1987 году по Восточной Сибири (Енисей, Ангара, Байкал, Забайкалье) были люди. Внешне они не отличались от тех, кого я видел каждый день в Москве. Но что-то трудноопределимое роднило их между собой и делало непохожими на жителей Европейской России. «Что-то» было настолько явным и настолько неожиданным, что не задуматься о нем было нельзя.

Назвать «что-то» мне помогли слова Сурикова на мемориальной доске его дома-музея в Красноярске: «...Сибирь дала мне силу духа...»

Я понял, *что* отличает этнос сибиряков – сила духа, и что свойство это – очень важное. Однако соотнести это понятие с теми, которые изучает академическая психология, я не смог. Сила духа оказалась несводимой к другим психологическим понятиям.

Через два с половиной года я побывал в США. Я оказался за границей впервые, и больше всего меня поразила непохожесть американцев на русских. Это было время превозношения Америки в либеральных российских кругах, всяческого подчеркивания сходства американцев с русскими и надежд на повторение Россией пути, пройденного Америкой. Я же увидел абсолютно других людей. Различия относились не только к привычкам, образу жизни, мыслям или даже ценностям, а – к гораздо более глубокому уровню.

Мир американцев показался мне ограниченным рамками privacy. Вежливость и четкость у них сочетались с «узостью кругозора», узкой профессиональной направленностью специалистов и в конечном итоге с отсутствием *глубокого* интереса к действительности. Позднее я назвал все это слабостью духовных связей с Миром.

ВЫСШИЕ ПЕРЕЖИВАНИЯ

В череде повседневных забот у одних реже, у других чаще бывают переживания, которые качественно отличны от «обычных» состояний: умиление от игр детей, сильное художественное впечатление, воодушевление предстоящей работой, восторженное чувство слияния с миром при виде горного пейзажа, радость решения трудной задачи, ощущение тайны и т.д.

Человек, совершающий открытие, испытывает радость, близкую к эйфории. Человек, зачарованно смотрящий на закат и забывший обо всем, тоже испытывает особую радость порой с элементами грусти или торжественности. Иногда музыка захватывает и уносит слушателя, который в состоянии ее Слышать. То же относится и к некоторым архитектурным формам, скульптурам, картинам, стихам. Иногда человек испытывает радость от восприятия Истины, понимания Мира и своего места в нем.

Такие переживания формируют опыт сопричастности ЧЕМУ-ТО большему, чем повседневность. Если не стараться его обесценить, ценность этого опыта всегда велика.

Удивительно, но высшие переживания почти не изучаются академической психологией.

Чтобы понять, что стоит за высшими переживаниями, нужно ближе с ними познакомиться. Следуя классической научной методологии, попробуем их классифицировать.

Можно выделить четыре формы психической жизнедеятельности, для которых характерны высшие переживания – *творчество, любовь, религиозная жизнь* и *развитие*.

Творчество

Повседневность и новизна

Взрослый человек владеет определенными способами поведения, «репертуаром умений».

Заняв свою «социальную нишу», человек живет подобно часовому механизму, воспроизводя одни и те же действия (хождение на работу и с работы, привычные формы проведения досуга, привычные мысли и чувства и т.п.). На постоянные требования к себе со стороны окружающего мира он реагирует постоянными (стереотипными) действиями. Если он еще и удовлетворен своим материальным состоянием, общественным положением и т.п., казалось бы, никаких причин для изменения жизни нет.

Однако психологи знают, как трудно прогнозировать поведение человека даже при неизменных внешних условиях. Вроде бы о человеке известно все: стереотипы социального поведения и реагирования на разные ситуации, личностная направленность, система ценностей и т.д., но... реальное поведение отказывается укладываться в прокрустовы рамки прогноза – живой человек нет-нет да и выкинет какое-нибудь коленце.

Трудности прогноза объяснимы, когда внешние условия меняются и стереотипное поведение перестает быть успешным: привычные способы поведения становятся бесполезными. Играть в новую игру по старым правилам нельзя, нужно искать новые способы поведения, адекватные изменившимся условиям.

Но невозможность прогнозировать поведение при неизменных внешних условиях может означать только непрогнозируемое изменение «внутренних условий».

Конечно, отчасти изменение «внутренних условий», или появление нового «внутреннего содержания» (вопросов, ценностей, мыслей, например, представлений о должном или о возможном, настроений, образов и т.д. и т.п.), происходит под действием внешних факторов: прочитанных книг, советов, рассказов и т.п. Но отчасти оно идет изнутри – как результат внутренней работы или последствие откровений, которые озаряют видение жизни новым светом: то, что казалось важным, перестает быть таковым, и наоборот.

Внутреннее содержание и его оформление

Появление нового внутреннего содержания сопровождается желанием поделиться им с другими, выразить, оформить, материализовать его[2]. Имеющийся «репертуар умений» для этого недостаточен – необходимо искать новые формы.

Творчество многообразно, как многообразны формы внутреннего содержания. Творчеством является и оформление важных мыслей для передачи их другим людям, и стремление поделиться переполняющим чувством красоты, и реорганизация своей жизни в соответствии с представлениями о должном, и воплощение «в металле» инженерной идеи и т.д.

Центральный момент творчества – *появление внутреннего содержания*, «стремящегося» обрести материальную форму.

---

[2] Появление и оформление содержания в творческом процессе можно разделять только условно, так как появление (ФОРМ-ирование) во многом происходит в процессе о-ФОРМ-ления содержания.

Содержание может появляться и при созерцании, и в размышлениях, и в диалоге (с другими или с самим собой), и «само собой» – «бессознательно». У одних людей внутреннее содержание появляется постоянно, легко и незаметно, как бы «ниоткуда». Для других его появление – редкое событие, которому предшествуют «родовые муки» – пустота, молчание, внутренние терзания и т.п.

Моменты появления внутреннего содержания чрезвычайно важны, так как в них сосредоточены узловые точки внутреннего развития. На фоне стереотипной, «рутинной» жизнедеятельности эти моменты выделяются как яркие пятна.

Любовь

Из различных форм внутреннего содержания особенно выделяются любовные переживания, когда человека захватывают стремление быть вместе с другим и стремление делать ему добро.

Корыстное и бескорыстное притяжение

Внутренний мир разделен на три зоны. Первую образуют вещи (люди, обстоятельства, места, предметы, идеи), которых мы боимся, стремимся избегать и были бы рады, если бы их не было. Когда это в нашей власти, мы готовы их уничтожить. Это – наш ад.

Вещи из второй, нейтральной зоны нам безразличны. Их существование как бы не замечается.

Наконец, третью зону (рай) образуют *притягательные* вещи. НЕЧТО в нас тянется к ЧЕМУ-ТО родственному, стремясь излить себя на это ЧТО-ТО в форме заботы, любви, делания добра.

Притяжение проявляется в стремлении сократить расстояние с притягательным объектом – быть с ним вместе (физически, сексуально, эмоционально и т.д.). «Меня к нему (к ней) тянет (влечет, манит)».

Прежде всего это стремление реализуется в мыслях и чувствах, где притягательный объект занимает центральное место: человек постоянно сосредоточен на нем – притягивается им.

Часто (даже слишком) притяжение имеет корыстный характер и проявляется как *желание*.

Человек постоянно чего-то хочет, «алчет». Тяга к приобретению определяет всю его жизнь. Желания денег, вещей, положения в обществе, признания, власти над людьми, славы наполняют жизнь, не оставляя места ничему другому. В ряду желаний есть и «возвышенные» – знаний, душевного мира, Бога, таланта, красоты и т.п. Социальные стереотипы, за малыми исключениями, делают человека владеющего примером для подражания.

Но притяжение бывает и бескорыстным. В этом случае оно проявляется как сочувствие, сопереживание, беспокойство за другого, любование, очарование красотой (человека, пейзажа, мысли или художественного произведения), стремление сделать приятное, доставить радость. С притягательным объектом устанавливается особая эмоциональная связь, позволяющая переживать то же, что и он, жить с ним одной жизнью. Примером такого притяжения является любовь матери к ребенку.

Различие между корыстным и бескорыстным притяжением проявляется уже у младенцев. При корыстном притяжении ребенок хватает погремушку и тянет ее в рот. При бескорыстном – улыбается в ответ на улыбку матери.

Стремление к близости при корыстном притяжении проявляется в попытках заставить объект приблизиться к себе (например, детский крик «Мама! Иди сюда!»). При бескорыстном – в попытках самому приблизиться к объекту (ребенок, бегущий к матери).

При корыстном притяжении мысли направлены на то, «как эту вещь заполучить и насладиться ею». При бескорыстном – мысли или имеют характер «отвлеченных» размышлений об объекте, или направлены на то, «как сделать так, чтобы ему (ей) было хорошо». Желание добра – главная особенность бескорыстного притяжения, любви.

Стремления получить или доставить удовольствие четко прослеживаются в двух типах сексуального поведения. Сексуальная близость приносит максимальное удовольствие, когда она не самоценна, не способ самоутверждения, а способ проявления любви, стремления доставить максимальное наслаждение партнеру. Общая заповедь счастливых отношений в сексе «Беря, отдавай себя» действенна и для других любовных отношений.

Любовь фокусирует активность на достижение целей любви – «быть вместе» и «чтобы любимому было хорошо» (в понимании любящего)[3].

«Жертвенность» любви состоит в том, что делание добра другому требует ресурсов (времени, сил, денег и т.п.), которые можно было бы использовать «во благо себе». Однако жертвы нет, когда благо другого воспринимается как свое.

Жизнь с Богом

Значительная (если не бóльшая) часть высших переживаний относится к явлениям религиозного сознания. Однако эти явления (правда, в ослабленном виде) знакомы не только верующим, но и отъявленным атеистам.

Ритуальная и психологическая религиозность

Религиозность имеет две стороны: ритуальную (обрядовую) и психологическую, которая проявляется в форме религиозного сознания.

Принадлежность к конфессии вовлекает человека в исполнение ритуалов: посещение церкви, совершение обрядов и т.п. Ритуалы могут исполняться поверхностно, но могут и «врастать» во внутреннюю жизнь, формируя ее наиболее

---

[3] Драматическая коллизия возникает, когда одновременная реализация обеих целей невозможна и нужно выбирать: быть вместе или сделать любимого счастливым.53

интимные моменты. В этом случае ритуальная и психологическая религиозность соединяются в одно. Человек осмысляет личный опыт с позиций общеконфессиональных рамок. Иногда принадлежность к конфессии определяет и содержание переживаний: например, человек осознает свою греховность, одержимость дьяволом и т.п.

Функции психологической религиозности многообразны. Религия задает идеологию – систему мироустройства, представления о добре и зле и т.п., придает целостность миру, позволяет получать ответы на «неразрешимые» вопросы (например, в виде ссылок на Божью волю), избавляет от страха смерти, придает силы в безвыходных ситуациях, усиливает индивидуальное могущество, обосновывает и придает завершенность индивидуальной морали.

Религиозность разных людей различна. Она может пронизывать все, что делает человек, или быть изолированной стороной жизни, существовать сама по себе (человек вспоминает о Боге только в церкви), быть статичной или развивающейся, глубокой или поверхностной.

Религиозный опыт

Переживания возвышенности, торжественности, чистоты, причастности, красоты, умиления, любви, восторга, вдохновения, тайны, но в то же время и – собственного ничтожества (малости), слабости, мимолетности не у каждого заполняют всю жизнь, но многим известны не только по названию.

Безотносительно к тому, интерпретирует человек высшие переживания как религиозные или как-то иначе, мы будем считать, что они составляют основу его религиозного опыта [4]. Понимаемый так религиозный опыт есть у многих: и верующих, и атеистов – у всех, кто «заглядывал за завесу», переживал **Контакт**. Способность к этим переживаниям есть у всех, хотя она может усиливаться и ослабевать.

---

[4] Я понимаю под религиозным опытом – вслед за В. Джемсом («Многообразие религиозного опыта») – индивидуальный опыт.

Когда «высшие» переживания осмысляются как контакт с Богом, они становятся «доказательством бытия Божьего», доказательством наглядно-чувственным, лично пережитым, т.е. максимально достоверным.

Другие примеры религиозного опыта, характерные для более высокой (и более редкой) индивидуальной религиозности, дают мистические откровения, обращения, голоса, видения и т.п.

Истоки: мировосприятие детей

Для детского мировосприятия характерна, наряду с меньшей, чем у взрослых, способностью к категоризации, обостренная чувствительность.

В художественной литературе («Ирис» Гессе, почти все детские воспоминания Набокова, «снег опять запахнет яблоком» у Галича и т.д.) часто описывается особая «прозрачность», чистота восприятия мира ребенком (мир видится как после дождя). Иногда говорят и о глубине «чистого» восприятия.

Гармоничность детского мировосприятия, когда ребенок воспринимает себя в единстве с окружающим миром, выражается в переживании незамутненного счастья, воспоминания о котором часто приводят к ностальгии по детству, ярко выраженной, например, у Набокова.

В детском мировосприятии известны и более «странные» явления, такие, как «память предков» – узнавание объектов, с которыми ребенок раньше не встречался, или эффект чьего-то присутствия, когда явственно ощущается, что рядом кто-то есть, что-то происходит, но понять, кто и что, невозможно[5].

Освоение культурных норм при взрослении, как правило, ведет к утрате способности переживать непосредственный контакт с Миром.

---

[5] Все эти явления говорят в пользу небеспочвенности эзотерических представлений, что посылаемая в мир душа утрачивает в момент рождения память о других мирах.

Пролом

Когда ребенок начинает задавать вопросы, его мир теряет цельность и распахивается в... неизвестное. Сначала брешь невелика, и ее могут закрыть ответы родителей. Но она растет вместе с ребенком и для подростка становится соизмеримой с известным миром. Мир оказывается комнатой, в которой вместо одной из стен – Пролом.

В последующей жизни человеку нужно закрыть Пролом – придать миру завершенность или хотя бы научиться жить в комнате без стены. Решают эту задачу люди по-разному.

Одни стараются не замечать Пролом и не задаваться «вечными» вопросами.

Другие (ученые-специалисты) стремятся увидеть как можно больше, но только в отдельных участках Пролома.

Третьи драпируют Пролом полупрозрачной тканью с изображением недостающей части мира и создают иллюзию отсутствующей стены. Таков путь обыденного религиозного сознания, а также творцов целостных и завершенных концепций мира.

Только если пристально всмотреться, можно увидеть Пролом, просвечивающий через ткань, и заметить, что завеса закрыта не «наглухо». Она колышется, иногда приподнимается, как бы дразня: приглашая и не пуская одновременно. Такое «кокетство» создает ощущение тайны, разжигает интерес. Кажется, что вот-вот, еще немного – и тайна будет разгадана, но...

Привлеченные тайной, «третьи» могут превратиться в «четвертых», для которых скрытая в Проломе тайна настолько притягательна, что они готовы многим пожертвовать, чтобы постичь ее. Им необходимо выйти в Пролом, расширить свой мир и, может быть, слиться с тем, что они найдут Там.

Общение с Богом

Виктор Гюго говорил, что религия – это общение человека с Небом. Что составляет содержание этого общения с Высшей

Сущностью, которую можно назвать Небом, Богом, Абсолютным Духом или любым из имен Божьих?

Любое общение включает две фазы: «слушание» и «говорение». В общении с Богом им соответствуют принятие Бога в себя и предание себя Богу.

«Слушание»

Кульминацией в общении с Богом является принятие Бога — состояние, в котором человек видит, слышит, чувствует Бога.

«Слушание» может быть как опосредованным, так и непосредственным, но в обоих случаях это особая внутренняя работа, а слышание — ее результат.

Опосредованным слушание бывает при созерцании, осмыслении, понимании или при восприятии-интерпретации, когда воспринимаемое явление интерпретируется как проявление Божьей воли. При обычной религиозности в восприятии-интерпретации преобладает интерпретация, при глубокой — восприятие.

Непосредственное слушание — мистическое получение Сообщений при Контакте в форме озарения, откровения, сновидения, вдохновения, голосов, просветления и т.п.

Разные описания Контакта[6] во многом похожи. Их авторы всегда «жалуются» на недостаточность и непригодность обычного языка. Почти всегда присутствуют указания на ощущение света (иногда в буквальном, иногда в метафорическом смысле), познание невыразимой обычными средствами мудрости, исчезновение обычного Я и слияние с Мировым духом, переживание спокойствия, уверенности и полной защищенности.

Контакт всегда окрашен чувством присутствия Бога. Человек как бы пронизан Божественным с в е т о м, Божественной Славой, Божественной Любовью. Голос Бога может звучать и изнутри, и извне (видения, явления и т.п.). Мир видится целостностным и гармоничным, а свое Я — частью мира.

---

[6] Большая коллекция таких описаний собрана В. Джемсом в «Многообразии религиозного опыта».

В результате Контакта исчезают сомнения и укрепляется Вера. Человек получает Поддержку. Меняется и общее направление жизнедеятельности – от мирских забот к различным формам Служения.

Непосредственное слушание не так редко, как это может показаться. Его можно наблюдать, например, в восприятии икон верующими. Мой собственный опыт непосредственного слушания связан с восприятием Джоконды.

«Говорение»:
молитва и служение

Чтобы услышать «тихие Божьи слова», нужно перестать «внимать вою» и сосредоточиться. Бог отвечает на обращения к Нему.

В обращении к Богу («говорении») человек передает свое содержание: дела, посвящаемые Богу (совершаемые во имя Его), отношения (Любовь, Покорность, Надежда, Вера, Покаяние), состояния (например, сомнение, неу-ВЕР-енность), волю.

«Канонические» формы говорения – *молитва* и *служение*.

Молитвы содержат просьбы или прославления. Прославления («Слава Твоя простирается превыше небес!») выражают любовь к Богу. Молитвой-просьбой человек пытается усилить свою волю, соединив ее с Божественной.

Просьбы могут относиться к изменениям во внешнем мире (например, «Пронеси чашу сию мимо Меня») или в самом молящемся: обращение за советом (просьба знания, например знания, как поступить: «Господи, что мне делать?»), покаяние (просьба о прощении: «Помилуй меня, Господи»), просьба об изменении своего внутреннего состояния («Господи, укрепи мою веру»).

Молитва о внутренних изменениях (укрепи, разреши сомнения, дай совет, избавь от чувства вины и т.п.) обладает психотехническим потенциалом[7], так как сама по себе может вести к желаемому изменению. Просьба «укрепи» укрепляет, «просвети» – просветляет и т.д.

Вопрос об эффекте молитв об изменениях во внешнем мире (типа «Дай земле дождь»), бессмысленный для академического знания, тесно связан с возможностями магии, обсуждение которых не входит в нашу задачу.

Формы служения различны. Служением деятельность делает не ее содержание, а способ осмысления. Любая деятельность, которая »посвящена Богу» или «освящена Богом», является служением.

Служение осмысляется как дело, осуществляемое Богом через меня, как часть мирового Процесса, реализующего Божий промысел. Такое осмысление обеспечивает деятельности «мотивационную подпитку» и придает устойчивость.

Развитие и поиск

С годами человек становится мудрее – глубже понимает людей, жизнь, его мировоззрение становится гармоничней, появляется недоступный ранее опыт. Меняются интересы, темы размышлений и характер мыслей. Появляются новые понятия, новые вопросы. Развитие мыслей происходит на основе расширения опыта и во взаимодействии с другими мыслями, то есть в общении, включая такую его разновидность, как чтение.

Развивается и восприятие. Появляется видение вещей, раньше не замечавшихся. Ребенок, например, «видит» только, в хорошем или плохом настроении находится человек, доброжелательно или враждебно настроен. Взрослый же может «видеть» то, что человек думает, чувствует, делает и собирается делать, как и на что он реагирует, что им движет.

Растет мастерство, арсенал умений: человек учится делать новые вещи, осваивает новые формы самовыражения[8].

---

[7] Психотехника – система методов изменения психики.
[8] Впрочем, развитие – это не только приобретения, но и потери. Получая одно, человек теряет другое. Чем глубже специалист погружается в свою область, например в математику, тем более он «закрыт» для других областей, например искусства.

Впрочем, такая перспектива не единственно возможный итог развития. Часто картина иная. Человек «зарастает жиром», утрачивает контакт с миром, глупеет, эмоции притупляются, интересы сужаются. Наступает духовная смерть, описанная Чеховым, например, в «Ионыче».

При духовной смерти человек замыкается в собственной раковине. Он закрыт для этических, эстетических, религиозных и т.д. ценностей. Понятия Совести, Красоты, Истины, Тайны, Смысла жизни, Бога и т.п. не наполнены живыми переживаниями. Становится невозможным проникновение во внутренний мир окружающих людей. Ослабленными оказываются не только и не столько мыслительные, сколько эмоциональные связи с миром.

В отличие от физической духовная смерть растянута во времени.

Важно то, что в нас присутствует НЕЧТО[9], которое мешает осуществлению второго сценария и заставляет нас РАБОТАТЬ (мыслями, чувствами, восприятием, поведением), для того чтобы осуществился первый. НЕЧТО проявляет себя в форме активного внутреннего содержания, которое влечет за собой появление нового активного внутреннего содержания и т.д.

Развитие представляет собой непрекращающийся поиск. Чего?
1. Собственного Я.
2. Самих высших переживаний.
3. Форм правильного поведения.
4. Мудрости – знания, понимания жизненных явлений.
5. Форм творческого самовыражения.

1. Поиск себя – это определение своего места в мире (самоопределение) и «кристаллизация Я».

Самоопределение состоит в принятии ролей: профессиональных (например, «писатель»), семейных (например, «отец семейства»), социальных (например, «интеллигент»), культурных (например, «просветитель») и т.д. Самоопределяются все, но не все – активно. Часто

_____

[9] НЕЧТО у разных людей имеет разную силу и сопротивляемость обстоятельствам жизни. НЕЧТО может умереть, но НЕЧТО можно и укрепить.

самоопределение происходит малоосознанно и непроизвольно – под влиянием обстоятельств.

Кристаллизация Я – это работа по созданию внутри себя единого центра, управляющего всей психической жизнедеятельностью.

2. Знакомый с высшими переживаниями человек интерпретирует их отсутствие как свидетельство, что он оставлен Богом. Следствием такой интерпретации становится ж е л а н и е Бога, стремление к Контакту. Начинается поиск Бога [10].

Есть три пути, следуя которым можно обрести Бога.

Первый путь лежит через институты религии и церкви. Это путь к индивидуальной ВЕРЕ через до-ВЕР-ие к свидетельствам церкви. В его основе – религиозное воспитание. Идея Бога привносится в сознание в детстве, человек растет вместе с Богом, усложняя с годами взаимоотношения с Ним, ссорясь, мирясь, уходя и возвращаясь.

Второй путь – принятие Творения. В наблюдениях и размышлениях представления о мире становятся полнее и адекватнее. Способность видеть то, на что не обращают внимания другие, делает мир многограннее и многокрасочнее. Границы мира расширяются. Человеку открывается Красота.

Третий путь пролегает через «особые состояния сознания», достигаемые с помощью искусственных приемов или наркотических средств. В этих состояниях восприятие расширяется и перед человеком открывается мир «в целом».

Общим для всех путей являются обостренность, непосредственность и эмоциональность восприятия, интерес к миру и умение организовывать впечатления.

3. Стремление жить правильно, «быть хорошим» – одно из универсальных. Нравственный поиск начинается с констатации «Я живу неправильно, плохо». Он состоит в понимании, *что* есть «хорошо» (центральный момент в нравственном поиске), придумывании «хороших» поведенческих форм («правильной

---

[10] В европейской культуре распространена и более дерзкая форма поиска Бога – стремление понять, *Что* такое Бог, например через осмысление священных книг.

жизни») и их реализации на практике. Классический пример нравственного поиска – жизнь Льва Толстого.

Нравственный поиск – это движение от «плохо (не соответствует)» к «хорошо (соответствует)».

4. Поиск знания и понимания начинается с постановки вопроса.

Наличие вопроса свидетельствует о состоянии незнания и/или непонимания и побуждает к поиску ответа. Вопрос «высвечивает» то, к чему именно относится незнание (непонимание).

Особое место занимают вопросы о смысле: «Зачем я живу?», «Для чего происходит то или иное событие?». Ответы на эти вопросы задают те «точки отсчета», которые необходимы в том числе и для нравственного поиска.

Поиск знания – это путь от «не знаю (не понимаю)» к «знаю (понимаю)».

Средства такого поиска – познавательная активность, среди которой особенно важна *работа понимания*.

5. Наличие внутреннего содержания, которым необходимо поделиться, знаменует начало творческого процесса. Самым распространенным примером этого процесса является «обычное» общение, значительная часть которого состоит в приеме и передаче внутреннего содержания. Однако передача не всегда эффективна – часто нас понимают неправильно.

Одной из причин непонимания является неудачное оформление. Иногда самому трудно узнать в своем произведении то содержание, которое хотелось передать. Эта ситуация побуждает человека к поиску формы, адекватной содержанию, которое он стремится передать.

Поиск формы важен в любом творчестве, включая и творчество собственной жизни, где он проявляется как поиск поведенческих форм самовыражения, например способов выражения любви.

Г л а в а 2

НЕСКОЛЬКО ОБОБЩЕНИЙ

Дух и материя кажутся абсолютно отделенными друг от друга, но в действительности они являются одним целым.

ОГРАНИЧЕННОСТЬ ПСИХОЛОГИИ • ДУША ДУШИ • Онтология индивидуального духа • Индивидуальный дух: 4-единое определение • Тенденции и атрибуты индивидуального духа • ИНДИВИДУАЛЬНЫЙ И НАДЫНДИВИДУАЛЬНЫЙ ДУХ • ДУХОВНОЕ И БЕЗДУХОВНОЕ В ПСИХИКЕ • «Пограничные» явления • Бездуховное как искажение духовного • Условность границы между духовным и бездуховным

ОГРАНИЧЕННОСТЬ ПСИХОЛОГИИ

В психологии всегда боролись две тенденции – «естественно-научная» и «гуманитарная». Стороники естественно-научного подхода считают задачей психологии (в соответствии с позитивистской европейской научной традицией) вскрытие м е х а н и з м о в психической жизни и разработку методов управления ими. Понятие «механизм» в психологии не метафора. Психика понимается как машина, которая управляет поведением и обеспечивает приспособление (адаптацию) индивида к среде обитания. Кибернетика (наука о системах управления) оказала сильнейшее влияние на разные области естественно-научной психологии, обеспечив их развитой (в плане математического аппарата моделирования) методологией.

Неприятие естественно-научной парадигмы имеет несколько причин. Основными из них являются неприемлемость механистического подхода для религиозного сознания и неудовлетворенность практиков результатами естественно-научного подхода.

Загоняя естество живой души в прокрустово ложе модели, ее стороники либо начинают интерпретировать психические явления все более и более насильственно, либо вообще игнорируют существование некоторых явлений.

В результате теоретические схемы оказываются фактически бесполезными для практиков[11], даже когда они сами теоретически осмысляют свой опыт. Оставаясь заложниками существующей методологии, они обкрадывают, редуцируют этот опыт в схемы, которые не отражают того, что должны были бы описывать и объяснять.

Что именно пропадает в психике при попытках интерпретировать ее с позиций современных научно-психологических теорий? Ответить на этот вопрос помогает известная много веков, но постоянно игнорируемая психологами дихотомия «душа – дух».

Динамика профессиональных представлений о предмете психологии «душа – явления сознания – поведение» показывает, как сужало его стремление приблизиться к возможностям позитивистской методологии.

Однако и исходное понимание психологии как науки о душе уже содержало акт редукции. Под душой понимали то, чтообеспечивает человеку возможность существования в качестве элемента среды обитания (в первую очередь социальной). Подчеркивая адаптивную функцию души, игнорировали другой, не менее важный атрибут психики – стремление к развитию (росту, расширению, творчеству, самореализации, жизни и т.п.). Душа как предмет психологии оказалась мертвой, из нее была вынута «душа души» – индивидуальный дух.

Нельзя сказать, что проблематика развития вовсе игнорируется психологами. Существование отдельной отрасли «Психология развития», интерес к понятию «Я», самосознанию,

---

[11] То, что не искушенный в психологии человек видит в предлагаемых ему «ученых» интерпретациях карикатуру на себя, в которой нет ГЛАВНОГО, – одно из свидетельств неблагополучия в ней.

самореализации, самоактуализации, саморазвитию и т.п., помещение активности в центр психологической проблематики в деятельностном подходе, введение понятий типа неадаптивной активности, постановка проблемы «личностного роста», логотерапевтический подход, постановка проблем типа «иметь или быть?» и многое другое указывают на осознание (или ощущение) профессиональным сообществом невозможности омертвления души в науке о душе. Однако попытки изучения наиболее интимных вопросов выливаются либо в отвлеченные рассуждения, либо в операциональные, но механистические конструкции. Иного и не может быть, так как позитивистская методология принципиально непригодна для изучения живых (а не механических) объектов.

Попытки изучения человека с позитивистских позиций детерминизма как реагирующего на внешние воздействия (например, на обстоятельства жизни) способами, определяемыми личностными диспозициями, приводят к отрицанию свободы («свободы духа») и, таким образом, омертвляют человека.

Прогностическая сила детерминистских моделей снижается в индивидуальных случаях, а в периоды всплесков «массовой духовности» – и статистически.

Прогнозы в психологии основаны на стиле мышления специалиста по баллистике, рассчитывающего траекторию снаряда. Они более или менее точны только в отношении «мертвого» человека, ведущего себя как снаряд (т.е. пассивно). Любое проявление жизненной активности опрокидывает все прогнозы – брачной совместимости, профессионального успеха и даже развития заболевания.

Мы в состоянии более или менее понимать человека как механизм, но – не как живое (активное и свободное) существо. И мы тем хуже понимаем человека, чем более он свободен и активен. Психология превращается в психологию духовных недорослей.

Отрицание динамичности и активности психики, по сути (при их превознесении на словах), обрекает психологию на продолжение «родовых мук» перманентного кризиса, в котором она находится с первого дня своего становления в качестве самостоятельной дисциплины.

ДУША ДУШИ

Если душа – это «машина управления» поведением, то как определить «душу души» – индивидуальный дух?

С одной стороны, индивидуальный дух, безусловно, реален. Именно в нем заключено то, что делает человека человеком. С другой – пытаться «наукообразно» определить «дух», понятие, которое сразу выводит за пределы позитивистского знания, – дело не то что непростое – принципиально невозможное. Как же можно перейти от интуитивных представлений о духе к более развернутым и структурированным? Для начала необходимо понять его онтологический статус.

Онтология индивидуального духа

Где источник индивидуальной духовности – вовне или внутри? *Что* происходит при озарении или вдохновении – бессознательное знание прорывается в сознание или открывается «третий глаз», который видит объективно существующую реальность, недоступную обычному восприятию? Проникает ли человек в тайны внешнего мира или в глубины собственной психики? Или происходит и то и другое? *Что* преобладает при этом – работа воображения или восприятия?

Называя вещи своими именами, все эти вопросы – о существовании Бога или Объективного Духа. Не больше и не меньше.

После многовековых попыток доказать или опровергнуть бытие Божье ясно, что, оставаясь на позициях рационализма и формальной логики, нельзя сделать ни того ни другого[12]. Это

---

[12] У В. Джемса есть замечание о том, что логически мы не можем опровергнуть бытие Божье и при «размещении» источника духовности в бессознательном.

Феномены религиозного обращения могут быть объяснены либо

означает бесперспективность попыток понять явления индивидуальной духовности с позиций последовательного атеизма или агностицизма.

Из того, что мы не можем определить онтологический статус духа формально-логически, не следует, что вообще нужно отказаться от попыток его понимания. Скорее наоборот. Необходимость понять диктуется не возможностями одной (пусть даже очень «уважаемой») методологии познания, а важностью понимания для решения наших жизненных задач.

Какие возможности понимания, кроме рационалистической, есть в нашем распоряжении? Таких возможностей несколько. Наиболее известная из них – понимание с позиций веры или до-вер-ия к авторитетам. Другая возможность – н е п р е д в з я т о е отношение ко всей совокупности фактов, свидетельствующих о существовании индивидуального духа[13]. При таком отношении сами явления подталкивают к выводу о существовании реальности, непознаваемой для естественно-научной методологии.

Следуя этому пути, необходимо начинать с проявлений индивидуального духа. Замечу, что наш интерес сосредоточен на понимании духа именно с психологических позиций, т.е. с позиций его индивидуального бытия.

Индивидуальный дух: 4-единое определение

«Высшие переживания», в которых проявляется индивидуальный дух, относятся к одной из четырех форм психической жизнедеятельности: развитию (или поиску), жизни

неосознаваемой подготовительной работой, либо мгновенным прорывом в сознание извне. Однако первое объяснение не снимает вопроса о местонахождении источника, поскольку неясно, как и откуда содержание попадает в бессознательное

[13] Ниже мы приводим и факты, которые при непредвзятом к ним отношении свидетельствуют в пользу существования надындивидуального (объективного) духа.

с Богом, любви, творчеству. Круг явлений, относимых к той или иной форме, зависит от того, насколько широко трактовать соответствующее понятие.

В «обычном» значении «любовь», «развитие», «поиск», «религиозность», «творчество» – это разные понятия[14], и конкретные проявления индивидуальной духовности оказываются ближе то к творчеству, то – к саморазвитию (поиску), то – к деятельной любви, то – к индивидуальной религиозности (жизни с Богом). В этом смысле можно говорить о четырех формах (или четырех подходах к пониманию) индивидуальной духовности, которые различаются по своему происхождению.

Взгляд на духовность как на развитие (поиск) акцентирует внимание на психодинамической стороне процесса и наиболее тесно связан с психологической традицией.

Для теологии, в рамках которой исторически шла разработка проблем духовности, единственно возможное ее понимание – жизнь с Богом.

Понимание духовности как любви имеет корни как в теологии (в той степени, в какой она признает любовь атрибутом Бога), так и в традициях гуманизма и романтизма.

Понимание духовности как творчества берет начало в экзистенциальных концепциях о месте человека в мире.

При более глубоком понимании «любви», «творчества», «развития», «жизни в Боге» четыре формы духовности оказываются одной: любая из них «равносильна» любой другой.

Поиск может быть и поиском Бога, и поиском Любви, и поиском формы, т.е. творчеством.

Жизнь с Богом – это и поиск Бога, и любовь к Богу, и несение Божественного света людям – творчество.

---

[14] Например, в обыденном понимании религиозность далека от творчества. Многие творческие люди – еретики или атеисты, преследуемые церковью, а многие священнослужители совмещают религиозность с полной творческой апатией и консерватизмом.

Любовь человека – это преломление Божественной любви. Любит в человеке его Божественное начало. Любящий уподобляется Богу, принимает в себя Бога, Божественную любовь.

Любовь человека – это всегда любовь к Богу. Любой объект любви – Божье творение (часть Бога). Если любит в человеке его Божественное начало, то объектом любви оказывается Божественное начало другого – будь то человек, предмет или что-то еще.

В этом смысле любовь – служение, или жизнь с Богом. Любовь как деятельность имеет форму, и любящий постоянно эту форму творит (оформляет свое любовное отношение к любимому в любовь-деятельность). В этом смысле любовь – творчество.

Любовь как деятельность развивается, ищет новые формы. В этом смысле любовь – развитие, поиск.

Первая стадия творческого процесса – формирование внутреннего содержания – это и результат внутреннего поиска, и результат принятия Бога. Само творчество – всегда служение и в этом качестве – проявление любви.

Тенденции и атрибуты индивидуального духа

В проявлениях индивидуального духа реализуются тенденции, которые позволяют предположить существование побудительных сил или законов, управляющих его жизнью.

Несмотря на условность выделения четырех форм индивидуальной духовности и возможность сведения их к одной, нужно заметить, что каждой форме соответствует свой набор таких тенденций, которые наиболее рельефно проявляются именно в ней.

В развитии и поиске реализуются стремления:
– к гармонии,
– к рефлексии (знанию, пониманию),
– к выходу за чувственные пределы («за завесу»),
– к духовному.

В жизни с Богом реализуются стремления:

– к выходу за чувственные пределы,
– к духовному.

В любви реализуются стремления:
– к распространению (излиянию) себя на мир,
– к слиянию с миром,
– к духовному.

В творчестве реализуются стремления:
– к распространению себя на мир (воплощению себя в материальной ФОРМЕ – материализации),
– к гармонии (особенно гармонии формы),
– к рефлексии,
– к духовному.

Таким образом, в четырех формах в совокупности реализуется шесть стремлений индивидуального духа, которые можно интерпретировать также как законы, управляющие его жизнью:
– стремление к **гармонии**,
– стремление к **рефлексии** (знанию, пониманию),
– стремление к **выходу за чувственные пределы** («за завесу»),
– стремление к **духовному**,
– стремление к **распространению** (излиянию) **себя на мир**,
– стремление к **слиянию с миром**.

Эти стремления, или законы, позволяют понять некоторые атрибуты и функции индивидуального духа.
Можно выделить семь таких атрибутов:

1. **Динамичность, активность.**
2. **Самопроизвольность, управление психикой.**
3. **Существование в форме психических явлений.**
4. **Рефлексия, стремление к познанию и самопознанию, сознательность.**
5. **Самораспространение, свобода.**
6. **Притяжение к духовному.**
7. **Стремление к гармонии в организующей психику деятельности.**

1. Индивидуальный дух находится в постоянном *движении* и сам есть *движение*. Он – источник *энергии* и сама *энергия* психической деятельности.

2. Индивидуальный дух – *причина* психической деятельности. Волевой акт – «сгусток» духа. В этом смысле индивидуальный дух *управляет* психическими процессами.

3. Индивидуальный дух *воплощается* («кристаллизуется») в форме п с и х и ч е с к и х о р г а н о в, реализующих его функции. К числу «органов» относятся Я, системы представлений, отношений и деятельностей, интеллект, интуиция, способности и т.п.

4. Дух стремится к *отражению* в себе мира (к познанию). Восточные Учителя говорят, что в любой «капле» («атоме») духа содержится весь мир. Психическим органом рефлексии является *сознание* – со-знание, совместное (с другими) знание.

5. Индивидуальный дух стремится *распространить себя* вовне, за пределы индивида. Это стремление выражается, например, как творчество – самооформление в материальной форме. В своем самораспространении дух свободен: ограничения на распространение духа – это самоограничения, накладываемые самим духом (например, интересами, способностями и т.п.).

6. Закон *притяжения*, согласно эзотерическим учениям (например, «Эзотерическая психология» Алисы Бейли), – один из наиболее фундаментальных. **Духовное притягивается к духовному**. Психическая форма притяжения – любовь.

7. Дух в своем движении стремится к «конечному» *равновесному* [15] *состоянию*, но никогда не достигает его полностью. Это состояние – *гармония*. В познании гармония – это отсутствие противоречий и вопросов без ответов. В восприятии гармония – это красота. При организации

---

[15] Стремление к гармонии сродни первому закону термодинамики (стремление системы к максимальной энтропии). Впрочем, возможно, оба эти закона – проявления одного универсального Закона.

психической жизни гармония означает возможность энергии разряжаться, а желаний – реализовываться.

ИНДИВИДУАЛЬНЫЙ И НАДЫНДИВИДУАЛЬНЫЙ ДУХ

Такие свойства, как сознательность, самораспространение, притяжение к духовному, подводят к мысли, что индивидуальный дух не является «конечной», единичной, изолированной сущностью. Скорее он представляет некий Мир – Мир духовных сущностей. К такому выводу подводит несколько соображений.

У каждого человека свой индивидуальный дух. Индивидуальный дух одного человека может быть в контакте с индивидуальным духом другого. Одна из форм такого контакта – Любовь.

Со-знательность индивидуального духа предполагает существование того (или Того), с кем он разделяет знание.

Притяжение к духовному, которое проявляется в стремлении к близости с разными сущностями (как материальными, так и идеальными), наводит на мысль, что дух является всеобщим атрибутом, присутствующим в любой вещи.

О том же говорит стремление духа к распространению, самовоплощению, реализуемое в творчестве. Любая вещь искусственного происхождения является одухотворенной в том смысле, что она материализует индивидуальный дух своего создателя – это положение звучит особенно естественно в отношении великих произведений искусства.

Вещи естественного происхождения считать одухотворенными позволяет как то, что они способны притягивать индивидуальный дух (феномены любования, созерцания объектов природы), так и то, что, согласно религиозным представлениям, они – «продукты творчества» Творца.

В совокупности эти соображения приводят к мысли о существовании наряду с индивидуальной и других форм существования духа и дают основания считать реально существующим Мировой (или Абсолютный) Дух.

Более того, чтобы понять индивидуальный дух, нужно сопоставить его с надындивидуальным (объективным, абсолютным и т.п.). Конечно, в явном виде дух можно наблюдать только в его проявлениях в психике. Но, оставаясь последовательными, нужно признать, что любая вещь наблюдаема только через ее проявления в психике.

Ту же мысль можно выразить и иначе. Дух существует (по крайней мере для нас) и познаваем не сам по себе, а только в форме своих проявлений. «Чистый дух» реален, но непостижим и в этом смысле нереален.

«Дух» – категория непсихологическая. Психологическими могут стать категории «индивидуальная духовность» или «индивидуальный дух».

Понятие «дух» фундаментально[16]. Попытки сопоставить его с чем-то, что не является «духом», оканчиваются неудачей.

Может показаться, это «что-то» – материя. Так ли это?

Центральная оппозиция, вокруг которой развивалась европейская философия, – «идеальное – материальное». Однако понятия «идеальное» и «духовное» не тождественны. Идеальные вещи (мысль, настроение, волевой акт, стремление и т.п.) оформляют (в идеальной форме) дух, но не репрезентируют его непосредственно – дух остается за идеальными вещами. То же относится и к материальным вещам, которые оформляют дух в материальной форме. То, что идеальные вещи оформляют дух «более непосредственно», а материальные – «более опосредованно» (через посредство идеальных), не меняет существа дела. «Духовное» не рядоположно «материальному» и «идеальному», а стоит за ними, являясь по отношению к ним первичным.

На неправомочность противопоставления «материального» «духовному» указывают восточные Учителя. Например, учение Гурджиева совмещает крайний материализм («Все в мире, включая идеи, материально») с пантеизмом («Во всем есть дух»).

---

[16] «Преломляясь» в конкретных дисциплинах, оно порождает «родственные» (и во многом производные) понятия. В философии это «сущность». В естествознании – «энергия». В традиционной психологии – «Я» и «сознание».

Противопоставление «душа – дух» эвристично в пределах психологии, но эта оппозиция качественно иная, чем, например, «материальное – идеальное». Понятия «дух» и «душа» нерядоположны.

Душа – это оформление индивидуального духа, а не нечто бездуховное. В этой связи важен вопрос о соотношении духовного и бездуховного в психике.

ДУХОВНОЕ И БЕЗДУХОВНОЕ В ПСИХИКЕ

Индивидуальный дух проявляется в «высших» переживаниях. Означает ли это, что остальные психические явления бездуховны?

Своей жизнью человек реализует две функции. Первая – функция одухотворенной части одухотворенного Мира, играющей в Мире свою роль. Вторая – функция сохранения и развития биологической и психологической индивидуальности организма, живущего в противопоставленном ему мире.

Хотя до определенного момента каждая функция и может реализовываться независимо, в полном объеме ни одна из них не может быть реализована без другой. Развитие индивидуальности происходит через реализацию первой функции. Но чтобы реализовать ее («играть свою роль»), нужны ресурсы, важнейший из которых – жизнь. Обеспечение этих ресурсов происходит через реализацию второй функции.

Кардинальное различие между духовным и бездуховным в том, что в духовной деятельности человек реализует функцию «Я – часть Мира», а в бездуховной – функцию индивидуализации.

Замысел духовной работы, реализующей первую функцию, не связан с получением личной выгоды в ее обыденном понимании. Ее цель – дать индивидуальному духу свободу реализации, в частности возможность преодолеть границы индивидуальности и соединиться с Мировым духом.

У духовного начала есть антагонисты: *адаптация, отгораживание от мира, негативизм, алчность* – стремления к приобретению, сохранению, достижению.

Когда реализация второй функции приобретает самостоятельное значение, единственной целью жизни становится материальное благополучие.

В бездуховной деятельности человек отгораживает свой участок мира, обороняет его от посягательств и старается расширить путем захватов и завоеваний. При этом он тождествен тому, чем владеет[17].

Духовность или бездуховность определяется не тем, **что** делает человек, а тем, **как** он это делает, какой смысл вкладывает в деятельность. Одна и та же деятельность может быть и духовной и бездуховной. Например, познание может быть актом любви, если оно – познание живого, или актом овладения с целью преобразования, если оно – убивающее познание, познание мертвого.

На этом основана возможность «примирения» духовного и бездуховного.

Обычно «Богово» и «кесарево» разделены и в сознании, и в практической деятельности. Чтобы реализовывать обе функции одновременно («и Богу, и кесарю»), нужно придать «бездуховному» другой смысл – смысл обеспечения ресурсами духовной деятельности.

«Пограничные» явления

Существуют, однако, явления, которые невозможно по этим основаниям отнести ни к «духовным», ни к «бездуховным». К таким «пограничным» явлениям относятся игра, смех, веселье[18].

Бахтин выделяет две функции смеха. Смех высвобождает индивида из-под давления (требований, запретов и т.п.) окружающего мира. И смех объединяет, сближает смеющихся.

---

[17] Фроммовская оппозиция «иметь или быть» отражает этот момент двойственности человека.

[18] Имеются в виду «чистые» («неосмысленные») формы игры и веселья, характерные для молодости.

Обе эти функции, казалось бы, указывают на то, что смех духовен. Такому выводу противостоит мнение Гурджиева, что в смехе высвобождается только энергия, которая не может быть использована в духовной работе («Христос никогда не смеялся»).

И игра, и смех, и веселье – свободный поток слабо оформленной энергии. Я «пирует на просторе». Хотя игра похожа на творчество, в творчестве более выражены коммуникативная функция и момент оформления внутреннего содержания. По сравнению с творчеством веселье или «чистая» игра более аутичны.

При соотнесении «пограничных» явлений с любовью оказывается, что при общей для них бескорыстности отличие состоит в том, что поток любовной энергии позитивен и направлен, а не нейтрален и рассеян, как при смехе или игре.

Бездуховное как искажение духовного

Другое обстоятельство, делающее проблему соотношения духовного и бездуховного еще более сложной, состоит в глубинном сходстве «духовных» и «бездуховных» явлений.

В адаптации центральное место занимает подчинение внешним воздействиям (внушениям, приказам, требованиям), и в том числе подражание примерам. Но эти же механизмы задействованы и в духовной жизни.

Послушание проявляется как подчиненность Богу или «внутреннему голосу». При адаптации источник приказов в конечном итоге тот же самый.

Подражание – это «неумелое» творчество, при котором образец для воспроизведения берется из внешнего мира, а в самом воспроизведении момент творческого преобразования относительно малозначим.

Других антагонистов духовности – негативизм (ненависть) и особенно алчность[19] – можно интерпретировать как извращенную любовь. Как и в любви, в негативизме и алчности проявляется Закон притяжения. Эту родственность подчеркивают как многие афоризмы («От любви до ненависти один шаг», «То сердце не научится любить, которое устало ненавидеть»), так и разнообразие значений слова «любовь»,

---

[19] Алчность роднит с ненавистью стремление к умертвлению их объекта: в обоих случаях объект лишают жизни-свободы

которое, например, задействовано в образовании названий алчности, – «корысто-*любие*», «често-*любие*», «само-*любие*» и т.д. В ненависти сохраняется даже такой атрибут любви, как забота. В стремлении уничтожить проявляется забота о том, кому мешает объект ненависти.

Точно так же «приобретательство» можно интерпретировать как творчество – материализацию своих желаний, сотворение богатства, власти и т.п., а стремление оградить себя от опасностей мира, сохранить себя – как проявление любви к себе.

Условность границы между духовным и бездуховным

Все эти соображения дают основания либо считать духовные и бездуховные явления происходящими из одного источника и управляемыми одними законами, либо (более традиционно) рассматривать бездуховное как искажение духовного. Естественно, что при этом граница между духовным и бездуховным может быть только условной.

Психические процессы являются результатом соединения («встречи») внутренних и внешних сил. В любви соединяются способность любить (внутренняя сила) и любимый человек (внешняя сила). В наслаждении пейзажем – способность к созерцанию (внутренняя сила) и прекрасный пейзаж (внешняя).

Психическая активность подобна движению магнита (духовного начала, индивидуального духа) в поле другого магнита (Божьего мира)[20]. При таком понимании нельзя приписывать причину движения (активности) какому-то одному магниту.

Из того, что антагониста понятию «дух» не существует, ясно, что все происходящее в психике в конечном итоге есть манифестация духа. Источник внутренних сил – индивидуальный дух, оформленный тем или иным образом. Но и источник внешних сил (требований, примеров для

---

[20] Такая аналогия созвучна, например, представлениям Курта Левина.

подражания, внушений и т.п.) в конечном итоге также проявление духа.

Часть 2
ПСИХОЛОГИЯ. STATUS QUO И ТОЧКИ РОСТА

Психология как система знания постоянно развивается. Наряду с устоявшимися в ней есть и представления, статус которых определен не до конца, – «точки роста». Таковы представления об «энергии» и «Я».

Попытки психологической интерпретации духовной жизни[21] быстро приводят к пониманию недостаточности устоявшихся и необходимости привлечения «неустоявшихся» представлений. Но прежде чем приступить к самой интерпретации (ей посвящена часть 3), необходимо «развернуть» неустоявшиеся представления.

Разговор о «точках роста» предваряет предельно сжатый очерк психологического знания. Для читателей, не связанных профессионально с психологией, такой очерк задаст «понятийное поле», в рамках которого пойдет дальнейший разговор. Для психологов беглый просмотр очерка позволит познакомиться с используемыми мной определениями основных психологических понятий. Желательность такого знакомства понятна любому, кто знаком со «смешением языков» в психологии.

---

[21] Несмотря на условность границы между «духовным» и «бездуховным», я продолжаю называть «духовными» высшие переживания и то, что стоит за ними.

Глава 3

STATUS QUO: МИКРООЧЕРК

*Кто не начинает с начала, пусть
не надеется продвинуться вперед.*

**ДИНАМИЧНОЕ И СТАТИЧНОЕ • СИСТЕМА
ПСИХИЧЕСКОЙ ЖИЗНЕДЕЯТЕЛЬНОСТИ И
ДЕЯТЕЛЬНОСТИ • Вопросы при анализе деятельности •
Целенаправленные деятельности • Направленность,
желания • Потребности • Мотив. Деятельность и активность
• Принятие решений • Волевая поддержка • Деятельность
как изменение актуальной ситуации • ОБРАЗ МИРА.
ОТНОШЕНИЯ • Сознание и бессознательное •
Подсистемы образа мира • Элементарные и сложные
объекты. Знания. Трансформации • ЭНЕРГИЯ.
НЕРАВНОВЕСНЫЕ СОСТОЯНИЯ • Вопросы •
«Консервация» неравновесного состояния**

ДИНАМИЧНОЕ И СТАТИЧНОЕ

В категориальном аппарате психологии есть два типа понятий:
характеризующие **динамическую** (процессуальную) сторону
психического (*деятельность, поведение, мышление,
восприятие, поток сознания, память* и т.д.) и характеризующие
статичные компоненты психического – психические
образования (*личность*[22], *личностные черты, темперамент,
характер, образ мира, отношения, состояния, мотивы,
потребности, ценности, конструкты* и т.п.).

В своих проявлениях психика – непрерывно изменчивый
процесс. В этом смысле можно считать динамические понятия

---

[22] Темы, относящиеся к личности, рассматриваются в следующей главе.

«первичными». Однако изучение психического процесса основано на статичных понятиях, получаемых в результате: во-первых, его сегментации, т.е. выделения периодов, когда содержание психики постоянно, – *состояний*[23]; во-вторых, определения постоянных характеристик процесса (таковы, например, личностные черты) и, в-третьих, введения сущностей, которые нельзя наблюдать непосредственно, но только через их проявления (например, образ мира).

СИСТЕМА ПСИХИЧЕСКОЙ ЖИЗНЕДЕЯТЕЛЬНОСТИ И ДЕЯТЕЛЬНОСТИ

Вся совокупность психических процессов образует *систему психической жизнедеятельности*, которая распадается на отдельные *деятельности*. Определять деятельности можно по-разному. Например, можно выделять такие деятельности, как семейная жизнь, работа, хобби, игра, творческая деятельность и т.п. В свою очередь каждая из деятельностей состоит из *поддеятельностей*, которые могут протекать одновременно или последовательно.

Структурирование деятельности можно продолжать до уровня отдельных *поступков* (*действий*), далее – до уровня *операций* и, наконец, до уровня *элементарных психических действий* – единиц, составляющих ткань психических процессов – мышления, восприятия, физического действия и т.п.

Эмпирически можно установить, что последовательное членение деятельности на ее составляющие насчитывает 7–10 «этажей». Каждый «этаж» характеризуется своей постоянной времени, т.е. порядком величины временно́го интервала, в течение которого происходит характерное для данного уровня изменение. Так, при биографическом подходе постоянная

---

[23] Состояния включают реактивные и активные компоненты. К первым относятся, например, настроения – эмоциональные реакции на положение дел (во внешнем мире, в организме, в психике). Активные компоненты – действия, разворачивающиеся во внутреннем плане – эмоциональном (переживания отношений), ментальном (мысли) и т.д.

времени будет исчисляться годами, а при когнитивно-психологическом – секундами.

В зависимости от исследовательских целей психолог может работать на том или ином «этаже», изучая более или менее быстрые изменения в психике.

Один из способов классификации психических процессов (особенно «нижних этажей») основан на выделении двух видов: *рецепторных* (восприятие информации извне и изнутри) и *эффекторных* (производство воздействий на внешний мир и на «внутренний» мир тела).

Вопросы при анализе деятельности

При изучении деятельности, помимо ее структуры, обычно интерес представляют следующие вопросы:
  – функции или роль деятельности в общей жизнедеятельности;
  – направление и результат деятельности;
  – возникновение (генез) и завершение деятельности;
  – причины возникновения и побудительные силы деятельности;
  – возможности управления деятельностью.

Целенаправленные деятельности

Деятельность, направленная на достижение результата (*цели*), к которому стремится ее субъект (целенаправленная деятельность), – это *сознательное* и *произвольное* (выполняемое по своей воле) преобразование реально существующей (актуальной) *ситуации* в идеальную конструкцию, воображаемую субъектом.

Процесс формирования цели (целеполагание) сам является деятельностью. В каждый момент человек имеет множество целей, из которых одни подчинены другим. Такое иерархически соподчиненное множество называют *деревом целей*.

Дерево целей часто представляет план, программу достижения цели. Процесс планирования продолжает процесс целеполагания. Как и целеполагание, планирование является деятельностью.

Роль деятельности в системе жизнедеятельности определяется ее значением для других деятельностей, например тех, для которых она является поддеятельностью. Если это значение осознается субъектом, оно приобретает статус *смысла деятельности*.

Деятельности упорядоченны. Многие деятельности сходны между собой как структурно, так и по направлениям. Сходство структур основано на том, что в деятельности человек воспроизводит освоенные им образцы поведения – *умения*. Человек делает то, что умеет, относится ли это к воспроизводству движений, речевых форм или мыслительных актов. Выход за пределы освоенного – исключение, относящееся к случаям, когда нечто делается впервые. Воспроизводство умений или поведенческих стереотипов можно наблюдать в деятельностях любых уровней.

Направленность, желания

Для характеристики направления жизнедеятельности используется понятие направленности. *Направленность* – устойчивая характеристика, которая проявляется в содержании *желаний, ценностей, интересов, отношений* и т.п.

Исходным моментом в возникновении желаний является рассогласование реального состояния дел с их привлекательным (идеальным), но воображаемым состоянием. Эта нереализованная привлекательность формирует желание превратить воображаемое состояние в реальное. Целенаправленная деятельность по превращению непривлекательного настоящего в привлекательное будущее неотделима от желаний.

Потребности

Содержание направленности во многом определяют потребности.

Чтобы жить, человеку нужно множество вещей (материальных и идеальных): воздух, вода, пища, определенные физические условия (например, температура окружающей среды), возможности двигаться, отдыхать, реализовывать физиологические функции (например, сексуальную). Кроме того, человеку нужно социальное окружение и определенные отношения с ним. Часто нужно и многое другое. «Нужды» человека называют *потребностями*.

Часть потребностей – врожденные, другие – приобретенные. «Приобретение» основано на привыкании: попробовал – понравилось – захотелось еще.

Деятельность часто (по мнению некоторых авторов – всегда) направлена на удовлетворение потребностей, либо материальных, (например, в обладании имуществом), либо нематериальных (например, в самоутверждении).

Потребность проявляет себя в ситуации дефицита, когда она не удовлетворена, *фрустрирована*. Она переживается как желание [24], если ясен предмет, который может ее удовлетворить, либо как дискомфорт (например, напряжение), если такой предмет неясен.

Иногда потребность может *сублимироваться*, т.е. превращаться в другую потребность.

Исходный этап деятельности по реализации желания – поиск возможностей для удовлетворения потребностей. Если такие возможности удается обнаружить, человек предпринимает шаги по их реализации.

Мотив. Деятельность и активность

Чтобы обозначить «источник деятельности» (то, что движет деятельностью), используют понятие *мотив*. Мотивом может быть и цель, и неудовлетворенная потребность, и желание. Мотивы бывают внутренними и внешними. К внешним

---

[24] С точки зрения психологии различие между желаниями и неудовлетворенными потребностями состоит в том, что потребность – это свойство организма (физического или психического), фрустрация потребности – особенность состояния организма, а желание – это способ осознания этого состояния. Мы наблюдаем не потребности, а только их проявления: напряженность, тягу к предмету потребности, желания.>

относятся суггестивные (внушенные) воздействия, приказы, просьбы и т.п.

Термины «деятельность» и «активность» (процессы, причина которых находится внутри их субъекта) часто употребляют как синонимы. Я использую понятие «деятельность» (то, что делает или делается человеком или внутри человека) как родовое по отношению к «активность» (движение, имеющее причину в себе).

Принятие решений

В деятельности есть периоды, когда она протекает без участия сознания, – человек работает, как автомат, выполняющий программу и реализующий свои умения. Эти периоды сменяются моментами «распутья», когда есть несколько возможностей: можно идти тем или иным путем, совершить тот или иной поступок. Это моменты *принятия решения*. При принятии решения происходит выбор одной возможности и отказ от других. В этих «узловых» моментах сконцентрирована ответственность человека.

Волевая поддержка

За время, необходимое для завершения деятельности, актуализируются многие потребности («соблазны»), которые провоцируют субъекта заняться деятельностями по их удовлетворению. При этом ни времени, ни сил для долговременной деятельности не остается. Чтобы продолжительная и трудоемкая деятельность была успешно завершена, необходимо специально ее поддерживать, сохраняя ее направление.

Деятельность
как изменение актуальной ситуации

В самонаблюдении (интроспекции) течение деятельности предстает как постоянно меняющаяся *актуальная ситуация –*

отражение в сознании текущего положения дел, своего рода «кадр» в «кинопленке» интроспекции, мгновенный срез динамики «образа мира» (см. ниже). Актуальная ситуация включает представления об обстоятельствах протекания деятельности, о факторах, влияющих на ее успешность, о состоянии субъекта деятельности.

Актуальная ситуация постоянно сопоставляется с целью и/или планом деятельности.

Понятие «актуальная ситуация» («образ ситуации») наряду с понятием «состояние» позволяет переходить от динамического рассмотрения психики к статичному, и обратно.

ОБРАЗ МИРА. ОТНОШЕНИЯ

Среди статичных компонентов психики центральное место занимает *образ (модель) мира*.

Психика отражает как внешний, так и внутренний мир. Продукт этого отражения – образ (или внутренняя модель) мира. Образ мира включает все *представления (знания)* человека об объектах мира, предметах, явлениях, идеях и т.п., в том числе знания о себе и своей жизни. В образе мира любой объект – это знание о нем.

Образ мира имеет сложную организацию. Его можно представить как киноленту со «звуковой дорожкой», «текстовой дорожкой» – символьной записью опыта (своего рода субтитрами), а также с обонятельной, осязательной, вкусовой и многими другими «дорожками». Лента не скручена в рулон, как обычная кинолента, а уложена так, что похожие вещи находятся близко друг от друга.

Образ мира можно представить и как многослойный пирог, нижний слой которого (мир явлений, чье устройство повторяет реальный мир) содержит наглядно-образные, а верхние (мир идей) – все более и более абстрактные вербальные представления. У разных людей вербальные знания различаются по адекватности, полноте и глубине.

Человек не только отражает, но и творит мир, например работой воображения или мысли. Результаты этого творчества также входят в образ мира.

Образ мира не простой слепок с реальности, а слепок, пронизанный лучами-*отношениями*. Любой объект – предмет, явление, идея и т.п. – это не только представление о нем, но и отношение к нему. Обезличенного знания (т.е. абсолютно безразличных объектов) нет, как нет и беспредметного отношения. Есть когнитивно-эмоциональный комплекс, в котором объект неотделим от отношения к нему. Разделить их можно только теоретически.

Лучи-отношения делают образ мира похожим на электростатическое поле, в котором они играют роль силовых линий, делая одни участки образа мира притягательными, а другие – отталкивающими.

Одна из главных функций образа мира – дать субъекту возможность ориентироваться, определять направление своего движения. Реализует эту функцию механизм *осмысления*. Осмысление соотносит явление («положение дел») с образом мира и, следовательно, с играющими роль ориентиров его притягательными участками.

Отношения формируются по мере *познания* объекта и аккумулируют весь опыт знакомства с ним: эпизод за эпизодом. Когда знания об одном предмете различны, различны и отношения к нему. Например, когда два человека говорят, что любят одну книгу, различие в их представлениях о книге означает, что они говорят о разных книгах и разных к ним отношениях.

Отношения характеризуются различными свойствами (модальностями), например такими, как приятие-неприятие и сила-слабость. По последнему свойству объекты варьируются от относительно безразличных до очень важных (*сверхзначимых*).

Часть свойств отношений (например, *противоречивость*) определяется характером знания. Противоречивость означает, что к одним сторонам вещи отношение одно, а к другим – другое. Например, что-то нравится, а что-то – нет. Противоречивость является следствием распада представления о вещи на множество независимых знаний о ее свойствах, не связанных в одно целое, когда человек, увлекаясь анализом в ущерб синтезу, «не видит леса за деревьями».

Говорить о статичности образа мира не совсем правильно. Он изменчив. Во-первых, образ мира постоянно расширяется (длина «киноленты» увеличивается). Во-вторых, внутри образа мира в результате познавательной активности человека постоянно меняются внутренние взаимосвязи. В-третьих, меняются отношения человека к частям образа мира. В-четвертых, отражение живых (динамичных) объектов, прежде всего людей, происходит в форме живых (динамичных) образов. Образ человека не «мертвый портрет», а живой человек с его мыслями, чувствами, поступками, который живет, мыслит и действует внутри нас.

Сознание и бессознательное

У человека есть «внутренний глаз», который смотрит на образ мира. Этот глаз – *сознание*. Другой метафорой для понимания сознания является прожектор, освещающий часть образа мира.

В каждый момент сознание видит только небольшую часть образа мира. Однако, переходя от одной части к другой, можно увидеть довольно много.

Сосредоточение на определенной части образа мира – фокусировка прожектора сознания – называется *вниманием*.

Различные участки образа мира в разной степени доступны сознанию. Наименее доступные части получили название *бессознательное* [25].

Подсистемы образа мира

Различные подсистемы образа мира в разной степени привлекали внимание психологов. Некоторые подсистемы получили специальные названия.

Так, *мировоззрение* – это совокупность наиболее существенных представлений человека о мире. «Система значимости» – совокупность наиболее важных частей мира (людей, событий, идей и т.д.), отношения к которым

---

[25] В эзотерической литературе бессознательное часто разделяют на подсознательное и сверхсознательное, имея в виду «животную» и «божественную» составляющие человека.

характеризуются максимальной силой. «Система *самосознания*» включает представления человека о себе. «Система Я» включает все, что человек считает своим (собственное тело, мысли, другие люди, вещи и т.д.). Система идеалов содержит представления о наиболее привлекательных объектах.

Элементарные и сложные объекты. Знания. Трансформации

Объекты образа мира можно разделить на два класса. К первому относятся неразложимые «элементы» – образы конкретных предметов и событий, «элементарные» свойства и понятия.

Объекты второго класса имеют *внутреннюю структуру* и состоят из элементарных (или неэлементарных) *объектов* и *связей* между ними. Эти «сложные» объекты можно назвать *знаниями*.

Преобразования образа мира по большей части состоят в развитии знаний. Такие преобразования происходят в процессах *мышления*, *воображения*, целеполагания. При *запоминании* также происходит трансформация: формируются связи, используемые при припоминании (воспроизведении). (Само припоминание не трансформация, а движение «луча сознания» по образу мира.)

Важный пример трансформации – *оценивание*, определение выраженности свойств (добрый, истинный, красивый и т.п.), которое заключается в соотнесении объекта с *оценочной шкалой*. Оценочные шкалы (их называют также *конструктами*) у каждого свои. Более того, у одного человека в разные моменты они различны. Различны они и по отношению к разным группам объектов. Так, шкала «умный – глупый» применима к людям, но не, например, к мебели, а шкала «деревянный» – наоборот.

Оценивание превращает объект в набор свойств (оценок по разным шкалам). Этот набор представляет исходный материал для *категоризации*. Категоризация относит объект к классу (категории) объектов с такими же или сходными свойствами. Для обозначения классов служат *понятия*. В свою очередь понятия образуют исходный материал для формально-логического мышления.

Понятийное знание [26] представляет собой структуру: группу понятий и связей между ними. Условно понятия можно разделить на несколько видов – *объекты, свойства, отношения*. Например, суждения «Мальчик сидит на стуле», «Электрон – часть атома» и т.п. имеют структуру «объект – отношение – объект».

Каждое понятие обобщает класс реально наблюдаемых объектов или отношений между объектами. Обобщение может быть непосредственным, если речь идет о таких понятиях, как «стул» (обобщение группы предметов мебели) или «сидеть на» (обобщение группы поз), либо опосредованным системой промежуточных абстракций, например таких, как математические понятия.

В свою очередь знание обобщает наблюдаемые взаимосвязи между объектами. Ясно, что при этом знание обречено на неточность, так как не между всеми объектами, входящими в один класс, и всеми объектами, входящими во второй класс, существует определяемое знанием отношение – не каждый мальчик сидит на каждом стуле и не каждый электрон – часть каждого атома. Для определения «области истинности» знания входящие в его состав понятия необходимо уточнить (сузить).

Неточность (или неполнота) понятийного знания может быть понята при помощи метафоры «валентность» [27]. Понятийное знание «валентно» в том смысле, что в нем есть неизвестные моменты, которые нуждаются в уточнении (по аналогии с химией, где валентность определяется как количество свободных мест для электронов, которые может «притянуть» атом при реакции). Так, например, в суждении «Мальчик сидит на стуле» в отношении объекта «мальчик» неизвестно, сколько лет мальчику, как его зовут, как он выглядит и т.п. В отношении предиката «сидеть на» неизвестно,

---

[26] Условно можно считать понятийным знание, выражаемое языковыми средствами.

[27] Идея использования этой метафоры в когнитивной психологии подсказана мне И. Югановым.

например, как долго сидит мальчик, почему он сидит, в какой позе и т.п.

Еще одним примером трансформации, используемой в мышлении, является *логический вывод*, когда с помощью наличного знания (структур, состоящих из объектов и связей между ними) и правил логического вывода человек порождает новое знание.

Любая деятельность, даже чисто «внешняя» (например, мытье посуды), одновременно является и деятельностью по преобразованию образа мира. Изменения, которые деятельность вносит во внешний мир, вносятся и в отражение внешнего мира – образ мира [28]. Таким образом, любая деятельность преобразует образ мира: трансформация происходит через отражение реальной трансформации реального мира.

ЭНЕРГИЯ.
НЕРАВНОВЕСНЫЕ СОСТОЯНИЯ

Образ мира обладает внутренней *энергией*, складывающейся из энергии отношений субъекта к объектам модели и энергии внутренних связей между объектами. Энергия отношений (например, любви или ненависти) проявляется в тенденции отношений к реализации. Отношения питают энергией деятельность по их реализации.

Некоторые состояния образа мира (*желания, противоречия, недовольства, вопросы* и т.п.) характеризуются неравновесностью. Неравновесность проявляется в наличии

---

[28] Обратное неочевидно, а с обыденной точки зрения – неверно: размышления или фантазии не обязательно ведут к изменениям внешнего мира.

В эзотерических учениях, отвергающих противопоставление внутреннего (идеального) и внешнего (материального) миров и считающих Мир единым и материальным (хотя и состоящим из материи разной плотности), считается, что идеальные изменения (в мыслях) влияют на материальные объекты. Такой способ влияния называется магическим.

«свободной» энергии, которая расходуется на работу по ее устранению [29].

Противоречие – это состояние, когда сосуществуют два взаимоисключающих знания. Простейший пример – двойственность оценки, когда объект одновременно оценивается и как хороший, и как плохой.

Переживание недовольства является частным случаем противоречия – противоречием между реальным, с одной стороны, и желаемым или должным – с другой.

Может показаться, что расхождение реального и желаемого нельзя считать противоречием, так как положительная оценка относится к одному объекту (желаемое), а отрицательная – к другому (реальное). Противоречия и нет, если четко различать оба объекта. Однако часто субъект стремится (обычно неосознанно) отождествить объекты, поставить между ними знак равенства, превращая их тем самым в единый объект. Особенно часто это происходит при сопоставлении реального и должного, так как модальность долженствования (отношение к чему-либо как к должному) содержит в себе потенциал отождествления.

Следствием такого отождествления является противоречие, которое служит источником энергии для деятельности по преобразованию реального в желаемое (или в должное). Фактически тот же механизм задействован и в энергетике желаний и целей.

Для снятия недовольства есть два пути. Если мне что-то не нравится (какой-то объект оценивается негативно), я могу либо пытаться изменить образ мира, с тем чтобы оценка сменилась на позитивную, либо заняться деятельностью по реальному изменению не нравящегося мне реального объекта в реальном мире.

---

[29] Легко видеть, что образ мира всегда находится в неравновесном состоянии.

Вопросы

Вопросы образуют самостоятельную группу источников энергии для деятельности по трансформации образа мира. Фактически они играют ведущую роль в познавательной работе.

Существуют различные типы вопросов: уточняющие, цель которых – уточнить понятийное знание, определить, какие именно объекты находятся в отношении, определяемом формулировкой знания; вопросы о причинах того или иного отношения между объектами (среди них интересны вопросы о причинах противоречий); вопросы об объектах, которые недоступны непосредственному наблюдению, – о Боге, истине, добре и т.д.[30]

Общим свойством вопросов является неравновесность состояния вопрошания – если вопрос возник, он требует снятия и, таким образом, является источником энергии для соответствующей деятельности (например, через поиск ответа) – перехода в равновесное состояние.

«Консервация» неравновесного состояния

Работа понимания, приводящая к снятию вопроса, является не единственным способом реализации энергии неравновесного состояния. По тем или иным причинам (например, из-за лени, неверия в возможность результата, ощущения бессмысленности работы понимания и т.п.) неравновесное состояние с присущим ему запасом энергии может «консервироваться», переходя из области сознания на бессознательный уровень.

«Консервироваться» способны не только состояния непонимания, но и любые неравновесные состояния. Например, неудовлетворенная потребность, если она не витальная, т.е. жизненно важная для физического сохранения индивида, может вытесняться (переставать осознаваться).

Иногда «законсервированная» неравновесность снимается непроизвольно («рассасывается»), без участия сознания, но

---

[30] Эти вопросы являются манифестацией переживания человеком особенного состояния – тайны.

чаще она сохраняется. В последнем случае «законсервированное» неравновесное состояние может стать опасным, превратившись в постоянно действующий источник деструктивной энергии. Этот феномен [31] подробно описан и исследован в рамках фрейдовского психоанализа.

---

[31] Можно усмотреть аналогию этого явления с наличием в организме инородного тела, которое отвлекает часть энергетического ресурса на работу иммунной системы по нейтрализации его присутствия и, таким образом, ослабляет иммунную защиту.

Я: ЛИЧНОСТЬ И СУЩНОСТЬ

Есть люди, у которых как в современных магазинах – на витринах есть все, но зайдешь внутрь – там пусто.

Жалок тот, в ком ничего не осталось от ребенка.

ПОНЯТИЕ «Я» В ПСИХОЛОГИИ • ПОНЯТИЕ «ЛИЧНОСТЬ» В ПСИХОЛОГИИ • ГУРДЖИЕВ О «ХОЗЯИНЕ». МНОЖЕСТВЕННЫЕ Я • ПСИХОЛОГИЯ МНОЖЕСТВЕННЫХ Я • Роли • Многообразие деятельности • Восприятие других • Множественные Я как «комплексы» • Возраст множественных Я • УСТОЙЧИВОСТЬ ДЕЯТЕЛЬНОСТИ И ИЕРАРХИЯ МОТИВОВ • Личностное ядро и личностный стержень • Я-инвариант • СУЩНОСТЬ • Два феномена • Два варианта социализации • Остановка развития • Развитие сущности • Гурджиев о личности и сущности • Сущностное Я

ПОНЯТИЕ «Я» В ПСИХОЛОГИИ

Место Я среди психических реалий – особое. Понятие «Я» должно бы занимать не менее важное место, чем «деятельность», «мотив» или «образ мира». Но не занимает.

Психологи используют это понятие в теоретических работах. Но никто не изучает Я эмпирически. Понятие «Я» – слишком крупное. Однако без него многое остается непонятным.

В профессиональном обиходе «Я» имеет несколько значений.

Первое значение – система представлений человека о себе (*Я-образ* или *Я-концепция*).

Второе – психическая форма *самоидентификации* – «отличности» (индивидуальности) человека от окружающего мира и других людей.

Третье – представленность человеку при самовосприятии его самого как *субъекта психической жизнедеятельности:* чувств, поступков, целей, потребностей, желаний, мыслей, поведения, отношений и т.п. В этом понимании Я – тот, кто думает то-то и то-то, делает то-то и то-то, чувствует то-то и то-то и т.д.

Четвертое – то, что остается в психике *неизменным*, несмотря на развитие.

Пятое – тот «человек в человеке» («хозяин»), который ответственен за его жизнь, тот, кто *контролирует* поведение, мысли и т.п.

Шестое – «ядро», в котором сосредоточена сущность человека.

Нетрудно видеть «родственность» всех перечисленных значений. Впечатление, что за ними стоит одна реальность, выразилось в использовании общего имени – Я.

С прикладной точки зрения наиболее важное значение Я – центр, управляющий поведением, – «хозяин». Если знать «хозяина», можно прогнозировать поведение и управлять им. Поэтому академическая психология сосредоточила свое внимание на изучении «хозяина», для благозвучия назвав его «личность». Естественно, предполагается, что единственный «хозяин» («личность») существует.

ПОНЯТИЕ «ЛИЧНОСТЬ» В ПСИХОЛОГИИ

Хотя общепринятого определения личности нет, обычно личностью называют *устойчивые стереотипы поведения.*

Методы исследования личности направлены на выявление этих стереотипов. Предполагается, что личность определяется набором *личностных свойств*, проявляющихся в тех или иных образцах поведения.

Измерение свойства состоит в подсчете образцов поведения, свидетельствующих о его выраженности. Выраженность определяется как отношение количества этих образцов к общему числу наблюдений.

Например, измеряя щедрость, мы обнаруживаем, что в семи наблюдениях из десяти человек щедр. Это является основанием, чтобы считать человека щедрым «на 70 процентов» и прогнозировать, что с вероятностью 70 процентов он не откажет в пожертвовании.

Такой подход вполне логичен при условии верности основной посылки – существования «хозяина». Однако с этим все не так просто.

ГУРДЖИЕВ О «ХОЗЯИНЕ». МНОЖЕСТВЕННЫЕ Я

Гурджиев понимает под Я то же, что психология называет личностью, – центр, управляющий психической жизнедеятельностью. Однако он расходится с психологией в признании «автоматического» существования этого центра.

Исходный пункт психологической теории Гурджиева – отсутствие единого Я у «несовершенного» человека. Человек начинает делать одно дело, бросает его, начинает другое, его также бросает, берется за третье и т.д. И внешнее поведение, и внутренняя логика реагирования на события все время меняются. Стороннему наблюдателю такое непостоянство может казаться нелогичным.

Например, известие о чьем-то убийстве может либо оставить человека равнодушным, либо вызвать негодование в адрес убийцы, страх за свою жизнь и даже злорадство. Та или иная реакция будет определяться состоянием, в котором находится человек: погружен ли он в отвлеченные мысли, наполнен ли гражданским чувством, сосредоточен ли на своем благополучии или стремится к самоутверждению, т.е. тем, какое из его Я главенствует в данный момент. Точно так же деятельность одного и того же человека направлена то на добывание денег, то на заботу о близких, то на преодоление творческого кризиса и т.д. Каждый раз перед нами фактически разные люди.

Гурджиев говорит, что есть много претендентов на роль «хозяина» (много Я). Каждый из них стремится быть «хозяином», и иногда ему это удается, но он оказывается калифом на час, так как вскоре его свергает другой претендент, власть которого так же непродолжительна, как и его предшественника.

Наличие многих Я объясняет неспособность «несовершенного» человека к длительной целенаправленной деятельности. Когда одно Я планирует что-то сделать, оно не подозревает, что вскоре будет «свергнуто», а новый «хозяин» не станет реализовывать его планы.

Таким образом, если в человеке и есть нечто постоянное, это нечто не определяется тем, как он себя ведет: ведет он себя все время по-разному. Этот вывод многое переворачивает в психологии личности.

Действительно, выводы о «70-процентной щедрости» не имеют никакой ценности, если признать существование двух Я – щедрого и скупого. То, что мы видели 7 раз щедрое и 3 раза – скупое Я, еще ничего не говорит о том, какое Я будет хозяйничать, когда мы обратимся за помощью.

Это означает, что изучение поведения полезно для прогнозирования только в той мере, в какой оно – изучение того, *что* стоит за поведением его субъектов, которых вслед за Гурджиевым мы будем называть множественными Я.

ПСИХОЛОГИЯ МНОЖЕСТВЕННЫХ Я

Роли

Среди причин формирования множественных Я первым нужно назвать принятие разных ролей.

Человек в соответствии со своим положением в малой группе (например, в семье) и/или в обществе усваивает многочисленные стереотипные для его культурной среды поведенческие (шире – психические) образцы: сына, мужа, отца, деда, школьника, студента, инженера, учителя, писателя, общественного деятеля и т.д. и т.п. Каждый из образцов имеет свою собственную логику, цели и т.д. Воспроизводя образец, человек играет соответствующую роль так, как он ее усвоил. Если играть долго и увлеченно, роль приобретает атрибуты Я – от нее нельзя произвольно отказаться и приходится продолжать играть даже «нехотя». Маска срастается с лицом.

Многообразие деятельности

Другая (отчасти сходная) причина множественности Я – многообразие деятельностей.

Часто разные деятельности слабо связаны между собой. Единой логики жизнедеятельности нет. Каждая потребность заставляет действовать для ее удовлетворения и, таким образом, функционирует как независимое Я, стремящееся к господству.

Восприятие других

Третья причина связана с тем, что в психике живет множество людей. Восприятие человеком человека устроено так, что его результат – образ другого – оказывается живым.

Наиболее ярко это проявляется в отношении воспитателей. Воспитатель живет в воспитаннике: человек может слышать голос воспитателя, который говорит то, что говорил бы в этой ситуации воспитатель [32].

Люди, которыми «населен» человек, непосредственно влияют на его жизнь, определяя способы реагирования и подсказывая решения в сложных ситуациях. Если человек не рефлексирует наличия других, то они приобретают статус его Я [33].

---

[32] Этот «внутренний голос» может восприниматься и как голос воспитателя, и как свой «второй голос».

[33] Иногда в этой связи говорят о «втором Я», хотя правильней было бы говорить о «тридцать пятом» или «сто сорок третьем».

Множественные Я как «комплексы»

Во многом поведение определяют внешние влияния. Большинство представлений, ценностей, стереотипов поведения навязано человеку и воспринято им некритично. Мозаика разнородных влияний формирует весьма эклектичную картину. Одни ценности противоречат другим. Одни цели – другим. Одни принятые роли (поведенческие стереотипы) – другим. Одни мысли (представления) – другим. Все это – и мысли, и ценности, и представления, и роли – служит для управления поведением. Ясно, что такое управление не может быть эффективным. Если хотеть ехать и вправо и влево, непонятно, куда поворачивать руль. Часто решение принимается на основании случайно оказавшегося «под рукой» соображения.

Воспринятые из разных источников разноплановые психические образования могут объединяться в «комплексы» [34] – связанные между собой группы. Каждый такой «комплекс» – свое множественное Я.

«Раздвоение личности», когда ни одно из Я не помнит о существовании другого (точнее, отсутствует ощущение реальности другого Я и/или своей к нему причастности), возникает как результат соединения двух факторов: во-первых, сильной внутренней связи внутри «комплексов», образующих каждое Я, и несвязанности их между собой и, во-вторых, отсутствия единого центра, выполняющего функцию рефлексии.

Возраст множественных Я

В зависимости от возраста («стажа») множественные Я различаются по степени «укоренения» в психическом организме.

Я, которое возникает раньше и «живет» дольше, сильней «прирастает» к человеку, в большей степени конституирует его

---

[34] Классические «фрейдовские» комплексы («комплекс неполноценности», комплекс Эдипа и т.д.) – частный случай «комплексов» в таком понимании.

психику. Его составляющие (привычки, представления, черты характера и т.д.) менее изменчивы. Ранние Я больше присущи человеку, они более «Я-шные». Поздние – более искусственные, более «наносные».

Раньше других появляются Я, включающие самые общие характеристики индивидуальности – чувство самоидентичности, задатки, темперамент и генерализованные черты характера – обидчивость, задумчивость, мечтательность, игривость – серьезность и т.п.

Позднее формируются Я, включающие такие образования, как мировоззрение, направленность, желания, ценности. Еще позднее – Я, включающие большинство специальных знаний и умений.

УСТОЙЧИВОСТЬ ДЕЯТЕЛЬНОСТИ И ИЕРАРХИЯ МОТИВОВ

Многочисленные неупорядоченные мотивы: неудовлетворенные потребности, нереализованные желания, неоконченные действия, привлекательные возможности, требования и т.п., – конкурируя за ресурсы человека, дробят их, «растаскивают» в разные стороны. При этом длительная целенаправленная деятельность невозможна. Возможна лишь длительная псевдо-«деятельность» – псведение, мотивированное принуждением (работа «из-под палки»).

Для длительной деятельности нужно, чтобы сила одних мотивов была больше, а их действие более продолжительным, чем других. Кроме того, необходимо организованное сопротивление конкурирующим мотивам, «соблазнам».

Это означает, что нужна иерархия, в которой одни мотивы имеют статус главных, другие – второстепенных.

При иерархии второстепенный мотив не может вытеснить главный. Это позволяет главному мотиву поддерживать деятельность до момента достижения ее результата.

Второстепенные деятельности возможны, только если они не мешают главной.

Личностное ядро и личностный стержень

Психические образования, ответственные за устойчивость деятельности, доведение начатых дел до конца и обеспечение внутренней логики связи между отдельными деятельностями, т.е. за создание необходимых предпосылок для развития, – *личностное ядро* и *личностный стержень*.

Личностное ядро образовано наиболее устойчивыми и значимыми представлениями: о себе – Я-концепция, о должном, о хорошем и плохом, о добре и зле и т.п.

Личностный стержень – это иерархически упорядоченная система мотивов.

Личностное ядро и личностный стержень сформированы из «центральных» представлений и мотивов, входящих в состав наиболее ранних и наиболее часто «хозяйничающих» (т.е. самых «Я-шных») множественных Я. Это позволяет говорить о них как об оболочке этих Я.

Чтобы обеспечивать устойчивость деятельности, в личностном ядре (стержне) не должно быть противоречий, т.е. взаимоисключающих представлений (мотивов). Обычно такие противоречия есть. Когда одно Я обретает новые представления (мотивы), оно не помнит или не знает о представлениях (мотивах) других Я.

Устранение противоречий («чистка» личностного ядра и личностного стержня) – длительная и трудная работа, состоящая из множества повторяющихся этапов.

На каждом этапе выполяется одна из двух операций: либо выбор из двух противоречивых возможностей, либо их переосмысление, в результате которого противоречие устраняется.

Обе эти операции невозможно выполнить, оставаясь в границах личностного ядра. Необходимо подключение внешнего источника воли и знания. Более того, это внешняя воля и знание должны быть постоянны и не подвержены случайным изменениям.

Ту же мысль можно выразить иначе. Чтобы деятельность была устойчивой, ею должен заниматься тот, кто присутствует постоянно. Главные мотивы должны репрезентировать волю постоянного Я, которое можно назвать *Я-инвариант*.

Я-инвариант

В течение жизни человек все время меняется. Меняются мысли, вкусы, интересы и т.п. Трудно назвать то, что остается неизменным. Возникает естественный вопрос: а существует ли Я-инвариант?

В пользу положительного ответа говорит то, что и в пять, и в пятьдесят лет в чем-то человек остается самим собой. Это ЧТО-ТО часто невозможно увидеть со стороны. Но оно очевидно при взгляде изнутри, для самого человека.

Это неизменное ЧТО-ТО проявляет себя в чувстве Я (*чувстве самоидентичности*), которое присутствует в эмоциональном фоне любого состояния [35]. Стоит спросить себя «Где Я?» или «Что такое Я?», в ответ возникает чувство самоидентичности.

СУЩНОСТЬ

Среди множественных Я есть одно, отличающееся по своему происхождению от других.

Два феномена

В психологии детства известны два феномена.

Первый – появление между годом и четырьмя «чувства Я», которое сохраняется на всю жизнь.

Второй – наличие у детей дошкольного возраста только одного («исходного») Я. Наблюдателю всегда легко отличить естественное поведение ребенка от искусственного, подражательного. Сам ребенок четко осознает, когда он подражает кому-то, например в ролевой игре, а когда является СОБОЙ.

---

[35] Временное отсутствие чувства самоидентичности обычно говорит о том, что внимание поглощено чем-то другим и Я не замечается.

Два варианта социализации

Обычно психическое становление ребенка рассматривают как *социализацию* – освоение социальных норм поведения, знаний и умений, формирование социальных потребностей и деятельностей – другими словами, врастание в социум. При этом, с одной стороны, запреты и наказания подавляют естественные склонности, а с другой – внушения, примеры для подражания, требования взрослых навязывают систему представлений, норм, идеалов и т.п.

Социализация («окультуривание») может происходить по-разному.

Остановка развития

Чаще всего, принимая чужое, ребенок вынужден отказываться от своего, естественного – вести себя не так, как хочется, думать не о том, о чем хочется, и т.п.

Воспринятое чужое образует новое Я, которое никак не связано с Я исходным, существующим с момента пробуждения чувства Я. Например, новое Я может иметь имя «Хороший мальчик». «Хороший мальчик» должен делать совсем не то, чего хочет Я, но поведение «Хорошего мальчика» поощряется окружающими, а поведение Я – порицается. Ребенок играет «Хорошего мальчика» и получает за это «подкрепление» – похвалы взрослых. Постепенно игра переходит в привычку – и формирование нового Я завершено.

Со временем количество новых Я растет, ребенок все время живет их жизнью, и для того, чтобы жить жизнью исходного Я, у него просто не остается времени.

Аналогично происходит обучение. Получая новое знание, ребенок его не *проживает*. В результате знание оказывается поверхностным, формальным. Человек превращается в хранилище мертвых знаний.

При взрослении схема сохраняется – жизнь продолжается под влиянием стереотипов, требований: человек играет новые роли и у него появляются новые Я. Мир каждого из таких Я непохож на миры других Я. У «Я-добряка» свой мир, у «Я-хитреца» – свой. Мир «Я-отца» отличается от миров «Я-мужа» и «Я-сына». Мир «Я-гражданина» – от мира «Я-обывателя» и т.д.

Для исходного Я с его спонтанной (термин Фромма) активностью не остается места – человек (по выражению того же Фромма) «перестает быть». Постоянно *меняясь*, он не *развивается*. У новых (искусственных) Я нет пстенциала развития. Однажды сформировавшись, они остаются неизменными. Единственное, что может меняться, – это частота их использования.

Развитие сущности

Второй вариант встречается редко. Чаще можно видеть его элементы. При этом варианте субъектом социализации становится исходное Я, которое ищет возможности социализироваться, оставаясь собой и не прибегая к использованию масок («личин»).

Новые знания (если речь идет о процессе учения) усваиваются не «механически» (зубрежкой), а путем настоящего понимания, проживания, превращения их в личный опыт.

Например, проживание географических знаний лучше всего происходит в путешествиях, физических – при интерпретации окружающего мира как физического процесса, исторических – при воспроизведении работой воображения исторических событий, математических – при умении выводить формулы и/или «видеть» математические объекты и т.д. То же относится и к научению «жизненным правилам».

Обучение проживанию значительно более трудоемко, но и более полезно, так как выстраданное в раздумьях и сомнениях знание может творчески применяться, взаимодействовать с другими знаниями, расти. Исходное Я при этом развивается (в отличие от искусственных Я оно обладает такой способностью), увеличивает свою жизненную силу и сопротивляемость.

Гурджиев о личности и сущности

Гурджиев называет исходное Я – «сущность» в отличие от искусственных Я, которые он называет «личность». «Личность» у Гурджиева – это личины [36], «одежда» сущности. Эта одежда может быть настолько плотной и тесной, что сущность не сможет ни жить, ни расти. Тогда человек превращается в свой костюм.

Если в личности (в понимании Гурджиева) сосредоточены внешние, чуждые человеку влияния, то сущность (*сущностное Я*) содержит влияния внутренние. Сущностное Я можно считать источником активности (внутренней энергии).

Противопоставление того, что Гурджиев называет «личностью» и «сущностью» (правда, в иной терминологии), встречается и у других авторов, например у психоаналитиков. У зрелого Л.Н. Толстого есть замечание, что новорожденного и пятилетнего разделяет пропасть, а пятилетнего и его самого – шаг.

Сущностное Я

Сущностное Я похоже на семя, которое может вырасти в дерево. Являясь врожденным, сущностное Я может развиваться. Как семя, сущностное Я аккумулирует запас жизненной энергии.

Эта энергия разряжается в спонтанной активности: в интересе, тяготении, различных «импульсах» [37], в стремлении способностей к реализации. В детстве спонтанная активность сущностного Я проявляется в непоседливости, неудержимых фантазиях. У взрослых – в «немотивированном» изменении своей жизни, стремлении к творчеству и т.д.

То, что в сущностном Я скрыты побудительные силы развития, дает основание считать, что оно содержит программу

---

[36] Понятие «личность» Гурджиев использует в ином значении, чем академическая психология.

[37] В сущностном Я аккумулированы не только «хорошие» стремления (к любви, добру, творчеству), но и «плохие», деструктивные, например агрессивные импульсы и т.п.

индивидуальной жизни [38]. Эту программу можно назвать судьбой. Так как программа очерчена только «контурно», человек может влиять на ее реализацию.

В своем развитии сущностное Я может использовать опыт других множественных Я, делая его, например, материалом раздумий. В результате опыт личностных Я оживает и превращается в опыт сущностного Я.

Аналогично, личностные ядро и стержень могут стать «сущностными».

Способность развиваться основана на том, что в сущностном Я всегда присутствует Я-инвариант – то неизменное, без чего развитие – это просто изменение. Что это такое?

---

[38] Возможно, в эту программу входят данные о функции индивидуальной жизни в Мире. Если принимать учение о реинкарнации, то программа может содержать и память о прошлых воплощениях.

Глава 5

Я-АКТУАЛЬНОЕ И Я-ЦЕНТР

Сохраняйте, если вам угодно, некоторые формы, но никогда не теряйте дух, скрывающийся за этими формами.

ДВА СОСТОЯНИЯ • КОНФИГУРАЦИЯ «Я В МИРЕ» • Свои и чужие переживания • Свои и чужие вещи • Живое и неживое • Оживляющее восприятие. Проекция и интроекция • **Я-актуальное • Отождествление • Разотождествление • Я И НЕ-Я • Граница Я • Чувство собственного достоинства • О кросскультурных различиях • УПРАВЛЕНИЕ • Я-ЦЕНТР • Свойства Я-центра •** Развитие рефлексии и воли • **Функции Я-центра • Я-центр и индивидуальный дух •** Разотождествление как освобождение • **ВОПРОСЫ**

ДВА СОСТОЯНИЯ

Большинство людей почти все время находятся в состоянии, когда они никак не относятся к тому, что происходит у них внутри («происходит и происходит»), не обращают внимания на происходящее, слиты с ним. Это состояние можно назвать *самотождественностью*.

Только изредка «обычный» человек выходит из состояния самотождественности, отделяет себя от происходящего с ним и начинает к этому происходящему как-то *относиться*.

Выйти из состояния самотождественности нетрудно – достаточно посмотреть на себя со стороны. Такой взгляд со стороны называется *рефлексией*.

Если в состоянии самотождественности нет ничего, кроме сиюминутных (актуальных) переживаний (человек тождествен своим переживаниям), то при взгляде со стороны картина сложней. Присутствуют те же переживания, но еще и их восприятие и, самое главное, **тот, кто воспринимает**. При рефлексии человек становится тождествен не своим переживаниям, а самому «взгляду со стороны», т.е. превращается в *наблюдателя* за собой. Содержание переживаний, становясь содержанием взгляда со стороны, отчуждается.

У «обычного» человека взгляд со стороны не бывает продолжительным. На смену ему снова приходит состояние самотождественности. Однако это новое состояние часто отличается от того, которое предшествовало взгляду со стороны.

КОНФИГУРАЦИЯ «Я В МИРЕ»

Одним из результатов взгляда со стороны является пробуждение способности *отнестись* к происходящему. Объектами отношения могут быть и собственные переживания (составляющие актуального состояния), и составляющие актуальной ситуации – вещи в мире.

Свои и чужие переживания

При взгляде со стороны часть «увиденного» в поведении, мыслях или чувствах предстает как **своя**. К ней относятся переживания, субъектом которых человек ощущает себя – **свои** «сиюминутные» деятельность, поступки, побуждения, представления, мысли, воспоминания, чувства, желания и т.п. – и за которые он принимает ответственность на себя.

Другая часть воспринимается как чужеродная, навязанная извне, **не своя** (например, собственные поступки, совершаемые без желания). Ответственность за эти переживания человек возлагает на других – природу, организм, обстоятельства, дьявола и т.д., но не на себя.

Первая часть воспринимается как собственная активность – «я делаю» («я думаю», «я чувствую», «я понимаю»). Вторая –

как чужая, по отношению к которой человек пребывает в страдательной позиции («со мной происходит», «мне подумалось», «мне показалось», «мне пришло в голову» и т.п.).

Соответственно, источники побуждений для первой части воспринимаются как внутренние («я хочу», «я стремлюсь», «я должен»), а для второй – как внешние (в более явных случаях – «что-то меня толкнуло на это», «мной овладела какая-то сила»; в менее явных – «меня привлекает», «мне нужно»).

Восприятие переживания как своего или чужого не определяется его предметным содержанием. Было бы соблазнительно считать, что «низменные импульсы» (типа желания поесть) воспринимаются как внешние, а «высокие порывы» (например, творческие) – как внутренние. Реально дело обстоит не так. Религиозные и творческие состояния могут переживаться как дарованные извне, а чувство голода – как исходящее изнутри. Впрочем, бывает и наоборот.

Свои и чужие вещи

Живое и неживое

Актуальная ситуация – представленность мира в сознании в данный момент – включает образы разных вещей: обстоятельств жизни, предметов собственности, целей, предметов и средств деятельности, объектов созерцания и т.д. Человек по-разному относится к этим вещам: ненавидит, боится, презирает, вожделеет, стремится к ним и т.д.

Среди образов актуальной ситуации есть **живые**. Имеется в виду живость не их прообразов – реальных вещей в мире [39], а именно самих образов – компонентов актуальной ситуации.

Восприятие может омертвлять и самое живое – людей. Преподаватель видит школьника сосудом, который нужно наполнить знаниями. Врач – пациента механизмом, который нужно починить. Люди-инструменты и люди-препятствия в

_____

[39] Живыми можно считать и камни, и произведения искусства, и общество, и политику, и тексты и т.п. Всюду можно найти одни и те же признаки жизни.

86

достижении наших целей – примеры «неживых» людей можно множить бесконечно. Если образы людей часто безжизненны, тем более безжизненными оказываются образы других вещей.

Живой образ в отличие от безжизненного изменчив и активен. Причина его изменчивости внутри него. Он реагирует на внешние воздействия и сам способен воздействовать на другие объекты. Он обладает волей, свободой, сознанием.

Оживляющее восприятие. Проекция и интроекция

Когда образ оживает? Если это образ внутреннего восприятия, значит, он существовал как живой в образе мира. Таким может быть, например, образ близкого человека.

Однако оживление может происходить и непосредственно при восприятии. Во-первых, я могу оживить объект, проживая его жизнь. Во-вторых, объект может жить своей жизнью, а я – «впустить» его в себя. Первую возможность реализует механизм *проекции*, вторую – *интроекции*.

При проекции восприятие активней, при интроекции – пассивней. Но и в интроекции есть элемент активности – повторение воспринятого, его эхо-воспроизведение, которое переносит объект внутрь. Тот же механизм воспроизведения, но в форме ролевого проигрывания задействован и при проекции.

При проекции человек живет своей жизнью в образе другого.

При интроекции жизнь другого может стать своей. Но не обязательно. Другой может жить во мне, даже когда я не признаю его жизнь своей.

Проекция может оживить, казалось бы, безжизненные вещи: камень, мысль и т.п. При проекции человек как бы одаривает вещь своей жизнью, излучает на нее свою жизненную энергию. Это менее явно при живом восприятии человека, но очевидно при «оживлении» статуи.

При интроекции человек открывает жизнь вещи, входит с ней в контакт и «втягивает» ее в себя [40], обогащаясь ровно на эту жизнь [41].

---

[40] В таком «взаимодействии жизней» проявляется Закон притяжения.

Я-актуальное

Среди живых образов в актуальной ситуации есть образы, которые **наполнены жизнью субъекта**. Их жизнь воспринимается как своя.

Такими могут быть образы высокозначимых объектов, например образ себя, образ своего физического тела, образы близких людей. Иногда – некоторые предметы, художественные произведения и т.п.

Определим *Я-актуальное* как *конфигурацию «Я в мире»* – **свои переживания и свои, живущие одной жизнью с человеком вещи (своя часть мира) по отношению ко всем остальным, соответственно, переживаниям и вещам.**

Конфигурация «Я в мире» непрерывно меняется: расширяется при увеличении «своего» и сужается при его уменьшении. В состоянии самотождественности она исчезает – превращается в «нулевую» конфигурацию.

Расширение конфигурации реализуется механизмом *отождествления*; сужение – *разотождествления*.

Отождествление

Наиболее наглядно отождествление проявляется в сочувствии, сострадании, сопереживании. На отождествлении построено и восприятие «драматургических» произведений – спектаклей, фильмов и т.п.

Способность к отождествлению формируется в ролевых играх. В зародыше она существует с момента рождения. Ее первое проявление – эмоциональное восприятие младенцем матери.

Отождествление противоположно и преобразованию и захвату мира, реализующим стремление к обладанию, которые

---

[41] Обогащение жизнью другого качественно отличается от других воздействий мира на человека – требований, соблазнов, «дрессуры», навязывания представлений и т.п.

также иногда интерпретируют как расширение Я [42]. Отождествиться можно только с живым. Желание иметь (неважно что – вещи, людей, славу и т.д.) направлено на владение, т.е. подчинение себе предмета желания, на приобретение над ним власти, а значит – на его омертвление, замену его жизненной активности своей. В этом смысле желание противоположно любви [43].

Механизмы отождествления можно понять, наблюдая работу актера, центральный момент в которой – подражание. Задача актера – правдивый показ персонажа – требует отождествления.

Актер работой воображения помещает себя в обстоятельства персонажа и старается, подражая ему внешне и внутренне, проживать его жизнь.

Так же и мы подражаем (часто бессознательно) человеку, которому сопереживаем: помещаем себя в его обстоятельства и повторяем его переживания, «проигрывая» их внутри.

Отождествление с «неодушевленными» объектами (камнем, деревом, мыслью, картиной и т.д.) возможно благодаря происходящим в них или с ними изменениям, а для неизменных – благодаря протяженности процесса их восприятия, которое делает образ объекта изменчивым. Воспроизводя эти изменения, мы проживаем «жизнь» объекта, отождествляемся с ним.

Здесь возможен вопрос. Восприятие – это всегда подражание тому, что воспринимается. Мы повторяем (движениями глаз, микроартикуляцией) то, что видим или слышим. Почему же восприятие не всегда сопровождается отождествлением?

---

[42] Включение в состав Я объектов обладания основано на наблюдении за привязанностью к имуществу (приземленности) и переживанием угрозы имуществу как угрозы себе – в форме страха, вспышек агрессии и т.п.

Но эти факты можно интерпретировать и иначе. Имущество – это материализованное (отчужденное в своих результатах) приобретательство. Угроза имуществу – угроза приобретательству, т.е. активности, вокруг которой часто организована вся жизнедеятельность.

[43] Феномен пушкинского «скупого рыцаря» только подтверждает это положение. Отношение барона к золоту – это любовное отношение, лишенное корысти. Он «оживляет» золото своей любовью к нему.

Во-первых, отождествление предполагает наличие наблюдателя (Я-актуального). Когда Я нет (в состояниях самотождественности), отождествление невозможно. Например, отождествления нет при самозабвенном актерском перевоплощении или в детских играх, когда ребенок не помнит себя.

Во-вторых, отождествление бывает более или менее полным. Жизнь другого проживается либо в отдельных моментах (то удалось понять какую-то высказанную мысль, то ухватить фрагмент настроения и т.п.), либо более целостно. Когда Я-актуальное существует, то в какой-то степени человек отождествляется с тем, что он воспринимает.

Степень отождествления определяется развернутостью восприятия, а она – местом восприятия среди других одновременно выполняемых деятельностей. Полным отождествление бывает при восприятии, которое доминирует над остальными деятельностями, когда человек сосредоточен только на восприятии. Такое восприятие создает образ, который живет полноценной жизнью, становится частью Я-актуального и расширяет его границу.

Разотождествление

Конфигурация «Я в мире» сужается в результате разотождествления, взгляда со стороны. Разотождествление – это перемена отношения: Я начинает относиться к своему как к чужому.

Разотождествление отделяет Я-актуальное от происходящего, превращает его в наблюдателя. Разотождествление характерно для обороны[44]. Я-актуальное избавляется от тех своих частей, которые воспринимаются как вредные, подобно ящерице, оставляющей преследователю свой хвост.

---

[44] При разотождествлении происходит замыкание в себе. Живым в человеке оказывается только он сам. Связи с миром разрываются. Поведение в таком состоянии называется надситуативным. В напряженных, травматичных, драматичных ситуациях оно эффективней, чем «обычное» поведение.

Разотождествление с объектами внешнего и внутреннего миров происходит по-разному.

Для разотождествления с внешним объектом (например, любимым человеком) достаточно переключить внимание на другой объект или сменить отношение. Такое переключение или смена отношения могут происходить сами по себе, но эффективней они при произвольном, сознательном решении.

Для разотождествления с внутренним объектом (мыслью, чувством, желанием) необходимо произвольное решение: эта часть конфигурации – другое, не-Я. Естественно, такое решение не может быть принято в состоянии самотождественности. Разотождествиться с объектом тем труднее, чем к более «Я-шному» Я он относится.

Необходимость в разотождествлении аналогична необходимости в подключении сознания в ситуациях затруднения, недовольства. Кроме того, разотождествление может запускаться стремлением к самонаблюдению (рефлексии) или самоконтролю. Чем большее место в общей структуре жизнедеятельности занимают самонаблюдение и самоконтроль, тем чаще оказываются задействованы механизмы разотождествления.

Я И НЕ-Я

Граница Я

Конфигурация «Я в мире» (Я-актуальное, которое мы будем пока называть просто Я) задает границу. Внутри границы находится то, что в данный момент является *своим*, а вне – то, что *своим* не является, – часть мира, которую можно назвать не-Я. Не-Я – это мир, в котором Я живет и действует. К не-Я могут относиться и особенности самого человека, если они воспринимаются отчужденно, например как полезные или вредные.

Анализ взаимоотношений Я и не-Я и, в частности, динамики границы Я имеет богатый объяснительный потенциал [45].

Проиллюстрируем возможности этого подхода на примере анализа чувства собственного достоинства.

Чувство собственного достоинства

При чувстве собственного достоинства четкая [46] граница между Я и не-Я дополняется признанием автономности и ценности как Я, так и не-Я.

Ценности Я и не-Я устойчивы, могут длительное время сосуществовать, не уничтожая одна другую. Ценность другого не зависит от ценности себя. Обе ценности непреложны и не зависят от внешних обстоятельств.

Ценности Я и не-Я примерно «равны» (насколько количественный подход уместен в разговоре о ценностях). Примерно поровну распределено внимание к Я и к не-Я. Примерно одинаковы объемы представлений о Я и о не-Я.

Если Я преобладает над не-Я (эгоцентризм) или Я отсутствует (состояние самотождественности), говорить о чувстве собственного достоинства не приходится, так как в первом случае человек лишен внешнего мира (не-Я), а во втором – своего Я.

Чувство собственного достоинства хрупко. Его уничтожают зависть, ревность, обиды, самооценка на основании сравнения своих достижений с чужими (свои успехи снижают ценность других людей, а неуспехи снижают ценность Я).

Среди проявлений чувства собственного достоинства можно выделить следующие.

---

[45] Рассматривать жизнедеятельность человека как динамику границы Я и не-Я предложил основатель гештальт-терапии Ф. Перлз. До него сходный подход просматривается в последних работах А.Ф. Лазурского. Теория личности, использованная М. Люшером при конструировании его цветового теста, по-видимому, также основана на сходной идеологии.

[46] Граница называется «четкой», если в разных актуальных ситуациях одно и то же содержание постоянно относится либо к Я, либо к не-Я. Если содержание попеременно относится то к Я, то к не-Я, граница расплывчата (состав Я и не-Я изменчив).

Постоянное самоощущение – ощущение своего Я.

Абсолютизация (аксиомизация) ценности своего Я. Я ценно не потому, что хорошо, а априорно потому, что оно – Я.

Восприятие, при котором мир не сливается с субъектом. Такое восприятие формирует реальное не-Я.

Ценностное отношение к не-Я, не обусловленное никакими факторами: «Мир хорош потому, и только потому, что он существует». Такое отношение редко, но возможно не только как идеал религиозной этики. Многим оно знакомо, если не по отношению к миру в целом, то по отношению к отдельным вещам (закаты на море, лес весной и т.д.).

Эти общие свойства конкретизируются в том отпечатке, который чувство собственного достоинства накладывает на всю психическую жизнедеятельность.

В каждой мысли присутствуют и ее субъект (Я), и объект (то, о чем думает субъект).

Человек, решающий задачу, целиком погружен в ее содержание. Его Я нет. Однако, если к мыслям о задаче добавляются мысли о процессе решения («Почему у меня не получается? Что я не так делаю?») или о смысле своих занятий («Зачем я это делаю? Что будет, если я получу такой-то результат?»), в мысли уже присутствуют и субъект и объект.

Если человек, стремящийся понять другого, ставит себя на его место, из мысли исчезает объект, существующий автономно от субъекта. Однако, если к мыслям добавляется что-нибудь вроде «А чем этот человек отличается от меня? А когда он вел себя не так, как повел бы себя я?», автономия объекта восстанавливается.

Ценность не-Я исключает негативное отношение к нему. В чувствах существен момент осознания *другости* их объекта. Чувство собственного достоинства способствует скорее уважительному, чем любовному отношению[47]. Самоуважение и чувство собственного достоинства – синонимы.

В поведении учет автономности не-Я ведет к отказу от грубой преобразовательской (технократической, манипулятивной) деятельности. Живой мир требует к себе

_____

[47] Уважение отличается от любви отсутствием отождествления. Любовь – близкое принятие; уважение – отстраненное (дистанционное). В уважении субъект и объект сбалансированны.

соответствующего отношения. Поведение основано на том, что нельзя по своей прихоти менять мир – можно только осторожно влиять на него.

Сильное Я проявляется в устойчивости (и, следовательно, непротиворечивости) взглядов, которые не подверженны легким изменениям под воздействием случайных факторов – внутренней цельности.

Цельность и устойчивость относятся и к деятельности: человек не суетлив, не разбрасывается, доводит начатое до конца. В этом смысле сильная воля – коррелят чувства собственного достоинства.

Другой коррелят – внутреннее богатство – запас сильных и тонких впечатлений о мире. Ценное не-Я формируется только на основе сильных впечатлений. Развитое не-Я возможно только при близком «знакомстве» с миром, т.е. знании его тонкостей, извлекаемом из тонких впечатлений.

О кросскультурных различиях

Способ организации отношений Я и не-Я определяет не только межиндивидуальные различия, но и межгрупповые. Он помогает лучше понять кросскультурные различия. У субэтноса русских сибиряков преобладающий способ организации – чувство собственного достоинства. У американцев европейского происхождения – жителей северо-востока США – организация другая.

Граница Я у американцев определена очень четко. Мое Я, моя жизнь – неприкосновенное владение, вторжение в которое ни в коем случае не допустимо [48].

---

[48] Границу Я можно наблюдать даже визуально – как расстояние (несколько дециметров), ближе которого нельзя («неприлично») приближаться к другому. В нью-йоркском метро в час пик, как бы ни был переполнен вагон, между людьми сохраняется это расстояние. Говорить о «давке» или «толчее» по отношению к американцам совершенно бессмысленно.

Не-Я для американцев – это среда, в которой живет Я, а не автономно существующий мир, представляющий самостоятельную ценность. Отношение к не-Я утилитарно.

Такой способ организации отношений между Я и не-Я проявляется в жесткой организации ментальных актов. Мышление (и обыденное и профессиональное) построено по строго определенным правилам. Похоже организована и общественная жизнь.

Если не считать сибиряков, у русских граница между Я и не-Я весьма диффузна. Традиция исповедальности в художественной литературе, разговоры по душам и доходящие до навязчивости советы в обыденной жизни – все это показывает легкость, с которой расширяется граница Я, превращая не-Я в Я. Податливость внешним воздействиям даже в самых интимных вопросах свидетельствует и об обратных процессах.

У людей восточных культур Я «меньше», чем не-Я. Не-Я – мир (особенно социальный мир) представлен более широко, Я – менее. Социалистические ценности примата коллектива над индивидуумом значительно ближе восточной, чем западной традиции. Эмпирически это подтверждают дальневосточный социализм (Китай, Северная Корея, Вьетнам) и организация производства (Япония).

УПРАВЛЕНИЕ

Разотождествление, рефлексия положения дел в себе позволяют *отнестись* к увиденному. Отношение может быть и позитивным и негативным. Следствие негативного отношения – желание улучшить увиденное, преобразовать Я-актуальное. Преобразование состоит в признании одних реалий чужими, а других – своими. Акт признания может быть мгновенным, но он не ведет к немедленному изменению Я-актуального.

То, с чем произошло разотождествление, – «плохое» (например, чувство гнева) – действительно выводится из Я-актуального. Чувство гнева становится «чужим», но сразу не исчезает. Если разотождествление с «плохим» не сопровождается отождествлением с «хорошим» (например, чувством любви), «плохое» сохраняется и при ослаблении контроля снова входит в состояние самотождественности – природа не терпит пустоты.

Отождествление с «хорошим» – только кульминация управления Я-актуальным. Для отождествления с «хорошим» нужно, чтобы «хорошее» присутствовало в актуальном состоянии. Если, например, любви нет, то и отождествляться не с чем. От знания, что «нужно любить своих врагов», далеко до реальной любви.

Наиболее благоприятна ситуация двойственности, когда присутствуют два противоположных начала: чувства, мотива, гипотезы и т.п. Например, при борьбе двух мотивов, выбирая один (отождествляясь с ним) и отказываясь (разотождествляясь) от другого, можно реально управлять Я-актуальным.

Так же можно снимать внутренние противоречия. После разотождествления со взаимоисключающими представлениями совершается выбор одного из них для отождествления [49].

Если «хорошего» нет в актуальном состоянии, но оно существует потенциально (как опыт переживания «хорошего»), его нужно актуализировать – воспроизвести опыт через припоминание, или проигрывание, или отождествление с множественным Я, пережившим такой опыт.

Наконец, если «хорошее» существует только в форме представлений о нем, не подкрепленных опытом, или не существует даже в такой форме, «хорошее» нужно создать.

Центральными моментами в управлении являются: рефлексия, определение отношения, синтез «хорошего» и выбор. Для реализации трех последних необходимы, во-первых, система отсчета, позволяющая различать «хорошее» и «плохое», и, во-вторых, средства создавать «хорошее».

Системой отсчета может быть (и, действительно, часто бывает) личностное ядро и/или личностный стержень. В этом случае увиденная картина соотносится с представлениями об идеале, а управление направлено на уменьшение расхождений с

---

[49] Это не единственный механизм снятия противоречий, но он иллюстрирует общий принцип управления при помощи разотождествления и отождествления.

идеалом, например на замену «недолжных» переживаний переживаниями, которые «имеют на это право».

Недостаток такого управления – в противоречивости и неустойчивости личностного ядра. Для управления желательно иметь более «совершенную» систему отсчета. К счастью, такая система существует и к ней есть доступ.

Я-ЦЕНТР

Конфигурация «Я в мире» (Я-актуальное) постоянно меняется. И в то же время в ней всегда присутствует НЕЧТО неизменное. Это НЕЧТО проявляется, в частности, в чувстве самоидентичности, «самости», в том, что остается *за* психическими реалиями, на заднем плане сознания (терминология В. Джемса) и объединяет эти реалии единством их субъекта.

Чтобы определить это НЕЧТО, нужно отделить субъект Я-актуального от его предметного содержания, «очистить» Я-актуальное. Это можно сделать, если попробовать обнаружить, *что* еще есть в отношении (например, в презрении), кроме его объекта и характера отношения (т.е. самого презрения).

«Очистку» можно выполнить цепочкой последовательных разотождествлений. При разотождествлении конфигурация сужается – ее содержанием становится «взгляд со стороны». После первого взгляда со стороны можно взглянуть со стороны на само состояние взгляда со стороны. Если эту операцию повторять, каждый раз конфигурация будет сужаться, приближаясь к точке.

Эта точка и есть субъект Я-актуального – центр субъектности, «чистая субъектность». Мы будем называть ее *Я-центр*.

Я-центр – неделимая сущность, нерасчленимое *ядро* психики. Это тот *контролер*, «третий глаз», который наблюдает за происходящим и управляет нами.

Я-центр – человек в человеке, *душа души*.

Я-центр – та часть сущностного Я, которая остается постоянной (*Я-инвариант*). Но Я-центр – это и орган сущностного Я, который реализует определенные (самые интимные) его функции.

Свойства Я-центра

Говорить о внутреннем строении (структуре) Я-центра нет смысла. Однако правомерны вопросы о его свойствах и функциях [50].

Из свойств Я-центра очевидны следующие.

Я-центр *активен.* Он постоянно работает. Источник деятельности Я-центра скрыт в нем самом.

Я-центр *постоянен.* Он меняет конфигурации Я-актуального, как одежду, но сам остается неизменным.

Я-центр *сознателен* и *рефлексивен.* Я-центр – субъект сознания во всех его формах и, в частности, субъект рефлексии.

Самоосознание Я-центра проясняет сознание. При «замутненном» сознании (полусонном, спросонья и т.п.) Я-центр найти не удается, даже если «хозяйничающее» множественное Я предпринимает для этого усилия.

Я-центр *свободен.* Он сам определяет направление психической жизнедеятельности, сам осуществляет выбор между возможностями. В Я-центре сосредоточено *волевое начало.*

Это не означает, что Я-центр – источник любых желаний. В основе многих желаний лежит недовольство существующим положением дел, основанное на представлениях о правильном, должном и т.п., которые всегда – результат внешних влияний («внушений»). Такие «надуманные» желания присущи личностным множественным Я, а не сущностному Я.

У сущностного Я есть свои желания. К ним относятся прежде всего желания удовлетворять базисные потребности – в еде, отдыхе, движении и т.п. Кроме того, к желаниям

---

[50] Хотя Я-центр и можно наблюдать (точнее, он сам может наблюдать себя) непосредственно, значительно рельефней он проявляется в результатах своей активности.

сущностного Я относятся осознанные им вещи, необходимые для его развития. Различие между личностными и сущностными желаниями – это различие между желанием рекламируемого пальто и желанием пальто, чтобы согреться.

По отношению ко всем этим желаниям Я-центр является не источником, а субъектом выбора между конкурирующими желаниями.

Однако есть и желания, источник которых в Я-центре. О них мы будем говорить ниже.

Развитие рефлексии и воли

Свойства Я-центра в разной степени выражены у разных людей. За этим различием стоит различие в удельном весе деятельностей Я в общем строе психической жизнедеятельности [51].

Самонаблюдение и самоконтроль одним присущи в большей степени, другим в меньшей.

При слабой способности к рефлексии смена множественных Я (личин) проходит незамеченной и, естественно, неуправляемой, так как произвольность вторична по отношению к рефлексии. При этом человек не понимает, где его «настоящее» Я.

Чтобы найти Я, обрести внутреннюю целостность, необходимо отвести множественным Я свои роли и не давать им «хозяйничать» за пределами этих ролей. Для этого нужны и рефлексия и воля.

Рефлексия формируется в наблюдении за взаимодействием множественных Я. Его предпосылкой является интерес к себе, проявляющийся в вопросах типа «Что со мной происходит?», «Что я делаю?» и т.п.

Рефлексия начинается с разотождествления, выделения наблюдателя и наблюдаемого. Я-центр при этом отождествляется с множественным Я, которое хочет быть

---

[51] Может показаться, что у разных людей Я-центр развит по-разному. Однако это не так. Я-центр развит у всех одинаково. Но ему предоставляют разные возможности (время) для работы. Люди с разной частотой выходят из состояния самотождественности. Часто жизнь организована так, что работе Я-центра в ней попросту нет места.

наблюдателем. Гурджиев называет такое множественное Я «заместителем управляющего».

При проживании опыта «заместителя управляющего» его функции переходят к сущностному Я («управляющему», по Гурджиеву). По мере развития способности управлять другими множественными Я сущностное Я превращается в то, что Гурджиев называет *Подлинное Я* («хозяин»). Чем привычней рефлексия и чем успешней опыт управления, тем сильнее становится «хозяин» (волевое начало) и тем постоянней он присутствует как персонаж внутренней жизни.

Функции Я-центра

Первая функция Я-центра – о-СВОЕ-ние мира, формирование предметного содержания Я-актуального. Вторая – рефлексия и волевое управление.

Основные механизмы реализации обеих функций – разотождествление, высвобождающее Я-центр, и отождествление, привязывающее его к вещам во внутреннем и внешнем мире.

Разотождествляясь с психическими реалиями, Я-центр *поднимается* над ними. При полном разотождествлении он может наблюдать психическую жизнь всю и сразу.

Опускаясь, Я-центр «одевается» в психические деятельности и процессы [52].

Другие функции Я-центра определяются его связью с индивидуальным духом.

Я-центр и индивидуальный дух

О том, что такая связь существует, говорит тот факт, что попытки «локализации» Я-центра при непосредственном наблюдении выводят за пределы психики и дают опытное знание о более высоких уровнях реальности, чем психическая.

---

[52] По определению, Я-центр не может «одеваться» в имущество. Однако он может «одеваться» в мысли и переживания по поводу имущества.

Свойства Я-центра похожи на свойства индивидуального духа. Правда, пока мы не видим у Я-центра таких свойств, как тяга к духовному, стремление к гармонии и продуктивность (стремление к самораспространению).

Сходство свойств Я-центра и индивидуального духа наводит на мысль, не является ли Я-центр психической формой, в которой индивидуальный дух репрезентирован наиболее непосредственно. Другими словами, не является ли Я-центр «воротами» к индивидуальному духу. Одно наблюдение подтверждает эту догадку.

Разотождествление как освобождение

Конфигурации «Я в мире» различаются предметным содержанием. Есть конфигурации, наполненные стремлением удовлетворить витальные потребности (например, в пище). В них главенствуют *ощущения* (голода, холода или жары, удушья, боли и т.п.). В других конфигурациях главенствует страсть, *чувство* (ненависти, зависти, обиды, желание обладания). В третьих главенствует *мысль* [53].

Различия между Я-актуальными позволяют рассматривать способы психического бытия как относящиеся к разным уровням [54].

Интересно, что разотождествление позволяет переходить с низкого уровня на более высокий (например, с уровня ощущений на уровень мысли). Если в момент захваченности

[53] Этот ряд можно детализировать, но для этого нам пришлось бы поработать над языком, в котором и чувство ненависти, и чувство любви – чувства, а мысль о Боге или мысль о том, как насолить соседу, – мысли.

[54] Идея разноуровневости бытия встречается во всех эзотерических учениях. Считается, что у человека наряду с физическим есть (по Гурджиеву, могут быть созданы Работой) и другие тела: эфирное, астральное, ментальное и т.д. Представление о душе как полупрозрачном неосязаемом двойнике человека выражает ту же мысль. Тела состоят из разных видов материи: физическое – из наиболее плотной и менее подвижной, последующие – из все менее плотных, но более подвижных. Тела соответствуют планам существования (мирам): каждое существует в своем мире.

страстью попытаться найти Я, оно оказывается не субъектом страсти, а субъектом рефлексии. Отметив это «превращение», человек замечает, что Я уже превратилось из субъекта рефлексии в наблюдателя за рефлексией. Затем – в наблюдателя за наблюдателем и т.д.

В этом движении происходит странная вещь, которую я могу назвать только **освобождением**. Человек избавляется сначала от засасывающей трясины повседневных требований и сиюминутных импульсов-желаний, после этого – от вязкости самовоспроизводимой эмоции, затем – от вязкости самовоспроизводимой мысли и оказывается в «пустом пространстве». По крайней мере это «пространство» значительно более «разреженно», чем психическая среда субъекта эмоции или субъекта мысли.

ВОПРОСЫ

Среди «проблем управления» мы выделили две. Откуда берется знание направления, в котором осуществляется управление? И как создается «хорошее»?

Ответ на второй вопрос заставляет наделить Я-центр и продуктивной функцией, так как он «производит» новое, не бывшее ранее «хорошее» – знание направления деятельности, и в частности деятельности по материализации внутреннего содержания.

Ответ на первый вопрос заставляет предположить, что Я-центр имеет доступ к источнику, откуда он черпает знание о направлении, т.е. Я-центр выполняет функцию рецептора, правда необычного.

Часто этим источником являются внутренне противоречивые представления множественных Я и/или личностное ядро.

Но иногда (и не так редко) можно наблюдать такие неординарные повороты индивидуальной судьбы и такую внутреннюю целостность жизни [55], которые представления множественных Я обеспечить не могут.

Беспристрастность заставляет предположить, что, по-видимому, в этих случаях источник (или Источник) находится вне психики. Что это за Источник? Какую информацию и как получает от него Я-центр?

---

[55] К примерам такого рода относятся все случаи религиозного обращения и/или преданного служения.

Глава 6

ЭНЕРГИЯ В ЕСТЕСТВОЗНАНИИ И ПСИХОЛОГИИ

Все, что есть внизу, подобно тому, что есть наверху.

ПОНЯТИЕ «ЭНЕРГИЯ» В ПСИХОЛОГИИ • ОПРЕДЕЛЕНИЕ ЭНЕРГИИ. ДЕЙСТВИЕ И ДВИЖЕНИЕ • Работа и действие • Преобразование движений и формы энергии • Формы психической энергии • ВЗАИМОДЕЙСТВИЕ КАК ПРЕВРАЩЕНИЕ ДВИЖЕНИЙ • Энергия и материя • «Психическая материя» • Как наверху, так и внизу • ВИДЫ ВЗАИМОДЕЙСТВИЙ • Механические взаимодействия • Потоки, акустические волны • Агрегатные состояния и их изменения • Плотность, объем, масса и скорость психической материи • Четыре основных элемента • *«Земляные» («твердые») состояния • «Водные» («жидкие») состояния • «Воздушные» («газообразные») состояния • «Огненные» («плазменные») состояния • Взаимопереходы* • Изменения состава: химические реакции, смеси, сплавы • Электромагнитные процессы • Электродинамика, источники напряжения и цепи • Электромагнетизм, индукция • Радиоактивное излучение • Другие виды взаимодействий. Взаимодействия множественных Я • ИСТОЧНИКИ И ВЗАИМОПРЕВРАЩЕНИЯ ЭНЕРГИИ

ПОНЯТИЕ «ЭНЕРГИЯ» В ПСИХОЛОГИИ

Как и в случае с «Я», положение понятия «энергия» в психологии двойственное. Хотя это слово нередко встречается в общетеоретических работах [56], оно не принадлежит к общепризнанным психологическим категориям.

Причина «неудачливости» понятия «энергия» — в невозможности использовать его иначе, чем метафорически. В частности, отсутствие способов измерения не позволяет изучать психическую энергию опытным путем.

Однако метафоричность не достаточная причина, чтобы отказываться от понятия с богатым объяснительным потенциалом. Тем более при изучении индивидуальной духовности, на связь которой с энергетикой указывают самые разные авторитеты, например А.Ф. Лазурский, Г.И. Гурджиев, Л.Н. Гумилев [57].

ОПРЕДЕЛЕНИЕ ЭНЕРГИИ. ДЕЙСТВИЕ И ДВИЖЕНИЕ

Чтобы уточнить интуитивное понимание энергии, обратимся к ее определению в физике.

Несмотря на фундаментальный характер, понятие «энергия» для физики не первично. В его основе лежат еще более фундаментальные понятия: *действие* и *движение* [58].

Понять, что такое энергия, проще всего на примере механической энергии. Другие формы энергии идеологически производны от механической.

Работа и действие

В механике энергия – это способность совершить *работу*. Говорят не об энергии системы, а только о ее изменении, которое определяется произведенной работой.

---

[56] Множество психических явлений (усталость, продуктивность, волю, силу эмоций и т.д.) естественно интерпретировать как «энергетические». Кроме того, на психологов-теоретиков вдохновляюще действует успех понятия «энергия» в естествознании.

[57] Центральное для Л.Н. Гумилева понятие «пассионарность» характеризует уровень психической энергии.

[58] Они в свою очередь производны от «самых фундаментальных» свойств пространства и времени.

Работа в механике – это произведение силы (меры воз-*действия* на объект) на перемещение объекта (*изменение* его положения в пространстве).

Таким образом, энергия – это характеристика процесса (воз)*действия* (реального или потенциально возможного), количественно определяемая двумя факторами (сомножителями):

а) величиной воздействия; и

б) вызванными этим воздействием изменениями.

Такое понимание позволило распространить понятие «энергия» на другие области (сначала в физике, а затем и в других отраслях естествознания), которые изучают *изменения* объекта вследствие *воздействий* на него, и сделать понятие универсальным.

Психическую энергию также можно определить как произведение некоего *действия* на некое *изменение*.

Действие – это отношение между двумя объектами.

Если считать один объект активным субъектом, а второй – пассивным объектом действия, то, с точки зрения объекта, его изменения – это результат действия над ним. С точки зрения субъекта, действие – его способность изменять объект.

Каким образом эта способность реализуется? Третий закон Ньютона («Действие равно противодействию») рассматривает действие как взаимо-**действие**. Причина изменения объекта действия (он же – субъект противодействия) – в изменении субъекта действия (он же – объект противодействия).

Таким образом, **действие – это превращение движения** (изменения) **одного объекта в движение другого, и наоборот.** Другими словами, **действие – это передача движения.**

Преобразование движений и формы энергии

То, что работа (изменение энергии) – это произведение изменения на действие, означает, что она определяется, с одной стороны, движением (изменением) объекта, а с другой – изменением движения (изменением изменения) и субъекта и объекта действия, т.е. в конечном итоге изменениями (движениями) объектов взаимодействия.

Движущийся объект обладает энергией, которая при взаимодействии передается (преобразуется) в энергию (движение) другого объекта. Энергия – это характеристика движения одного объекта, которое может быть превращено в движение другого объекта. Понятие кинетической энергии (энергии движения) наиболее рельефно выражает такой взгляд на энергию.

Движение в широком смысле – это изменение объекта, т.е. изменение его характеристик. Каждому виду изменений соответствует своя форма энергии. Изменениям местоположения в пространстве – механическая энергия, изменению температуры – тепловая энергия и т.д.

Если считать одни изменения производными от других (например, изменение температуры газа – следствием изменения кинетической энергии молекул), можно говорить о переходе одной формы энергии в другую.

Формы психической энергии

Если понимать психическую энергию (меру психических изменений, движений) как нечто единое, ее объяснительные возможности невелики. Можно объяснить различие между Акакием Акакиевичем Башмачкиным и Николаем Васильевичем Гоголем, но сравнить энергетику бандита и поэта уже трудно. Бандит очень энергичен, но непродуктивен, а вяловатый и апатичный поэт, сжигаемый «внутренним огнем», – высокопродуктивен. В результате влияние на людей поэта неизмеримо больше влияния бандита.

Чтобы объяснять тонкие различия, необходимо ввести понятие форм психической энергии, соответствующих формам психической активности, и сосредоточить внимание на взаимопереходах между ними.

Можно увидеть сразу множество форм психической энергии: мышечную, волевую, эмоциональную, интеллектуальную, энергию восприятия, воображения, внимания. Этот ряд могут продолжить энергия организации поведения, энергия внутреннего конфликта, коммуникативная энергия (например, убедительность, заразительность речи) и т.д.

Чтобы говорить о формах психической энергии более систематично, нужно упорядочить представления о психических движениях и их взаимопереходах («превращениях»).

ВЗАИМОДЕЙСТВИЕ КАК ПРЕВРАЩЕНИЕ ДВИЖЕНИЙ

Движение (изменение) определяется тем, *что* изменяется и в каком отношении. Посмотрим, как решается этот вопрос в естествознании [59]. Для этого нужно обратиться к проблеме соотношения энергии и материи.

Энергия и материя

В естествознании энергия – свойство движущейся материи. «Чистая энергия» без материального носителя не существует.

Считается, что материя существует в двух формах: *вещества* и *поля*.

Вещество характеризуется множеством свойств, таких, как *плотность* (*масса* в единичном *объеме*), *электропроводность* или *радиоактивность* (способность излучать другое вещество или поле).

Важное свойство вещества – *агрегатное состояние*, в котором оно находится. Традиционные три агрегатных состояния – газ, жидкость, твердое – в последнее время пополнились четвертым – плазмой, пример которой – огонь.

В соответствии с классическими представлениями вещество состоит из *атомов* – «мелких» частиц. Физика

---

[59] Экскурс в естествознание полезен и тем, что позволяет увидеть аналогии между психическими и физическими движениями и взаимодействиями.

последних ста лет постоянно ищет и находит все более «мелкие» и быстрые частицы.

Вещество может иметь разный химический состав: состоять из разных атомов – устойчивых объединений элементарных (самых «мелких») частиц, или разных молекул – объединений атомов.

Движение «мелких» частиц имеет колебательный характер [60].

Принцип неопределенности в квантовой механике во многом перевернул представления о природе «мелких» частиц, постулировав, что они тем менее локализованы в пространстве, чем выше их скорость. Другими словами, чем частица быстрее, тем она крупнее, и наоборот. При увеличении скорости частица перестает быть частицей, т.е. тем, что имеет пространственную локализацию. Частица «размазывается» по пространству и превращается в поле. Таким образом, мельчайшие («элементарные») частицы, из которых состоит вещество, – это поля, не имеющие пространственной локализации [61]. Этот вывод современной физики еще нуждается в осмыслении.

«Психическая материя»

При энергетическом подходе к психическим явлениям обнаруживается весьма странное положение. С одной стороны, психические явления – это непрерывные изменения внутреннего мира, т.е. движения. В психике ничего, кроме непрекращающегося движения, не наблюдается [62]. С другой стороны, вполне законный для естествознания вопрос: «Что меняется (движется) в психическом движении?» – остается без ответа.

---

[60] В противном случае мир разлетелся бы на частицы. Такому разлетанию препятствуют связи между частицами.

[61] Антагонизм противопоставления вещества и поля преодолевался и раньше, например такой теорией, как корпускулярно-волновая теория света, согласно которой свет – это и электромагнитное поле, и поток «мелких» частиц (фотонов), которые обладают свойствами как волны, так и вещества.

[62] Неподвижное в психике (знания, отношения, личностные черты и т.п.) – это искусственные образования, порождения нашего способа осмыслять психические движения.

Причина такого положения – в кардинальной оппозиции европейского мышления «материальное – идеальное», которая ведет к неразрешимому противоречию. Наблюдаемая изменчивость заставляет считать психику движением. Но психика не может быть движением, так как она идеальна (а значит, нематериальна), а движение – атрибут материи.

Это противоречие можно снять только отказом от абсолютизации противопоставления «идеальное – материальное». Что и делают Учителя в эзотеризме.

Так, Гурджиев считает, что «идеальное» – это одни виды материи, а «материальное» – другие. Есть более тонкая материя – психическая и более грубая – физическая.

Для физика такой подход понятен, так как прогресс физики состоял как раз в открытии новых, более «тонких» видов материи.

Как для наших прадедов была, мягко говоря, неочевидна материальность света и тепла, так для нас неочевидна материальность психики, хотя, например, «парапсихологические» явления явно намекают на существование неизвестных академической науке видов материи.

Все это дает основание говорить о существовании «психической материи» хотя бы как о рабочей гипотезе. Без этого понятие «психическая энергия» остается только метафорой.

Что же представляет из себя «психическая материя»?

Если использовать классическое, но несколько архаичное противопоставление вещества и поля, то психическая материя – поле [63]. Так как в самой физике более тонкие виды материи – поля, а психическая материя тоньше физической, она должна быть полем, а не веществом.

Так как психическая материя не может быть локализована в пространстве, нельзя говорить о ее пространственном или «химическом» строении, психических атомах и молекулах. Есть один «большой» атом, одна «большая» молекула или, более общо, одна структура.

---

[63] Такой взгляд согласуется и с парапсихологическими представлениями о биополе, пси-поле и т.д.

Однако современные представления отвергают противопоставления вещества и поля. По отношению к психической материи это особенно важно. Не имея пространственно-геометрической структуры, психическая материя имеет структуру пространственно-топологическую. Она не однородна. Помимо существования более тонких и более грубых форм психической материи, и внутри одной формы ее составные части (представления, чувства, действия и т.д. и т.п.) находятся между собой в сложных и разнообразных взаимосвязях. Это дает основание говорить об особом «психическом» пространстве, отличающемся от привычных геометрических (евклидовых) пространств.

Как наверху, так и внизу

Вынесенный в эпиграф афоризм Гермеса Трисмегиста отражает фундаментальный факт подобия (сходства) устройства Мира. Макромир устроен так же, как микромир, называем ли мы макромиром космос, а микромиром – атом или макромиром – материальный мир (в привычном понимании), а микромиром – психику.

Этот факт дает основание и даже заставляет искать аналогии между законами, управляющими движением психической материи, и законами, управляющими физическими движениями. Конечно, поиск аналогий не означает автоматического переноса всего, что известно о физической материи, на психическую материю. Однако нужно последовательно проверить, в какой степени применимы к психическим явлениям существующие в естествознании представления о веществе, поле, принципах движения и взаимодействия.

Чтобы реализовать эту программу, нужно просмотреть известные естествознанию виды движения и взаимодействия на предмет поиска их аналогов в психике.

ВИДЫ ВЗАИМОДЕЙСТВИЙ

В физике и химии рассматриваются следующие виды движения (и, соответственно, действий): механические, изменения агрегатного состояния вещества, изменения химического состава, химические реакции, электромагнитные движения, радиоактивность и т.д. Фактически всем им есть аналоги в психике.

Механические взаимодействия

Механические движения связаны с изменением положения предметов в пространстве. Механическое взаимодействие – превращение изменения движения одного предмета в изменение движения другого: один предмет передает движение другому.

В механике рассматриваются два типа взаимодействий. При первом – *близкодействии* – движение передается при непосредственном контакте. Модель близкодействия – передача движения одним бильярдным шаром другому. Второй – *дальнодействие*, когда движение передается на расстоянии, например Земля притягивает Луну.

В психологии есть аналоги обоим типам. Пример близкодействия (из Гурджиева) – это поток ассоциаций, когда одна мысль вызывает (приводит в движение) другую, исчезая (останавливаясь) сама.

Примеры дальнодействия – это стремление (притяжение) или избегание (отталкивание) контакта. Например, в основе неврозов (по Фрейду) лежат аффектогенные образования, неотжитые переживания, которые отталкивают от себя мысли, не допускают их к себе, «сопротивляются» [64]. Цель притягивает к себе поведение, задавая как бы силовое поле.

В физике есть два вида взаимодействий по типу притяжение – отталкивание. Первый – гравитационное взаимодействие, когда две вещи, обладающие одним свойством (массой), притягиваются друг к другу. Второй – взаимодействие в

---

[64] Понятие «энергия» – одно из ключевых у Фрейда.

электростатике, когда вещи с одинаковой выраженностью некоего свойства (два положительно или два отрицательно заряженных тела) отталкиваются, а вещи с противоположной выраженностью этого свойства (положительно и отрицательно заряженные тела) притягиваются.

В психологии также есть оба вида взаимодействия. К первому («гравитационному») относится притяжение духовного начала человека к духовному началу другого человека (или вещи). Нас притягивают созвучные книги, произведения искусства, наконец, люди с «искрой Божьей».

Второй («электростатический») вид характерен для взаимодействия полов. Каждый человек несет заряд определенного знака – свой пол. Если отвлечься от явлений гомосексуальности, носители разных зарядов притягиваются друг к другу, а одинаковых – отталкиваются.

Потоки, акустические волны

Другие примеры механических воздействий – действие воздушного или водного потока, увлекающего за собой, и воздействие акустических *волн*.

Аналог действию потока наблюдается в явлениях массовой психологии. Множество однонаправленных слабых воздействий увлекают за собой индивидуальное сознание, создавая эффекты толпы, влияния масс-культуры, в том числе рекламы, и т.п. Аналогия с механическими воздействиями здесь полная. Казалось бы, нелепая мысль внедряется в сознание путем множества «мелких толчков».

Волновое (в механике – акустическое) воздействие состоит в передаче объекту движения через посредство промежуточного агента (посредника) – волны. Субъект воздействия возбуждает волновое движение, которое доходит до объекта и передается ему. В результате объект начинает совершать колебательные движения с той же частотой, что и субъект.

Колебательные движения распространены в природе – звук, свет, другие электромагнитные излучения, вращения планет, движения молекул в кристаллической решетке и т.п. Передача колебательного движения основана на свойстве *резонанса*. Некоторые предметы (резонаторы) начинают колебаться с определенной («собственной») частотой при воздействии на них колебаний этой частоты.

Волновые воздействия встречаются в психологии как непосредственно – слуховое восприятие, так и более опосредованно – эмоциональное заражение.

Ухо представляет собой систему резонаторов, настроенных на частоты от нескольких десятков до нескольких тысяч (порядка 20) колебаний в секунду. Аналогичную систему по отношению к электромагнитному излучению представляет глаз.

Кроме эмоционального заражения, на эффекте резонанса, по-видимому, основан процесс понимания. Воспринятая мысль ищет созвучия в представлениях (шире – в опыте), и, если такое созвучие обнаруживается, мысль начинает «звучать». Так же устроено и эстетическое восприятие.

Агрегатные состояния и их изменения

Механические изменения – один вид изменений. В психологии ему соответствует взаимодействие однородных «психических вещей».

Другой вид – изменение состояния вещества: его температуры, плотности, давления, агрегатного состояния. В физике эти изменения изучают молекулярная физика, термодинамика, кинетическая теория и смежные области.

Агрегатное состояние характеризуется внутренней организацией и энергией мельчайших частей вещества – молекул. В молекулярной теории агрегатных состояний (твердого, жидкого, газообразного) центральные понятия – *внутренняя связь* молекул (она зависит от расстояния между ними) и скорость (кинетическая энергия). Взаимопереходы агрегатных состояний определяются увеличением или уменьшением энергии молекул.

При большом расстоянии силы притяжения между молекулами малы. Молекулы движутся свободно, временами сталкиваясь друг с другом, как бильярдные шары. Такое состояние вещества называется газом.

При близком расстоянии силы притяжения велики и движение молекул сведено к колебаниям вокруг некоторого устойчивого положения. Это состояние называется твердым – кристаллической решеткой.

Жидкое состояние является промежуточным. В нем молекулы имеют некоторую «свободу», которая ограничена значительными силами притяжения. Длина «свободного пробега» мала из-за высокой плотности – количества молекул в единице объема. Если моделью кристаллической решетки является ящик с плотно упакованными шарами, то моделью жидкости является тот же ящик, заполненный шарами на $^9/_{10}$ объема.

Среди бытовых эпитетов психических реалий есть множество заимствований из физики агрегатных состояний: «поток мыслей» и «полет фантазии», «холодный человек» и «теплое участие» [65], «застывший взгляд», «хаос в голове» и т.п.

Эти заимствования указывают на существование психических аналогов агрегатных состояний. Наиболее явно эти аналоги проявляются в организации структурированных (состоящих из однородных «частей») психических образований – прежде всего знаний (представлений) и деятельности.

Знание представляет систему взаимосвязей между понятиями – своего рода кристаллическую решетку.

При изменении знания старая «кристаллическая решетка» разрушается и формируется новая. И то и другое требует энергии. То же относится и к структуре индивидуальной деятельности.

Высокая внутренняя организация (представлений или деятельности) соответствует твердому состоянию. При ослаблении внутренних связей система представлений (или деятельности) переходит сначала в «жидкое», а затем и в «газообразное» состояние, где вместо целостных представлений

---

[65] Понятие «температура» по отношению к психическим реалиям имеет два значения. В первом («горячее сердце и холодный ум») горячность соответствует эмоциональности (большей скорости психических процессов и большей их податливости внешним воздействиям), а холодность – рассудочности (медленному течению процессов и их меньшей податливости).

Другое значение связано с характером воздействия на окружающих. Человек может излучать «тепло» или «холод».

есть только их беспорядочно «перемешанные» обрывки, а целостная деятельность заменяется беспорядочной суетой.

Между разными состояниями психической материи нет четких границ: состояние может быть в чем-то «жидким», а в чем-то «твердым».

Плотность, объем, масса и скорость психической материи

Чтобы более точно определить параллели в психике процессам, изучаемым физикой агрегатных состояний, нужно понять, что такое плотность психической материи.

В физике плотность – отношение массы вещества к занимаемому им объему. Перенося это определение в психологию, можно определить плотность как отношение «массы» элементов сознания к его «объему».

«Объем» сознания зависит от двух факторов. Первый определяется объемом внимания. Чем более сфокусировано внимание, тем меньше объем сознания. При рассеянном внимании известно явление «пустоты» («пустой головы»). Второй фактор – связность «элементов сознания» – мыслей, образов, настроений и т.п. Связи могут быть тематические, логические, ассоциативные и т.д.

Психическое пространство устроено во многом в соответствии с логикой Эйнштейна – чем больше оно заполнено, тем меньше его «объем».

Так как психическое пространство скорее топологическое, чем метрическое, степень его «заполненности» определяется связностью находящихся «в нем» объектов.

Чем меньше связаны между собой элементы сознания, чем более отрывочны и разрозненны мысли, представления и т.п. (например, чем больше их тематическое разнообразие), тем больше объем сознания.

Масса в физике – мера *инертности*. Инертность тела определяется силой воздействия, которое способно придать ему единичное ускорение. Ускорение – скорость нарастания или убывания изменений (в механике – положения в пространстве).

Масса тем больше, чем большее воздействие нужно оказать на тело, чтобы ускорить его изменения. Таким образом, масса – мера изменчивости.

По отношению к психическим явлениям понятие «масса» имеет тот же смысл. Если состояние исчезает под сильным воздействием – его масса велика, если под легким – его масса мала.

Например, если одного приглашения «Пойдем гулять» достаточно для прекращения работы, масса этой работы меньше, чем той, для прекращения которой нужно повторить это приглашение дважды. Аналогично можно измерять массу мыслей или эмоциональных состояний.

В психологии известна характеристика, близкая к такому пониманию массы. Это *ригидность*, или вязкость. Состояние, в котором человек «застревает», массивней быстропроходящего.

Понимание массы как подвижности требует умения определять скорость изменений состояния сознания.

Скорости изменения (интенсивность изменений за единицу времени [66]) разных состояний сознания или разных компонентов одного состояния неодинаковы.

Наиболее подвижны сновидения. Полет фантазии, свободная работа воображения занимает второе место в этом ряду. Мысли в вербальной форме – третье. «Обычная» эмоция типа страха – четвертое [67].

Скорость психических процессов измеряется количеством операций в единицу времени и отличается от скорости в физике. Операция – это не «элементарное» механическое движение, изменение положения тела в пространстве, а группа движений (часто сложно организованных и продолжающихся длительное время), выполняемых «автоматически», без участия сознания. «Отключение» сознания знаменует начало операции, а его «подключение» – конец. Пилка дров очень быстра с физической точки зрения (пила движется быстро), но психологически это медленный процесс, так как одна операция (распиливание бревна) занимает несколько минут, в течение которых

---

[66] Речь идет о физическом, а не о психическом времени. Последнее само измеряется плотностью психических изменений.

[67] Эмоция как способ реагирования возникает быстрее, чем мысль. В то же время эмоция менее подвижна. Смена эмоций происходит медленней.

состояние сознания пильщика остается фактически неизменным.

Четыре основных элемента

Сопоставление состояний психики с агрегатными состояниями вещества имеет давнюю историю. Она начинается с определения древними метафизиками четырех основных элементов: земли, воды, воздуха и огня. Эти четыре элемента, с одной стороны, соответствуют четырем агрегатным состояниям (твердому, жидкому, газообразному и плазме), а с другой — лежат в основе многих «донаучных» классификаций состояний сознания и людей (в той степени, в какой тип человека определен типом его «основного» состояния).

Четыре типа состояний различаются скоростью протекания и связностью психических процессов (например, мыслей или эмоций), что дает основание говорить о заполненности сознания разной по агрегатному состоянию психической материей.

«Земляные» («твердые») состояния

Для «земляного» состояния характерны навязчивые мысли и чувства. Изменение в содержании сознания происходит только под влиянием сильного воздействия (например, кардинальной смены ситуации). Обдумывание происходит медленно, «тяжеловесно». Людей, для которых характерна такая форма мышления, называют тугодумами.

Заранее спланированная, рутинная (монотонная) деятельность без творческого компонента обычно направлена на достижение прагматически ценного результата. Человек отождествлен со своей деятельностью, и у него нет стратегической перспективы.

Психологическая среда (мир) человека в «земляном» состоянии заполнена — сложная картина мира оставляет мало возможностей для спонтанной активности. Человек ощущает себя субъектом множества требований и ограничений — так поступать нельзя потому-то, а так — потому-то. Мир оказывается похож на лабиринт, систему тоннелей, двигаться в которой можно только по определенным направлениям [68]. Когда преодолевается один отрезок, следует остановка для выбора дальнейшего направления. Этот выбор связан с трудной внутренней работой.

В «земляном» состоянии, например, пребывает неопытный шахматист, решая двухходовку, – правила жестко заданы и возможностей для выбора немного. В творчестве в «земляном» состоянии можно заниматься только отделкой почти законченного произведения – например, прорисовывать детали костюма на портрете.

Среди массивных, вязких, как размокшая глина, «земляных» эмоций преобладают негативные реакции на внешние ограничения – озабоченность, страх, обреченность, неприязнь. Активные эмоции присутствуют в форме желаний достижения цели или освобождения от ограничений внешнего мира. При успешном продвижении по лабиринту возникает радость достижения. Среди других положительных эмоций можно назвать интерес к своему занятию, физические удовольствия (например, чувство сытости), иногда самодовольство.

«Водные» («жидкие») состояния

Второй тип – это плавное *течение* жизнедеятельности. Плавность – главная особенность «водных» состояний. Одна мысль в форме потока словесных и образных ассоциаций перетекает в другую, плавно меняя часть за частью составляющие ее понятия, образы и отношения. Человек плавно, спокойно и уверенно следует движению мира без зацикливания на отдельных деталях. Плавно меняются настроения.

В «водном» состоянии по большей части протекают созерцание и спокойная продуктивная деятельность с менее жесткой, чем в «земляном» состоянии, структурой. Главная ее особенность в том, что следующее действие является продолжением или следствием предыдущего. Деятельность

---

[68] В крайнем случае можно самому пробивать тоннель, но это занятие требует большой энергии и сопряжено с массой неожиданных последствий.

имеет вид потока. В зависимости от того, быстрый или медленный этот поток, есть меньшая или большая свобода для выбора направления и/или способа деятельности.

Для «водного» состояния характерны частичное отождествление со своей деятельностью и определенная прагматичность мыслей и намерений.

Мир «водного» состояния менее плотен по сравнению с «земляным». Он организован подобно водоему, в котором есть множество течений и водоворотов, ограничивающих возможности движения, но вместе с тем человек более или менее свободен в выборе направления.

В творчестве «водному» состоянию соответствует реализация сформированного замысла. Шахматист во время партии представляет пример человека в этом состоянии. В каждый момент есть широкий выбор возможностей, но реальный выбор определяется замыслом – реализуемыми в партии стратегической и тактической линиями игры.

Эмоции «водного» состояния отличает меньшая по сравнению с другими состояниями выраженность – это полутона. По сравнению с «земляным» состоянием в «водном» человек более беспечен, менее серьезно относится к условностям внешнего мира, более свободен.

«Воздушные» («газообразные») состояния

Третий тип – это *полет.*

При «воздушном» состоянии разноплановые представления быстро сменяют друг друга. Часто между ними нет логической связи. То же относится и к деятельности – последовательности мало связанных между собой, «хаотичных» поступков. Отношение к собственным мыслям и делам отличает низкая значимость, «легкомыслие».

Иногда «воздушные» состояния свидетельствуют о неосвоенности новой ситуации и новых впечатлений, когда обрывки мыслей и отрывочные представления сменяют друг друга в хаотическом беспорядке. В других случаях – о патологической дезорганизации психической жизни.

Но «воздушное» состояние бывает устойчивым и не будучи связанным с патологией. Особенно свойственно оно молодости.

Мир «воздушного» состояния организован так, что его ограничения почти не ощущаются. Мир – это воздушный океан, в котором человек свободен. Конечно, есть и воздушные потоки, но их действие не воспринимается как насилие.

Деятельность при «воздушном» состоянии свободна и не требует чрезмерной самоотдачи [69]. Длительная планомерная деятельность невозможна, но в творчестве раскрепощенность «воздушного» состояния часто незаменима.

Творчество «воздушного» состояния – это творчество малых форм, миниатюр, стихов, афоризмов. Рождение и первоначальное оформление замысла происходит в «воздушном» состоянии. В шахматах это шахматист в дебютной стадии игры: количество возможностей велико и он свободен в их выборе.

«Воздушные» эмоции характеризуются приподнятым, легким настроением, отсутствием напряженности. Легкое опьянение, ощущение праздника, первый бал Наташи Ростовой, бунинское «легкое дыхание», «свободна!.. свободна!» булгаковской Маргариты, беззаботность и радость – признаки «воздушного» настроения молодости, весны, солнечного света. Негативные эмоции возможны, но они проходят, подобно облаку.

«Огненные» («плазменные») состояния

Четвертый тип – это *горение*.

В «огненном» состоянии содержание сознания меняется мгновенно – представления, впечатления, предчувствия, ощущения проносятся, сменяя друг друга и не успевая оставить следов. Мыслей в обычном понимании нет. Есть поток «очищенных» мыслей – чистых смыслов. Сознание ясное, «просветленное». «Огненные» состояния можно назвать мистическими. В них человек обретает «сверхзнание» и «сверхчувства».

Деятельность в «огненном» состоянии (пламенное выступление, «душой исполненный полет») самозабвенна.

---

[69] Работа, выполняемая в «воздушном» состоянии, необязательно легкая, но всегда посильная – у человека много сил и работа отнимает только небольшую их часть.

Рефлексия отсутствует. Прагматическая направленность «огненных» состояний, когда она есть, имеет характер альтруистического служения.

Мир «огненного» состояния отличается от повседневной реальности. Его можно назвать духовным в отличие от материального мира «земляного» и «водного» состояний.

В «огненном» состоянии человек менее свободен, чем в «воздушном». Человек чувствует себя инструментом внешней силы. Его захватывает и несет помимо воли поток, который может переживаться как внутренний огонь. «Огненная» несвобода отличается от, например, «водной» характером воздействий внешнего мира. Мы почти ничего не знаем об этих воздействиях и можем судить о них только по результатам — гениальным произведениям.

В «огненном» состоянии рождаются замыслы большой работы, реализация которых требует затем и всех других состояний. Это состояние открытий, вдохновений, откровений. В «огненном» состоянии шахматист находит ход, переворачивающий положение на доске, например спасающий безнадежную позицию.

Эмоции главенствуют в «огненном» состоянии. Но это особые эмоции. Их характер близок к экстазу. «Эмоциональная палитра» «огненного» состояния очень богата, но ее трудно описать. В ней присутствуют и яркие цвета, и полутона, и положительные (легкая, сверкающая радость), и отрицательные (легкая, но определенная тревога) оттенки.

Взаимопереходы

Чистые типы агрегатных состояний редки. Обычно присутствуют черты разных (но «смежных») типов. Элементы несмежных типов, например «водного» и «огненного» или «земляного» и «воздушного», могут присутствовать одновременно, только когда они дополняют основное промежуточное состояние, соответственно, «воздушное» или «водное».

Таблица переходов агреатных состояний

		Конечное			
		Земл.	Водн.	Возд.	Огн.
Исходное	Земл.		1	0	1
	Водн.	1		1	0
	Возд.	0	1		1
	Огн.	0	0	1	

1 означает, что переход возможен; 0 – что невозможен.

Из таблицы видно, что, за исключением перехода в «огненное» состояние из «земляного», все остальные переходы отличаются плавностью и происходят либо по мере уплотнения, либо по мере разрежения материи исходного состояния.

Изменение агрегатного состояния требует энергии. При увеличении плотности, «сгущении» (организации) психического вещества это энергия работы по упорядочению внутреннего мира. При дезорганизации – энергия внешних впечатлений.

Взаимопереходы «земляное – водное» и «водное – воздушное» связаны с изменением жесткости организации мира, которая в свою очередь зависит, во-первых, от отождествленности с миром, а во-вторых, от его освоенности.

Та или иная организация мира порождается его восприятием («додумыванием») и отношением к нему. Мы сами делаем свой мир то «земляным», то «воздушным».

Меняя отношение, можно смягчать или ужесточать внутренние связи мира. В частности, можно освободиться из-под воздействий мира, сменив отношение к ним. Так герой набоковского «Приглашения на казнь» разрушает мир своей тюрьмы.

Разотождествляясь с миром, можно последовательно перейти из «земляного» состояния в «водное» и «воздушное».

И наоборот, стремясь придать бо́льшую весомость своей жизни, желаниям, намерениям, замыслам и т.п., можно «сгустить» и «заморозить» мир.

По мере освоения мира обрывочные представления оказываются сведенными в ограниченный объем сознания, т.е. оказываются в психологическом пространстве «ближе» друг к другу, чаще встречаются (взаимодействуют) друг с другом. В результате происходит конденсация – превращение «газа» в «жидкость», а затем и «замерзание» – превращение «жидкости» в «твердое тело» [70].

Переходы в «огненное» состояние и выходы из него имеют другую природу. Центральный момент здесь – «умирание». В «огненном» состоянии Я как нечто имеющее форму исчезает.

При переходе «воздушное – огненное» исчезновение Я происходит вследствие все большего отрыва от материального мира.

Однако переход в «огненное» состояние возможен и из «земляного» состояния. Такой переход совершается моментально и только в одном направлении.

Обычно для «земляных» состояний характерна самотождественность. Я в них нет. Однако иногда Я сохраняется и становится объектом давления мира. Такое давление может переживаться как чувство собственной греховности и безысходности. Если Я сохраняется, несмотря на давление, переход в «огненное» состояние может произойти без «расплавления» мира, непосредственно. Примеры таких переходов дают многочисленные описания случаев, когда состояние Контакта непосредственно сменяло состояние глубокой подавленности.

---

[70] Наоборот, если представления неадекватны реальности, прогнозы не реализуются и мир ведет себя непредсказуемо, то нежизнеспособные представления распадаются – голова приходит в беспорядок, энтропия увеличивается.

Изменения состава:
химические реакции, смеси,
сплавы

Еще один вид движений, изучаемых в естествознании, – изменения состава вещества.

Одна разновидность таких движений – химические реакции. В химической реакции вещество может распадаться на составляющие части, например, вода – на водород и кислород. Или два вещества, соединяясь, могут создавать новое вещество, например, железо и кислород – ржавчину. Наконец, группа веществ может превращаться в другую группу веществ, например, щелочь и кислота – в соль и воду.

Одни реакции проходят с выделением энергии. Другие, наоборот, требуют внешней энергии, например нагрева.

Состав меняют не только химические реакции, но и механическое смешивание и сплавление веществ.

Различие между способами превращений – в степени их обратимости. Смешанные вещества можно разделить. Хотя из сплава выделить входящие в него вещества нельзя, сплав сохраняет часть свойств сплавленных веществ. При химической реакции исходные вещества исчезают необратимо. Свойства продукта реакции также обычно отличаются от свойств исходных веществ.

В психических процессах есть аналогии всем формам изменения состава вещества.

По типу сухой смеси происходит образование эклектических представлений, когда исходные представления соединяются механически и могут быть легко выделены из «смеси».

По аналогии со сплавом происходит образование сложных чувств. Например, в беспокойстве за другого «сплавлены» любовь и страх.

Значительно более ранообразны процессы «психической химии»: превращения мысли в желание, эмоции – в мысль, желания – в действие и т.д. и т.п. Возможны и «однородные» превращения, когда два представления превращаются в одно, полностью отличное от обоих «родителей». Так бывает, например, когда два взаимоисключающих мнения (таких, как «курить вредно [для легких]» и «курить полезно [для нервной системы]»), соединяясь, приводят к пониманию бессмысленности их обоих (в нашем примере к пониманию бессмысленности оценивать «полезность» курения).

Более целостный подход к процессам психической химии обеспечивает их рассмотрение как биохимических с позиций «метафоры питания», которому посвящены две последующие главы.

Электромагнитные процессы

Движения и взаимодействия, изучаемые разделом физики «Электричество и магнетизм», включают в себя электростатические (о них как о примере дальнодействия мы говорили выше), электродинамические и электромагнитные процессы.

Электродинамика, источники напряжения и цепи

Суть электродинамических процессов состоит в возникновении электрического тока (разряда энергии) при замыкании цепи, соединяющей положительный и отрицательный полюсы источника напряжения.

Аналогом источников напряжения в психике являются энергетические «ямы», формируемые в опыте. «Ямы» накапливают психическую энергию и представляют собой ее «сгустки». Примером «ямы» является желание, в котором энергия накапливается, пока ее не станет достаточно для его реализации. Кроме желаний, к «ямам» относятся отношения, цели, внутренние противоречия (в том числе вопросы), комплексы (во фрейдовском понимании).

Энергетическую «яму» можно сравнивать с аккумулятором. Накопление энергии в «яме» происходит из-за того, что отсутствует возможность (и, следовательно, присутствует невозможность) ее разрядки. Напряжение создают два разнозаряженных элемента, например тезис и антитезис, предложение и возражение, желание и запрет, потребность и невозможность ее удовлетворения и т.п.

Невозможность разрядки (например, неспособность достичь цели) играет роль отрицательного полюса источника напряжения. Стремление действовать (активирующий импульс) – положительного.

При появлении третьего элемента – возможности действовать (например, понимания способа обойти запрет, или обнаружения предмета потребности, или научения эффективно действовать для достижения цели и т.д.) – цепь замыкается, и происходит разряд энергии.

Электромагнетизм, индукция

Электромагнитное взаимодействие основано на явлении индукции: изменение электрического поля приводит к появлению особой силы (магнитного поля), и наоборот: изменение магнитного поля приводит к появлению электрического. В результате электрическое поле оказывается двойственным магнитному. Каждое из них своим изменением индуцирует другое, в результате чего возникает электромагнитная волна.

Индуктивную двойственность можно наблюдать и в психике. Например, при семейной ссоре муж хочет помириться. Это воспринимается женой как свидетельство ее правоты, и она «распаляется». Муж обижается и сам «распаляется», что ведет к тому, что к миру начинает стремиться жена, только «разогревая» мужа. Бесплодность ее попыток приводит к смене установки, и она «распаляется» снова, чем заставляет мужа снова искать мира. И так далее.

Другой пример двойственности – взаимопереходы мыслительной и физической активности. Безуспешные попытки решить задачу «в уме» приводят к попыткам решить ее методом »проб и ошибок», опытным путем. В свою очередь неуспех этих попыток приводит к возобновлению попыток решения «в уме» и т.д.

Радиоактивное излучение

Радиоактивностью в физике называется явление, когда одно вещество, не меняя своих свойств, излучает другую, более тонкую материю. Например, обогащенный уран излучает электромагнитную волну высокой частоты (гамма-излучение). При этом излучающий кусок радиоактивного материала не меняет своей массы, так как масса излучения и масса вещества отличаются друг от друга на много порядков.

Сходные явления распространены и в психике. Извлечение «тонкого» – основа восприятия и понимания. При понимании происходит извлечение квинтэссенции (идеи, мысли без слов) из «мысли в словах», причем «мысль в словах» остается и может использоваться в будущем. Например, извлекаемое при понимании иносказаний содержание (смысл) представляет собой реалию иного плана, чем само иносказание.

Аналогично из целостного воздействия извлекается его интенциональная составляющая – намерение субъекта воздействия в отношении его объекта.

То, что извлекаемая из «мысли в словах» идея является «тонкой», не означает, что она «слабая». История России в двадцатом веке показывает, что разрушительный потенциал некоторых «тонких» идей бывает страшнее, чем у гамма-излучения. Недаром, страшась силы идей, правители разных эпох пытались жечь книги (а то – и их авторов). Беда только в том, что в отличие от книг идеи не горят.

Другие виды взаимодействий. Взаимодействия множественных Я

Список взаимодействий, которым можно найти аналоги в психике, на этом не исчерпывается. По сути дела, такие аналоги можно указать для любых видов движений, например физиологических (о них мы еще будем говорить) и социальных. Примером последних является взаимодействие множественных Я, процессы внутренней коммуникации – энергетические и информационные потоки между отдельными множественными Я. Разновидность этого явления – внутренний диалог.

Каждое из множественных Я существует относительно автономно от других. Иногда множественные Я наблюдают друг за другом, иногда вступают между собой во взаимодействие – «споры», «борьбу за власть» и т.п. Если указанные взаимодействия протекают без участия сознания (Я-центра), внутренняя жизнь оказывается, как это показывает Гурджиев, хаотичной.

ИСТОЧНИКИ И ВЗАИМОПРЕВРАЩЕНИЯ ЭНЕРГИИ

Фундаментальное свойство энергии – способность к *взаимопревращениям*. На этих взаимопревращениях построена вся современная техника. Взаимопревращения позволяют решать проблему источника энергии. Внутренние запасы энергии любого механизма недостаточны для длительной работы. Классический пример – пружина в часах. Пока она раскручивается, часы идут. Как только раскрутилась – останавливаются. Для длительной работы необходимо привлечение внешней энергии и превращение ее во внутреннюю энергию системы. Энергия сгорающего угля движет паровоз. Энергия падающей воды превращается в электроэнергию и т.д.

С превращениями психических форм энергии и их взаимопереходами с физическими формами связаны центральные проблемы энергетики человека.

Главный вопрос можно сформулировать так: восполнима ли психическая энергия и если да, то как? В пользу невосполнимости говорит утрата сил при старении [71]. В пользу восполнимости – восстановление сил после сна или отдыха.

Различные формы психической энергии с возрастом меняются по-разному. Типичные кривые изменений представлены на графике.

---

[71] Хотя «любви все возрасты покорны», чаще влюбляются в молодости. Если через детскую («досексуальную») и первую любовь проходит каждый, то влюбиться в зрелом возрасте или старости – удел немногих.

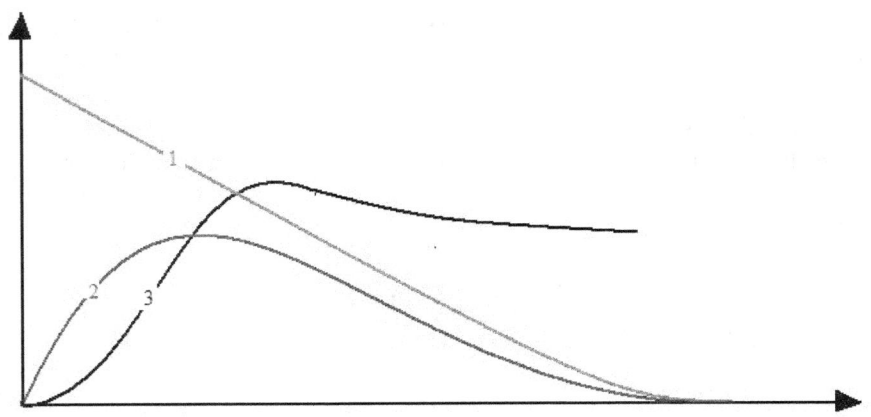

Рис. 1. Возможые варианты возрастной динамики психической энергии

Кривая 1 демонстрирует постепенную утрату энергии по мере старения. Эта кривая относится к физической активности и иногда – к эмоциональной («О моя утраченная свежесть, буйство глаз и половодье чувств», «Безумных лет угасшее веселье...»).

Кривая 2 показывает достижение энергетического пика в определенном возрастном интервале. Самый очевидный пример такого рода – сексуальная активность. Кроме того, известно, что для разной деятельности оптимальны разные возрастные периоды. Например, наибольших успехов в математике или поэзии добиваются в молодости, а пик активности в философии или политике приходится на зрелость.

Возрастная динамика на кривой 3 характерна для приобретаемых с возрастом возможностей, которые сохраняются до глубокой старости, например мудрости.

Кривую 1 можно объяснить (вслед за Гурджиевым) наличием «часовой пружины» – невосполнимого «резервуара» внутренней, присущей индивиду (сущностному Я) энергии, которая расходуется в течение жизни. Эта энергия «проживается», кристаллизуясь в опыт и продукты деятельности.

Энергия сущностного Я заряжает «психические аккумуляторы», например желания. Кроме того, она может «свободно течь» не накапливаясь – «разряжаться» в собственной свободной (в терминологии Фромма, «спонтанной») активности сущностного Я [72].

Другие явления психической энергетики можно объяснять только как результат превращения энергий мира в психические формы энергии и/или взаимопереходы этих психических форм.

Человек постоянно подвергается действию множества сил. Организм получает энергию от мира, и часть ее преобразуется в психические формы.

Возможности для превращения различных форм энергии у человека ограниченны. Доступность энергии определяется чувствительностью к соответствующим движениям. Например, человек может извлекать энергию только из определенного набора продуктов питания или согреваться только при температуре в несколько десятков (а не сотен) градусов по Цельсию. А непосредственное использование энергии электрического тока возможно для него только в форме электрошока.

Способность к превращению энергий можно интерпретировать как «канал» для получения энергии. Эти «каналы» с возрастом засоряются: преобразователи физической энергии в психическую изнашиваются. Например, это может проявляться в желудочно-кишечных заболеваниях. В результате энергетика падает.

Отдельную проблему составляет количественное соотношение физической и психической энергии. Не имея единой шкалы, мы не можем сравнивать энергию, затрачиваемую на решение математической задачи, и на запись этого решения.

Впрочем (с этого мы начали разговор), проблема измерения психической энергии и сама не решена и вряд ли сможет быть решена в ближайшем будущем. Что и служит «камнем преткновения» при попытках узаконить понятие «психическая энергия» в академической науке. Мы не умеем и вряд ли скоро сумеем отвечать, например, на вопросы, как меняется энергия при переходе от хождения из угла в угол с «пустой головой» к

---

[72] Свободная активность является следствием гармоничных отношений с миром, и в частности принятия действительности. Этим она отличается от деятельности по реализации желаний.

застыванию в напряженном раздумье, или в каком состоянии у человека больше энергии: когда он только проснулся полный сил, но еще не начал работу, или когда он увлеченно работает, не чувствуя усталости.

Однако это не означает, что у понятия «психическая энергия» нет объяснительного потенциала. Он есть. И далеко не исчерпан.

Глава 7

ПСИХИЧЕСКОЕ ТЕЛО

Ты отделишь тонкое от плотного с большим умением.

ПИТАНИЕ И ТЕЛО • Границы тела, тело и среда • Питание психики и психическое тело • ФУНКЦИОНИРОВАНИЕ ПСИХИЧЕСКОГО ТЕЛА, ДВЕ ЛИНИИ • Пища: физические воздействия, информация • Примеры реакций • «Очистка». Тонкое и грубое • Поток сознания • Преобразования • Формирование психического тела • Удаление продуктов реакции, материализация • Шлаки • ОГРАНИЧЕННОСТЬ ЭГОЦЕНТРИЧЕСКОЙ МОДЕЛИ • Множественность тел • Духовное тело и Я-центр • Биполярность человека

ПИТАНИЕ И ТЕЛО

Для понимания психоэнергетики необходим комплексный подход. Такой подход обеспечивает метафора питания – аналогия между психическими и физиологическими процессами.

При переваривании *пища* проходит через ряд превращений, в ходе которых из «грубых» веществ извлекаются более «тонкие».

Часть «тонких» веществ используется для строительства тела. Другие служат сырьем для производства продуктов жизнедеятельности организма.

Оставшиеся («лишние») вещества частично выводятся, а частично остаются, загрязняя организм. Последние называют *«шлаками»*. Одни шлаки химически активны – «яды», другие пассивны – «собственно шлаки». Шлаки можно считать и «некачественным» материалом для строительства тела.

Есть несколько подходов к пониманию того, *что* такое «тело».

При морфологическом подходе тело определяется составом его частей: скелет, мышцы, внутренние органы, кровь, желчь и т.д.

При физиологическом подходе тело – механизм для переработки пищи. Большинство веществ, получаемых при переработке, – это исходные и/или конечные продукты физиологических процессов. Часть этих веществ (например, кальций) идет на рост, поддержание или обновление морфологических деталей механизма.

Физико-химические превращения других веществ поставляют энергию, необходимую для работы механизма.

При функциональном подходе тело определяется своими функциями. Одна из функций – *самовоспроизведение* (в частности, поддержание собственной работоспособности). Другая – производство и отторжение продуктов – *выделений*. Тело – это машина для переработки пищи в тело (т.е. в само себя) и в выделения.

Своими выделениями тело питает другие тела. Так, растения питаются углекислым газом, а фекалии являются пищей для бактерий. Роль тела в сообществе тел (организмов, существ) определяется характером его выделений.

Границы тела, тело и среда

Понятие «тело» по происхождению геометрическое. В геометрии тело – часть пространства, ограниченная замкнутой поверхностью. Пространственность – главный атрибут тела. Прямой перенос этого понятия в антропологию (в частности, физиологию) затруднен.

При определении тела нужно определить и двойственное понятие – «среда»[73]. Из среды тело получает пищу и в среду

---

[73] Тело – это пространственная фигура. Понятие «фигура» требует двойственного понятия «фон». Аналогичную роль по отношению к понятию «тело» играет понятие «среда».

направляет выделения. Другими словами, среда – это то, с чем тело взаимодействует.

По отношению к телу человека определить границу между телом и средой непросто. Входит ли в состав тела, например, содержимое желудка – полости, формально не относящейся к геометрическому телу? Куда отнести живущие в теле микроорганизмы – к среде или к телу?

Одна из причин этих затруднений в том, что «тело» – первоначально абстрактное понятие. Оно более применимо для описания неживой (т.е. тоже абстрактной) материи. По отношению к живой материи естественней использовать понятие *организм*. Однако замена понятия «тело» понятием «организм» не снимает трудностей с определением пространственных границ. Любой организм можно рассматривать и сам по себе, и как часть более крупного организма, в котором он является *органом* [74], и как совокупность органов, каждый из которых можно также считать организмом, который получает пищу от одних и выделяет пищу для других органов.

По отношению к живой материи понятия «внутренний» и «внешний», а также противопоставление «тело (или организм) – среда» относительны.

Среду тела человека образует совокупность вещей, с которыми оно взаимодействует. В эту совокупность входят физический мир и биосфера, но также и психика.

Выделения тела человека – это любые его воздействия на среду: в форме выделяемых веществ (например, пота), электромагнитных и тепловых полей, поступков и т.д. К выделениям физического тела человека относится и «пища психики» – потоки нервных импульсов и продукты других физиологических систем, например эндокринной.

Питание психики и психическое тело

Метафора питания сохраняет свой объяснительный потенциал и по отношению к психическим процессам. «Пища» – это

---

[74] Например, человека можно считать органом биосферы.

воздействия (социальные, энергетические, эстетические и т.п.) на психику. Перерабатывая «пищу», психика развивается (растет «психическое тело») и производит «выделения», материализуемые, например, в виде деятельности.

Разработка аналогии между психической и физиологической жизнедеятельностями требует определения более точного соответствия между физиологическими и биохимическими реалиями, с одной стороны, и психическими – с другой. Прежде всего необходимо определить *психическое тело*.

Сделать это еще трудней, чем определить физическое тело. Сама постановка вопроса о психическом теле кажется бессмысленной, так как психика непространственна.

Однако категоричность такого возражения небесспорна. Помимо того что психика обладает одним из атрибутов топологической пространственности – связностью – и как система отражения воспроизводит пространственность физического мира, самое главное – психика локализована. Ее субъектом является индивид. Индивидуальность психики задает ее связь с физическим телом и позволяет говорить о психическом теле, которое вместе с физическим взаимно образуют среду друг для друга. Более того, так как психическая материя тоньше физической, психическое тело – тело более высокого порядка по сравнению с физическим.

Как и к физическому, к психическому телу можно подходить с морфологических, функциональных и физиологических позиций.

Морфологически психическое тело состоит из органов и «внутреннего сырья» – аналога химических веществ физического тела, участвующих в переработке «внешнего сырья» – пищи. Органы психического тела – это психические процессы, и в частности умения. «Внешнее сырье» («пища») – воздействия на психику: ощущения, восприятия, одним словом, *впечатления*. «Внутреннее сырье» – психические образования: опыт, представления, отношения, установки, цели, мотивы и т.д.

Для понимания функций психического тела нужно рассматривать его не изолированно, а во взаимодействии со средой.

С точки зрения академических представлений вопрос о среде психического тела прост: так как взаимодействие психики с любыми объектами опосредовано физическим телом, средой психического тела является физическое тело. И только.

Примем пока эту позицию.

ФУНКЦИОНИРОВАНИЕ ПСИХИЧЕСКОГО ТЕЛА, ДВЕ ЛИНИИ

Есть две линии протекания психических процессов. Образ восприятия в результате ряда преобразований становится частью образа мира. Это «восходящая» линия – «от восприятия». Вторая («магическая») линия – материализация психических образований (целей, планов, желаний и т.п.), превращение их в физиологические процессы и физические действия. Это «нисходящая» линия – «к действию».

Среди преобразований, следующих за моментом восприятия или предшествующих моменту действия, можно выделить такие, как «мысль – мысль», «образ – действие», «эмоция – действие», «эмоция – мысль», «восприятие – образ», «образ – мысль» и т.д. и т.п.

«Пища» (воздействия среды) психического тела – впечатления – вступает в реакцию с внутренними «веществами». Продукты реакции в свою очередь вступают в реакцию с другими «веществами», имеющимися в психическом теле, и т.д.

Превращения «психической пищи» можно по аналогии с физиологическими процессами интерпретировать как переход продуктов реакции из органа в орган. Как кровь переходит от желудка к легким, где обогащается кислородом, так и мысль превращается в эмоцию, эмоции – в фантазию и т.д.

После нескольких превращений продукт «пищеварения» либо «выводится» из тела в форме воздействия на среду, либо прекращает реагировать и стабилизируется как часть тела. Последнее происходит, когда он утрачивает «химическую активность», или при отсутствии в теле веществ, с которыми он мог бы вступить в реакцию, или при отсутствии необходимых для реакции условий.

Пища:
физические воздействия, информация

Воздействия физического мира (механические, физические, химические и т.п.) попадают в психическое тело через посредство физиологических движений: известных – нервных импульсов и биохимических превращений веществ, и, возможно, неизвестных (например, «биоэнергетических»).

Но физиологические движения только оформляют воздействие. За физиологической формой скрыто содержание («информация»), которое «закодировано» формой. Воздействие – это сообщение. Переваривание «психической пищи» состоит в извлечении («раскодировании») содержания сообщения, которое «закодировал» его автор.

Результат воздействия определяется двумя факторами: «объективным» содержанием и способами его извлечения (например, осмысления).

Воздействия различаются универсальностью. Универсальны эмоциональные воздействия – смех, плач и т.д. Гурджиев говорит об «объективном искусстве» – произведениях с универсальным воздействием (например, Большой сфинкс в Египте).

Другие воздействия (в частности, «субъективное искусство» у Гурджиева) действуют на разных людей по-разному. Например, в звуках утреннего леса можно услышать просто шум или музыку.

Эффект таких воздействий определяется способами их «раскодирования». То, что из одного воздействия разные люди извлекают разное содержание (часто не то, которое закладывал в него автор), заставляет предположить, что содержание воздействия включает разные составляющие, подобно тому, как солнечный свет несет наряду с электромагнитной энергией тепловую и механическую (давление света) [75].

---

[75] Многоплановость содержания воздействий, оказываемых человеком, может быть объяснена тем, что он действует и как индивид, и как часть сообществ (миров), к которым он принадлежит. Сообщение, посланное человеком, послано также и сообществами, представителем которых он является.

Примеры реакций

Оказавшись в психическом теле, впечатление вступает в реакцию с «веществами», которые там уже есть.

Соединяясь с диспозицией к действию, впечатление может сразу превратиться в поведенческую реакцию. Так работают условные рефлексы.

Соединяясь с отношением, потребностью, установкой и т.п., впечатление может превратиться в импульс или чувство. Так угроза превращается в страх (в реакции с пассивной диспозицией) или в гнев (с активной), любовь – в радость (с пассивной) или в ответную любовь (с активной) и т.д.

Множественность диспозиций может приводить к многозначной реакции – например, гроза может одновременно вызывать эстетическое чувство и чувство страха.

Впечатление может соединяться и со способом думать, и с представлениями, порождая новые представления, как это происходит, например, в легенде о Ньютоновом яблоке.

«Очистка». Тонкое и грубое

Чтобы стать «сырьем» для реакции, впечатление нужно подготовить, «очистить»: «извлечь» его значение, абстрагировать смысл.

В целом процесс «очистки» организован последовательно [76]: содержание воздействия при его понимании (преобразовании в мысль) очищается слой за слоем. Последовательную «очистку» можно представить как разворачивание подарка, завернутого в несколько слоев бумаги. Например, из ощущения извлекается грубая эмоция, из грубой эмоции – смысл, из смысла – тонкая эмоция [77].

---

[76] Отдельные стадии «очистки», такие, как определение свойств явления, его категоризация, организованы параллельно – одновременно работают детекторы-резонаторы, настроенные на разные свойства и категории.

[77] Возможно, разные этапы этого процесса связаны с активностью разных чакр.

Различия в извлекаемом из воздействия содержании могут определяться глубиной «очистки».

Из пощечины можно извлечь ощущение боли или мнение о злобности обидчика. Но можно увидеть и крик о помощи Духа, стесненного отсутствием форм самовыражения.

В картине, изображающей избиение младенцев, можно увидеть только двигающиеся фигуры. Можно ощутить боль матерей и злобу избивающих. Можно выделить эстетический компонент – красоту полотна. Но можно увидеть и Божье наказание или даже акт милосердия (Бог забирает к себе невинные души, избавляя их от земных страданий).

Разная глубина «очистки» разного содержания позволяет говорить о более глубоком (тонком) и более поверхностном (грубом) содержании.

Физическое воздействие-сообщение содержит тонкие и грубые компоненты. Извлечение тонкого содержания требует более глубокой, более длительной, более трудоемкой «очистки».

Умение извлекать тонкое содержание встречается реже, чем умение извлекать более грубое содержание. В содержании многих воздействий-сообщений присутствует прагматический компонент – значение сообщения для реализации его адресатом «выживательной» функции. Научиться выделять этот компонент жизненно необходимо. Хотя прагматический компонент не самый тонкий, выделение более тонких компонентов содержания для многих непозволительная роскошь.

Дети, по-видимому, наделены «врожденной» способностью к восприятию тонкого, которую они утрачивают в результате воспитания, а затем восстанавливают в ходе культурного становления сущностного Я. При этом они сначала учатся выделять более грубое, а затем – все более и более тонкое содержание.

Поток сознания

Если впечатление не отреагируется немедленно, то в очищенном виде оно попадает в поток сознания – поток мыслей и представлений (как в образной, так и в вербальной форме).

Этот поток несет очищенное впечатление в одном из двух (а иногда и в обоих сразу) направлениях: к запоминанию (включению в состав психического тела) и к материализации (к эффекторам).

Поток сознания, который можно сравнить с движением крови по сосудам, не просто течение, а преобразование – последующее «состояние сознания» является преобразованным предыдущим.

Преобразования

Обучаясь, человек овладевает элементарными и состоящими из них более сложными действиями-преобразованиями.

Примером преобразования является определение истинности. Мысль может приниматься или отвергаться. В более сложных случаях определяется, *что* в мысли истинно, а *что* ложно, например при каких условиях она истинна, а при каких ложна, – происходит «отделение пшеницы от плевел». В результате из мысли извлекается ее истинный смысл, который затем может взаимодействовать с другими мыслями (с-мыслами), рождая новые мысли [78].

Другой пример – преобразование образа актуальной ситуации через его сопоставление с образом целевой ситуации в план деятельности.

Еще один пример – подражание образцу. Образ восприятия преобразуется в схему активности по его воспроизведению. Такое преобразование характерно, например, для рисования с натуры.

---

[78] Пример такого порождения – логический вывод.

Формирование психического тела

Формирование психического тела – это формирование его «органов» и «внутреннего сырья». Как и в физическом теле, «органы» (способы переработки «пищи», т.е. умения) сами формируются из «внутреннего сырья» – опыта.

Опыт накапливается в психической жизнедеятельности в качестве продукта «пищеварения». Опыт может быть более или менее «переваренным», сохранять в большей или меньшей мере способность вступать в реакции.

Накопление опыта не механический процесс. Преобразованная из впечатления новая мысль вносит возмущение в систему представлений. Это возмущение запускает работу по перестройке всей системы (приведению ее в равновесное состояние), которая изменяет часть представлений.

Удаление продуктов реакции, материализация

Удаление отработанных веществ происходит в форме воздействия психического тела на физическое (среду).

Формируемое в цепочке превращений «пищи», очищенное и преобразованное впечатление иногда немедленно, иногда через продолжительное время материализуется в физической активности [79]. В этом смысле метафора питания созвучна с бихевиористской схемой «стимул – реакция».

Конечное звено цепочки преобразований можно назвать «импульсами к материализации». Реализуясь, они исчезают.

«Импульсы к материализации» – это наиболее плотные психические образования, которые максимально приближены к физическому действию, т.е. непосредственно управляют эффекторами: мышцами, железами секреции и другими исполнительными органами.

---

[79] Обычно (но не всегда) сигналом к прекращению «очистки» и запуску процессов материализации является извлечение прагматического компонента содержания.

В воздействии психического тела на физическое кристаллизуется психическая энергия – идеальное превращается в материальное. Психические реалии превращаются в физические процессы (например, деятельность), которые приводят к появлению новых объектов физического мира (например, продуктов деятельности).

В частности, превращение «отвлеченной» мысли в действие начинается с изменения ее статуса. Мысль может стать целью. Мысль может стать элементом плана и внести коррекцию в существующий план. Мысль может приобрести статус обстоятельства деятельности и т.д.

Если при «очистке» физическое воздействие «раскодируется», то при синтезе действия идет обратный процесс – оформление («свертывание», «кодирование» и т.п.) содержания, передаваемого от психического тела физическому, а через его посредство – и физическому миру.

С академической точки зрения источник содержания находится в психическом теле, где он существует как воспринятая из физического мира энергия, преобразованная в форму мыслей, целей, планов, намерений, эмоций, отношений и т.п. Так, творчество материализует плоды работы ума и воображения.

В отличие от «импульсов к материализации» материализованное содержание остается в психическом теле [80], хотя и утрачивает (иногда временно) «стремление к материализации». Например, вызвавшее аффект переживание, с одной стороны, выводится в «эмоциональном разряде», а с другой – остается, периодически приводя к повторным «разрядам».

Шлаки

В цепочке преобразований есть продукты, которые должны были бы преобразоваться в «импульсы к материализации», но в силу тех или иных причин (прежде всего социальных запретов)

---

[80] Т.е. оно является также и материалом для «строительства» психического тела.

не выводятся из психического тела. Такие продукты – шлаки, загрязняющие психическое тело.

К шлакам относится то, что имело тенденцию к отреагированию, но не было отреагировано. Но шлаками являются и части опыта, которые утратили смысл для субъекта, – отжившие представления, ненужные привычки, бесполезные занятия и т.п.

ОГРАНИЧЕННОСТЬ ЭГОЦЕНТРИЧЕСКОЙ МОДЕЛИ

Базовая для академической науки модель может быть названа «эгоцентрической». Физический мир является средой для физического тела, которое в свою очередь образует среду психического тела. Графически эту модель можно изобразить в виде трех концентрических окружностей.

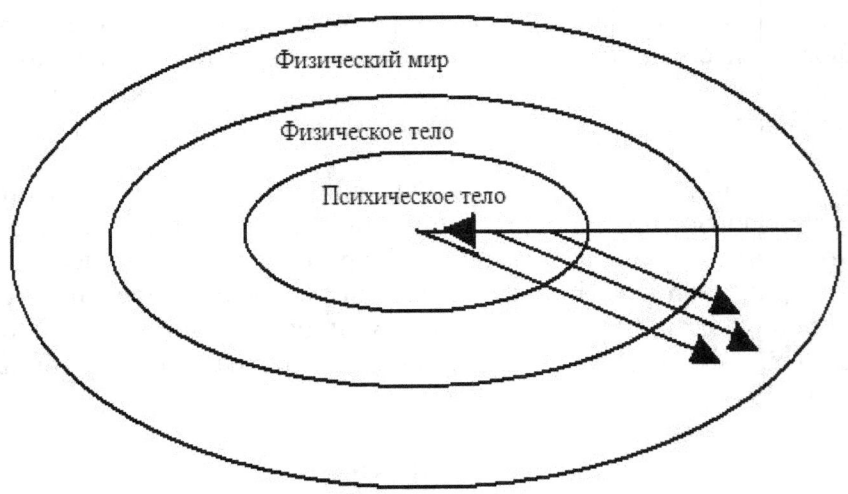

Рис. 2. Эгоцентрическая модель.

Поступающие из физического мира через посредство физического тела воздействия подвергаются более или менее глубокой обработке и возвращаются (опять же через посредство физического тела) в физический мир в виде воздействий.

Есть два класса явлений, которые трудно объяснить в рамках эгоцентрической модели.

Первый – это последовательная «очистка».

Второй – Богооткровенное творчество.

Извлечения все более глубокого (чистого) смысла, «очистка» Я-центра, «огненное» состояние – все эти явления с точки зрения эгоцентрической модели означают попадание в центр психики. Казалось бы, в этом центре психическая материя должна быть наиболее плотной. Однако это не так. Психическое «вещество» «центра», наоборот, очень разрежено. В «центре» открывается такое богатство чистого содержания, которого нет ни в одной другой области психики. Это наводит на мысль, что центр психики связан с какой-то иной реальностью.

Ту же мысль подтверждают феномены Богооткровенного творчества. Содержание гениального произведения настолько ново, богато, совершенно, что предположить, что оно создано путем «обычных» преобразований «обычных» впечатлений, можно только с очень большой натяжкой. Гораздо естественней предположить, что его источник находится вне того, что традиционно относится к психическим реалиям.

Оба эти факта подводят к мысли, что среду психического тела, кроме физического тела, образует и иная реальность, с которой психическое тело взаимодействует посредством специальных «органов», таких, как Я-центр. Совокупность этих «органов» можно назвать «духовным телом», а саму «иную реальность» – «духовным миром».

Множественность тел

Для антропологии разделение физического и психического тела – искусственный прием, который позволет сфокусировать внимание на интересующих исследователя явлениях – физиологических и психических.

Следуя той же логике, при изучении физиологических процессов физическое тело рассматривается или как совокупность составляющих его органов, или как совокупность систем (тел). Так, для ортопеда тело – это опорно-мышечный аппарат (механическая система), для невропатолога – нервная (электрическая) система, для эндокринолога – эндокринная (биохимическая) система и т.д.

Точно так же, чтобы лучше понять функционирование психики, можно рассматривать ее как состоящую из нескольких органов и/или «тел».

Например, можно выделить деятельностно-эффекторный, эмоциональный, интеллектуальный и духовный уровни психического и говорить, соответственно, об эффекторном (эфирном в эзотерической терминологии), эмоциональном (астральном), интеллектуальном (ментальном) и духовном телах. О «духовном» уровне известно мало, и нет нужды подходить к нему более дифференцированно [81]. В частности, нет смысла разносить по разным уровням «сверхмышление» и «сверхэмоции» или разделять органы восприятия и органы действия.

Духовное тело и Я-центр

Выделение духовного тела из психического продиктовано желанием сфокусировать внимание на духовных функциях психики.

Психическое тело ответственно за явления, традиционно относимые к предмету психологии: управление физическим телом, эмоциональная и ментальная жизнь. Духовное – за явления духовной жизни. Психическое и духовное тела воздействуют друг на друга. Духовное тело вместе с физическим формируют среду психического тела.

Взаимодействие психического тела с духовным миром опосредовано духовным телом так же, как его взаимодействие с физическим миром опосредовано физическим телом. Это вполне согласуется с мнениями авторитетов эзотеризма.

Уровень наших представлений о духовном теле позволяет отождествить его с Я-центром – единственной психической сущностью, которая сохраняется неизменной, меняя содержание, и которая способна, оставаясь психической, подниматься над психикой. Эти два свойства позволяют считать

---

[81] Эзотерические источники отмечают сложный состав духовного тела.

Я-центр духовным телом, т.е. объектом и проводником духовных воздействий, «каналом» духовной энергии, через который передаются воздействия духовного мира на психическое тело, и наоборот.

Передача воздействий осуществляется посредством «путешествий» Я-центра из психического тела в духовный мир [82], и наоборот.

То, что Я-центр является духовным телом, означает, что он должен обладать всеми свойствами индивидуального духа, в том числе и теми, которых мы не обнаружили раньше. В частности, атрибутом Я-центра является «духовное зрение». Соединяя психическое тело с духовным миром, Я-центр реализует такой атрибут индивидуального духа, как притяжение к духовному.

Из духовного мира Я-центр получает содержание, которое оформляет (материализует) в Богооткровенном творчестве [83]. Правда, с этой функцией Я-центра связаны не все, а только наиболее важные этапы творческого процесса – импульс к Богооткровенному творчеству, получение духовного содержания. Что касается процесса оформления, то в нем часто важное место занимают и другие, чисто психические механизмы. Я-центр может осознавать и управлять этими процессами, отождествляться и разотождествляться с ними, как и с любыми другими.

В творчестве проявляется стремление Я-центра к материализации и к гармонии. Стремление к гармонии, как и свобода, проявляется и в выборе направления при управлении психической деятельностью. При этом надо отметить, что **свобода Я-центра – это свобода духа, но не свобода от духа.**

---

[82] Чтобы понять, как высоко «забирается» Я-центр, нужно знать, где он исчезает. Выше ментального уровня (например, при «эстетическом экстазе») Я-центр еще существует. В состоянии нирваны, поднявшись достаточно высоко, Я-центр исчезает, сливается с окружающим Миром.

[83] «Бездуховное творчество» – оформление продуктов работы ума или воображения, т.е. содержания, созданного психическим телом, не связано с деятельностью Я-центра.

Биполярность человека

То, что психическое тело взаимодействует не только с физическим, но и с реальностью другого порядка – духовным миром, принципиально важно. Человек – дитя материи и духа – подвержен двум типам влияний – физическому и духовному.

«Двухполюсное» понимание человека, казалось бы, банально – вся религиозная, значительная часть философской и художественной литературы сосредоточены на дихотомии «Бог – дьявол», «духовное – материальное», «животное – возвышенное» и т.п.

Однако в психологии биполярность человека обычно «не замечается». В отличие от животного Божественное не поддается позитивистской методологии.

Интересен один эпизод в истории психологии: учение Фрейда о подсознании и надсознании. Сведя происхождение надсознания (супер-эго) к усвоению социальных предписаний и запретов, Фрейд не перешагнул границ дозволенного атеистическим мировоззрением. По-видимому, он не был удовлетворен этой теорией, так как проблема мотивационной двойственности продолжала его занимать. Это нашло отражение в теории двойственности первичных позывов – врожденных инстинктов жизни и смерти. Впрочем, и эта теория Фрейда также не удовлетворяла.

При признании реальности индивидуальной духовности идея о надсознании и подсознании предстает в новом свете.

Надсознание – это область индивидуального духовного, которое так же, как и подсознательные импульсы, мало осознается, но имеет иную природу.

Импульсы подсознания (к ним относятся фрустрированные биологические и некоторые другие «низшие» потребности) влияют на поведение непосредственно. Импульсы надсознания опосредованы эмоцией и мыслью.

Г л а в а 8

ДВУХПОЛЮСНАЯ МОДЕЛЬ

Мудрость, свет, любовь... божеств... достигают людей, способных их воспринимать... через людей они добираются до животных, растений, минералов. Затем, благодаря другому потоку, эти силы вновь поднимаются от минералов вплоть до высших царств...

МИРЫ. ОРГАНИЗАЦИЯ МАТЕРИИ • Психический мир – ноосфера • Духовный мир • ** Физика духовного мира. Тонкость материи и духовность • Количество тонкой материи • Содержание и форма. Форма тонкой материи • Физическая ограниченность восприятия **• Уровни организации материи и редукционизм • Духовный мир и духовное тело • ВЗАИМОДЕЙСТВИЕ ПСИХИЧЕСКОГО ТЕЛА С МИРАМИ • ВЗАИМОДЕЙСТВИЕ С ТЕЛАМИ: ДВУХПОЛЮСНАЯ МОДЕЛЬ • Двухполюсная модель и функция «Я – часть Мира» • Воздействие на духовное тело «сверхочисткой» • Восприятие духовной энергии, продуктивная пустота • Материализация. Служение. Творчество и любовь • Отражение духовного потока. «Третья сила» • ТИПЫ МЕНТАЛЬНОСТИ • ** Альтруистическое и эгоистическое поведение **• Духовные **и прагматические мысли и эмоции • УПРАВЛЕНИЕ ПСИХОЭНЕРГЕТИКОЙ**

МИРЫ. ОРГАНИЗАЦИЯ МАТЕРИИ

Рассмотрим устройство радиосигнала, передающего в закодированном виде «Я помню чудное мгновенье...». Такой сигнал имеет структуру, напоминающую матрешку.

С одной стороны, радиосигнал – это несущая электромагнитная волна: периодические изменения (колебания) напряженности электрического поля в точке пространства – и только.

У одних участков волны амплитуда (размах колебаний) больше, у других – меньше. Первым соответствует символ «1»; вторым – символ «0». Таким образом, радиосигнал представляет и последовательность нулей и единиц.

Каждые шесть символов – код буквы. Радиосигнал представляет и текст на русском языке.

Этот текст состоит из слов и предложений и т.д.

Предложения имеют смысл. Радиосигнал несет смысл!

Обработка радиосигнала состоит в последовательном переходе от физической формы к последовательности нулей и единиц. От нее – к последовательности букв. Далее – к последовательности слов – и т.д. до уровня смыслов.

Аналогично устроены текст, напечатанный на бумаге, звуки речи или музыки и т.п.

Помимо элементного состава, материя характеризуется своей организацией, которая имеет уровневое строение. Организация материи оформляет уже не материальные, а идеальные сущности. Таким образом, материальный мир, рассмотренный с точки зрения его организации, является не материальным, а идеальным.

Об идеальном мире («мире идей») говорил еще Платон. Вернадский назвал ту же сущность более современно – «ноосфера».

Ноосфера состоит из мыслей, идей. Что такое мысль или идея, мы не можем определить точно. Однако мы можем определить ноосферу иначе – как совокупность продуктов психической деятельности безотносительно к тому, существуют ли они в материализованной (отчужденной) или «внутреннепсихической» форме. В этом случае ноосфера – не что другое, как «психический мир».

Психический мир – ноосфера

Для физического тела психика – только часть среды. Другая часть – физический, и особенно живой, мир – биосфера.

Точно так же можно считать психический мир – ноосферу – средой индивидуальной психики.

Ноосфера, безусловно, реальна как определенный уровень организации материи, более высокий, чем уровень организации материи, например биосферы.

Однако нет оснований считать этот уровень высшим. Наоборот, феномены индивидуальной духовности говорят, что существуют и более высокие уровни, о которых академической науке почти ничего не известно. Эти более высокие уровни организации материи можно назвать духовным миром – средой духовного тела.

Духовный мир

Мир живой материи – биосфера – выше физического мира «неживой» материи. Ноосфера выше биосферы. Духовный мир («спириосфера») выше ноосферы.

Духовный мир находится с психическим миром (ноосферой) и психическим телом в тех же отношениях, что и психический мир с физическим миром (биосферой) и физическим телом.

Физика духовного мира. Тонкость материи и духовность

В эзотерических учениях тонкость материи характеризует ее духовность. Тонкость определяется как частота «вибраций» (колебаний) частиц «психической материи», которая обратно пропорциональна ее плотности. Таким образом, есть более и менее духовные (тонкие) материи.

Любая эзотерическая система от Данте до каббалы и суфиев указывает на иерархическое устройство мира. Существует множество миров: мир Бога, мир ангелов, мир людей, мир животных, мир неживой материи и т.д. Мир людей, естественно, занимает в этой Иерархии не самое высокое место.

В каждом мире есть материи разной плотности, в том числе и очень разреженные (с очень высокой частотой вибраций) – носители духа. Таким образом, дух присутствует всюду.

Но вместе с тем в каждом мире преобладает материя, которая наиболее характерна для него. Каждому миру соответствует свой уровень плотности (и частоты вибраций). В современной терминологии это означает, что каждый мир представляет собой поле или совокупность волновых процессов в соответствующем этому миру частотном диапазоне. Например, мир звука – это совокупность акустических колебаний с диапазоном от десятков до десятков тысяч колебаний в секунду. В работах по восприятию эмоций получены данные, которые позволяют считать, что мир эмоций – это также акустические колебания, но в другом (более низком) частотном диапазоне.

Воздействие – также волновой процесс – сумма колебаний (волн) с разными частотными диапазонами. Волны в каждом частотном диапазоне несут содержание, соответствующее по тонкости этому частотному диапазону. Восприятие различных по частоте (и тонкости) составляющих воздействия эквивалентно его спектральному анализу [84]. В частности, Я-центр как орган индивидуального духа резонирует на духовный компонент воздействия.

Количество тонкой материи

Трудность выделения тонкого из разных воздействий различна. Грубые компоненты содержания «заслоняют» тонкие.

---

[84] Это согласуется с представлениями коннекционизма, который распространяет принципы спектрального анализа с функционирования зрительных и слуховых анализаторов на всю ментальную активность, включая означивание и осмысление.

Из полотна абстракциониста можно извлечь глубокий смысл, но можно увидеть только размазанные по холсту краски. Порой даже искусствоведы не видят в них ничего другого. В «Джоконде» тоже можно увидеть размазанные по холсту краски, но нормальный человек видит женскую фигуру, а всмотревшись – и многое другое.

Это явление нельзя объяснить только разным умением «очищать» содержание. Одни произведения действуют на всех, другие всех оставляют безразличными. Ясно, что дело в самих произведениях – в одних (более талантливых) тонкой материи БОЛЬШЕ, в других – меньше. И горящий и тусклый взгляд несут Божий огонь, но первый – пламя, а второй – тление.

«Больше материи» означает бо́льшую интенсивность (амплитуду) колебаний в соответствующем частотном диапазоне.

Содержание и форма.
Форма тонкой материи

Объяснение различий в однозначности «раскодирования» разных воздействий индивидуальными особенностями механизмов «очистки» верно, но не исчерпывающе. Сами воздействия отличаются определенностью содержания. Так, содержание реалистичных картин более определенно, чем абстрактных.

Готовя сообщение-воздействие, автор может представлять, что́ именно он хочет выразить, и предельно ясно, и весьма расплывчато. В его мыслях может быть больше или меньше порядка (энтропии). Эта четкость или расплывчатость сохраняется в произведении – «кто ясно мыслит, тот ясно излагает».

Обычно формой произведения считают способ организации его «оболочки» – самой грубой, физической материи. Однако, если считать содержанием более тонкие виды материи, правомерен вопрос об их форме (способе организации), которая отличается от формы грубой материи «оболочки».

Форма не внешняя «оболочка» содержания. Форма сама имеет многослойное строение. Каждый частотный диапазон оформлен по-своему: в одних есть четкая структура, в других – «белый шум».

Оформление содержания – это не только работа над формой его материального воплощения, но и внутренняя работа по структурированию (оформлению) собственно содержания, которое часто бывает фрагментарным и малосвязным.

Форма (способ организации) звуковых или зрительных сообщений – это изменение частотных (соответственно, тона и цвета) и амплитудных (громкости и яркости) характеристик сигнала во времени. Этот способ организации для звука может восприниматься, например, как ритмический или мелодический рисунок.

Форма других волн определяется также их частотной и амплитудной модуляцией.

Физическая ограниченность восприятия

Даже если считать, что, кроме электромагнитных и акустических волн, других излучений не существует, окошко, через которое человек смотрит на мир, очень узкое. И ухо и глаз воспринимают излучения только в ограниченном частотном диапазоне. Даже с учетом возможностей приборов множество частотных диапазонов недоступно человеческому восприятию. Реальность, существующая на этих частотах, представляет собой мир, доступ в который человеку (по крайней мере в «обычных» состояниях) закрыт.

Кроме того, способ организации материи даже в доступных диапазонах известен только фрагментарно. Нет оснований считать мысль или даже «чистый смысл» высшей формой организации.

Это означает, что в признании реальности духовного мира нет ничего «антиматериалистического». Более того, это признание является просто очередным шагом в развитии «научных» взглядов на мироздание.

Уровни организации материи и редукционизм

В европейской мысли есть опасность, которая, с одной стороны, давно осознана, а с другой – снова и снова подстерегает людей, пытающихся понять мироустройство. Эта опасность – редукционизм – попытка свести одни («высшие») виды движений к низшим: физические – к механическим, химические – к физическим, биологические – к химическим, психические – к биологическим и т.д. Эта попытка логически безупречна. Но вся история редукционизма показывает ее непродуктивность.

Изучение каждого уровня движений нуждается в своих специфичных методах, а не заимствованных из наук о более низких уровнях. Попытки выстраивать пирамиды, сводящие высший уровень движения ко все более низким, бесперспективны. Это давно стало очевидным в отношении физических, сейчас очевидно и в отношении химических, почти осознано в отношении биологических и начинает осознаваться в отношении психических движений. Рано или поздно это будет осознано и в отношении духовных движений.

Духовный мир и духовное тело

Вопрос о границе между духовным телом и духовным миром обычно не ставят, считая их синонимами. По отношению к духовному телу трудности определения границ, о которых мы говорили по отношению к психическому телу, только увеличиваются. Духовное тело обеспечивает связь с реальностью не только не «пространственной», но и «вневременной». И тем не менее духовное тело имеет локализацию – оно «привязано» к индивиду, хотя и является даже не частью[85], а самим духовным миром.

Взаимодействие духовного мира и духовного тела происходит по оси «индивидуализация–деиндивидуализация» духовного. Духовное тело передает духовному миру индивидуальную духовность, тем самым «деиндивидуализируя»

---

[85] Понятие «часть» по отношению к духовному миру из-за его непространственной природы неприменимо.

ее. А духовный мир воздействует на духовное тело, передавая ему безличную духовность, тем самым «индивидуализируя» ее.

ВЗАИМОДЕЙСТВИЕ
ПСИХИЧЕСКОГО ТЕЛА С МИРАМИ

С психическим телом взаимодействуют тела, с которыми оно находится в непосредственном контакте, и миры.

Взаимодействия психического тела с физическим и духовным мирами опосредованы соответствующими телами. Можно считать физический и духовный миры по отношению к психическому телу средой второго порядка.

С точки зрения академической науки взаимодействие психического тела с ноосферой также опосредовано физическим телом. Эзотеризм допускает и возможность их непосредственного взаимодействия. Считается, что в психической жизнедеятельности образуется особый продукт («выделения») – «эманации» – тонкая субстанция, не имеющая пространственной локализации. Эта субстанция может восприниматься без посредства известных органов восприятия другим психическим телом.

Обычно при разногласиях с академическим знанием эзотеризм оказывается ближе к истине. Но в любом случае невозможность непосредственного взаимодействия психического тела с ноосферой нельзя считать установленной.

Есть две группы фактов, которые можно считать проявлениями непосредственного взаимодействия. Первая – это феномены эмоционального заражения и «носящейся в воздухе мысли» [86]. Эти факты академическая наука признает, но интерпретирует их «материалистически».

Вторую группу фактов академическая наука старается не замечать. К ней относятся «парапсихологические» явления: например, телепатия или магия. Тем не менее эти явления ставят множество вопросов, требующих непредвзятого подхода. Достаточно ли (и при каких условиях) подумать, чтобы

---

[86] О влиянии на мир мысли свидетельствует способность слушателя или читателя восстанавливать мысль (ее прообраз) по тексту.

«выбросить» мысль вовне? Не является ли само «думание» обращением к мировому хранилищу мыслей? [87] Влияет ли доброе или злое пожелание, не облеченное в «адекватную» поведенческую форму, на его адресата, и если да, то при каких условиях? И т.д.

ВЗАИМОДЕЙСТВИЕ С ТЕЛАМИ: ДВУХПОЛЮСНАЯ МОДЕЛЬ

Если ограничиться рассмотрением только взаимодействия психического тела с соседними телами (физическим и духовным), которое заведомо ничем не опосредовано, то общая схема взаимодействия может быть представлена в виде двухполюсной модели.

Психическое тело воспринимает два энергетических потока – от физического и от духовного тел. Эти потоки циркулируют в психическом теле и в преобразованном виде частично излучаются на те же два соседних тела.

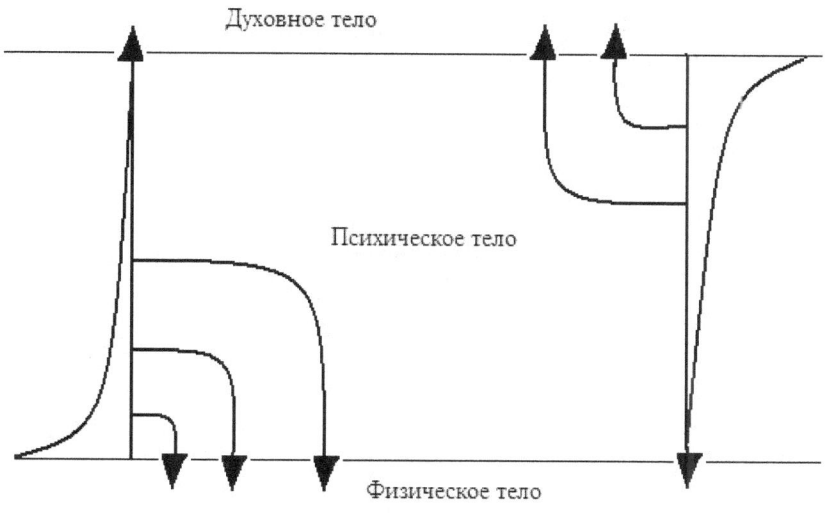

---

[87] Идея хранилища мыслей созвучна идее ноосферы. Любопытно, что феноменологическая психология косвенно разделяет идею хранилища, считая, что человек априорно обладает необходимым ему знанием, и проблема в том, чтобы получить к нему доступ.

Рис. 3. Схема двухполюсной модели

Поток от физического тела (левая часть схемы) подвергается «очистке» разной глубины. Вступая в реакцию с «внутренними веществами», очищенные впечатления, преобразованные в различные психические элементы: чувства, мысли, смыслы, желания, – начинают движение в противоположном направлении и в конечном итоге материализуются в физические действия.

Этот «круговорот» представлен и в «эгоцентрической», и в обобщающей ее двухполюсной моделях. В последней он показан в левой нижней части схемы.

Однако наиболее «очищенные» переживания, например наиболее тонкие смыслы, некоторые эстетические переживания и т.п., не превращаются в более «грубые» формы. Вместе с тем они являются «конечными».

Эти наиболее тонкие психические движения переходят в духовные, т.е. представляют воздействия психического тела на духовное – выделение продуктов психической жизнедеятельности в духовное тело. Тонкие переживания являются пищей духовного тела и, в частности, расходуются на его «строительство». Такие воздействия изображены в левой верхней части схемы.

Второй энергетический поток идет от духовного тела (правая часть схемы). Основная линия его движения – «уплотнение», превращение во все более и более плотные психические формы: мысль, эмоцию, действие. В конечном итоге он материализуется в виде физического действия и изливается на физический мир в форме творчества и любви (правая нижняя часть схемы).

Но материализуется не весь духовный поток. Часть его «отражается психическим телом и возвращается в духовное тело, например в виде молитв (правая верхняя часть схемы).

Двухполюсная модель и функция «Я – часть Мира»

Двухполюсная модель позволяет уточнить формулу «Человек – часть Мира, играющая в нем определенную роль». Роль, о которой идет речь, состоит в передаче воздействия духовного мира на физический [88] и физического мира на духовный.

Как физическое тело преобразует физические движения неживой материи в психические и наоборот, так и психическое тело преобразует грубые биологические движения в тонкие духовные и наоборот.

Человек работает как приемник, преобразователь и передатчик энергетических потоков между физическим и духовным мирами.

Воздействие на духовное тело «сверхочисткой»

В эзотерических трудах часты указания на то, что наиболее «тонкими» движениями своей души человек действует (передает энергию, питает) на свое духовное тело, а через него – и на духовный мир.

Любое физическое воздействие – это сообщение, в конечном итоге направленное Свыше. В его содержании присутствует «Божественный компонент», который можно извлечь.

Божественный компонент заслонен более «грубыми» видами материи – внешней формой, содержанием, заложенным в сообщение его «авторами» – мирами (неживой материи, животных, людей и т.д.) и их представителями. Извлечение этих «грубых содержаний» предшествует извлечению Божественного компонента.

Часто «очистка» завершается выделением прагматического компонента, который воплощается затем в прагматическом же

---

[88] Библейское «приготовьте путь Господу, прямыми сделайте стези Ему» – это прежде всего призыв очистить каналы прохождения энергии от момента ее приема из духовного тела до момента ее передачи физическому телу.

поведении. Человек не доходит до Божественного компонента, предполагая, что прагматика исчерпывает всю сложность сообщения.

Однако иногда бывает иначе. При сосредоточенном восприятии, мудром созерцании удается находить в обычных вещах такое тонкое содержание, которое нельзя выразить обычными словами. Это содержание проявляется в тонких (хотя порой и сильных) эстетических переживаниях, ощущении тонких смыслов и т.д.

Эти переживания и являются воздействиями психического тела на духовный мир.

Восприятие духовной энергии, продуктивная пустота

«Духовные воздействия» – это воздействия духовного тела на психическое. Божественный компонент (Воля Божья, Божественная Любовь и т.п.) выражен в них непосредственно и потому более интенсивно.

В результате духовного воздействия резко увеличиваются способности. Человек ощущает, как в него входит Высшая Сила, которая позволяет ему совершать невозможное в обычном состоянии.

Рост способности к пониманию проявляется в открытии «третьего глаза» – расширении и очищении сознания, обострении интуиции, восприятии чистых смыслов, откровений. Мучительные вопросы получают окончательные и совершенно определенные ответы.

Человек испытывает эстетические переживания, недоступные в обычных состояниях, сознание заполняют необычайной красоты образы.

Заполненность Высшей Силой ощущается человеком как поток Божественной Любви, льющийся на него и через него. Это ощущение сопровождает чувство безопасности, уверенности, защищенности.

Чтобы воспринимать духовное воздействие, нужно прочистить каналы, связывающие психическое тело с духовным миром, т.е. предоставить Я-центру психические ресурсы. Для этого нужно выйти из состояния самотождественности и разотождествлением освободить Я-центр – отказаться от «грубых» деятельностей, остановить «грубые» энергетические потоки: прагматические и негативные желания, эмоции, мысли.

Духовному воздействию предшествует «продуктивная пустота». Очищенное от содержания сознание прозрачно, ясно; голова «пустая». Все сосредоточено на обращении за «помощью» (например, «информацией») к Высшим силам, и вот – эта «помощь» («информация») сама заполняет сознание [89].

Духовное содержание «отливается» в те психические формы, которые освобождены для восприятия. Когда человек задает вопрос, он освобождает форму знания, когда хочет увидеть картину или услышать мелодию – форму зрительного или музыкального образа, обрести уверенность – форму уверенности, пережить чувство – форму чувства и т.д. Содержание может «отливаться» в любую форму, в которой человек способен его принять. «Просите, и дано будет вам» – как раз об этом.

Таким образом, к духовному воздействию нужно подготовиться. Кроме состояния продуктивной пустоты, нужна «рутинная» работа по подготовке формы для духовного содержания (например, в научном творчестве – определение неизвестного). Эта работа требует владения формами представления содержания в сознании.

Материализация. Служение. Творчество и любовь

Переход духовных воздействий в психическую форму – только первый шаг в их уплотнении. По мере развития процесса уплотнения духовные воздействия «одеваются» во все более и более «материальные» формы и превращаются в конце концов в физические действия. Так неясное ощущение превращается в мысль, мысль – в словесную форму, словесная форма – в высказывание.

---

[89] В ослабленной форме это явление известно как готовность ответа уже в момент задавания себе вопроса. Ответ нужно «только» сформулировать.

Как и «очистка» физических воздействий, материализация духовных является одной из важнейших функций человека. Деятельность по реализации этой функции можно назвать *Служением*. И любовь и творчество являются формами Служения.

Любовь материализует духовное содержание. Человек трансформирует Божественную Любовь в человеческую любовь.

Воспринятый в духовном воздействии, поток Любви не останавливается в психическом теле, а стремится излиться в физический мир. Поток Любви («чистая» Любовь, или Пра-любовь) приобретает форму любви-отношения. Любовь-отношение оформляется как любовь-чувство. Любовь-чувство – как любовь-действие, т.е. акт любви. Человек в потоке Божественной Любви сам становится ее источником и начинает излучать Любовь на мир. Это излучение проявляется в поведении («добрые дела» [90]), светящихся глазах, создании вокруг себя «атмосферы любви».

Другой формой Служения является творчество.

Творчество, источник которого в духовном мире, легко отличить от творчества с источником в психике. Его содержание аккумулирует духовную энергию, которая сохраняется (хотя бы частично) при оформлении, отмечая произведение печатью гениальности.

Творчество, так же как и любовь, материализует духовное содержание. За высказанной мыслью стоит пра-мысль – идея или с-мысл, за ней – пра-идея и т.д.

Но «мысль изреченная есть ложь» – творческий продукт отличается от за-мысла (про-образа). Мы не знаем, какая музыка звучала в душе Баха, *что* было в душе у Леонардо, когда он писал Джоконду, или у Данте, записывающего «Божественную комедию».

---

[90] Рост мудрости (способности различать добро и зло), сопровождающий восприятие потока Любви (Алиса Бейли называет его «Любовь-Мудрость»), создает предпосылку для материализации любви – со-творения добра.

Отражение духовного потока.
«Третья сила»

Воздействия на духовное тело высших переживаний, полученных при «сверхочистке» физического воздействия, обычно не осознаются как таковые. Однако воздействия на духовное тело могут быть вполне осознанными.

Духовный поток материализуется не полностью. Часть его, наоборот, «дематериализуются» и становится «пищей» духовного тела. Преобразованное в форму мыслей или чувств духовное содержание направляется обратно в духовный мир. Дематериализация проявляется в обращении к Богу: в покаянной, просящей и/или славящей молитве.

Как и поток, идущий от физического мира, духовный поток меняет свое «естественное» направление. Изменение направления в обоих случаях связано с действием «третьей силы».

Наряду с внешними воздействиями (физическими и духовными) психические процессы управляются действием внутрипсихических сил – индивидуальной направленностью. Психическое тело располагает собственной энергетикой – более оформленной (в основном в виде желаний), но не восполняемой энергией личности и менее оформленной энергией сущности, которая восполняется «энергией часовой пружины».

Как прагматическая направленность меняет направление потока «очистки» физического воздействия на его возвращение в физический мир – воплощение в прагматическом поведении, так же и духовная направленность меняет направление духовного потока на его возвращение в духовный мир – дематериализацию в обращении к Богу.

Когда обращение к Богу доминирует в психической жизни, например когда стремление к освобождению сводит всю активность к просьбам к Богу забрать его к Себе, человек отказывается от выполнения своей задачи – быть посредником между духовным и физическим мирами, отказывается от Служения. То же происходит и при «заземленности», когда вся активность состоит в преобразовании физических воздействий в физические же действия.

Впрочем, такие случаи редки. Обычно какими-то сторонами своей деятельности человек передает очищенное им содержание физического воздействия или доставшиеся крохи духовного другому, который продолжает его, соответственно, очищать или материализовывать.

ТИПЫ МЕНТАЛЬНОСТИ

Двухполюсная схема показывает, что за привычными словами «поведение», «мысль», «эмоция» и т.п. может скрываться разное содержание.

Альтруистическое и эгоистическое поведение

Поведение может быть альтруистическим Служением (правая часть схемы), которое материализует (оформляет) духовные воздействия, или эгоистическим, прагматическим (левая часть).

В зависимости от глубины «очистки» материализуемого в эгоистическом поведении содержания можно определить три типа такого поведения.

1. «Полевое поведение» – это непосредственное реагирование на физические воздействия или непосредственная реализация внутренних импульсов.

2. «Эмоциональное поведение» – поведение под влиянием чувства, воплощение этих чувств. Мысль в таком поведении играет подчиненную роль, обосновывая или оправдывая то, к чему толкают чувства.

3. «Рассудочное поведение» [91] – это воплощение сознательно принятых решений о целесообразности, правильности и т.п.

---

[91] Чтобы мысль начала мотивировать поведение, она должна преобразоваться в чувство – желание делать.

Духовные и прагматические мысли и эмоции

Эмоции и мысли выполняют две функции в психических потоках. С одной стороны, они являются продолжением «глаз», органами восприятия. С другой – «руками», органами действия. Эмоции бывают реактивными (от «реакция») и активными. Мысли отвечают не только на вопрос «Что это такое?», но и на вопрос «Что делать?».

Мысль придает действию ориентировку, направление, план, смысл. Эмоция – энергию и опять же направление.

Эмоции могут «смотреть» на мысли («питаться» мыслями), и наоборот. Мысль, наблюдая за эмоцией, о-с-мысляет ее, например изыскивает возможности для устранения причин негативных переживаний и т.д. Эмоция «оживляет» мысль энергией, а иногда и оценивает ее по-своему: как верную, сомнительную, справедливую, интересную, важную и т.п.

Мысли [92] и эмоции, обслуживающие «практическое поведение», отличаются от мыслей и эмоций, работающих на «связь с Небом».

Человек может осмыслять (ощущать) себя в разных системах отсчета (в разном масштабе): аутично, как душу, живущую в теле (организме); как индивида в мире, в котором нужно выживать и/или которым нужно овладеть; как члена группы (например как гражданина страны), который стремится к реализации групповых целей; как частицу Мира – Божье творение, которая должна реализовать свое назначение.

Каждой системе отсчета соответствует свой объем сознания и свой способ осмысления физических воздействий. В первом случае воспринимается только свой мир-организм. Такое восприятие характерно для ипохондрии. Во втором – только прагматическая сторона внешних воздействий. В третьем – также прагматика, но взятая в более крупном масштабе (влияния других групп, культурные и социальные процессы). В четвертом воспринимается Божественный компонент.

---

[92] И в вербальной и в образной (продукты воображения) форме.

Прагматические мысли направлены на осмысление ситуации и возможностей, имеющихся у человека (индивида и/или члена группы).

Реактивные прагматические эмоции являются реакцией на полезность или вредность воздействия (например, приязнь или неприязнь, страх); активные – желаниями.

Прагматические переживания имеют тенденцию к материализации, оформлению в материальную форму.

Воздействие психического тела на духовное осуществляют мысли и эмоции, качественно отличные от мыслей и эмоций, управляющих физическим поведением. Отличие – в их «очищенности» от прагматики.

Такие мысли являются «чистыми с-мыслами», реактивные эмоции – тонкими эстетическими переживаниями, сходными с внутренней музыкой, а активные – устремленностью к духовному миру. Их объект – Дух (Небо, Бог), а субъект – Я-сущностное. То, что на прагматическом уровне переживается как полезное или вредное, приятное или неприятное, на духовном переживается как красивое, мудрое, справедливое и т.п.

УПРАВЛЕНИЕ ПСИХОЭНЕРГЕТИКОЙ

Для управления нужны три вещи: знание настоящего положения дел, знание желательного положения дел и умение переходить от настоящего положения дел к желательному.

Произвольное управление собственной энергетикой начинается с воссоздания «в уме» картины энергетических потоков. Для этого нужен навык самонаблюдения, но даже при его наличии картина обычно мало соответствует реальности, особенно в отношении тонких энергий.

Кроме этой картины, для управления необходимы представления о желательном направлении потоков, которые в свою очередь требуют полного знания о человеке. У «обычного» человека таких знаний нет [93].

---

[93] В эзотеризме считается, что эти знания есть у Посвященных.

Наконец, третий компонент – умения, владение управляющими воздействиями – требует особого разговора.

Некоторые приемы управления нетрудно освоить. Несложно научиться с помощью аутотренинга повышать температуру тела. Известны психотехнические приемы (например, техники осознания) для снижения энергетического потенциала одних представлений и повышения – других. В какой-то мере у «обычного» человека есть возможности для управления своим поведением и эмоциональным состоянием. Наконец, у человека есть возможность искать одни воздействия и избегать других.

Способности к управлению можно наращивать. Это направление очень модно. Многочисленные целители, маги и колдуны стали привычными персонажами нашей жизни.

По-видимому, умению оперировать с тонкими энергетическими потоками можно научиться. По крайней мере есть много «учителей», приглашающих на такого рода «курсы».

Однако здесь необходима осторожность, о которой постоянно напоминают Учителя. Умения без знания могут быть опасными как для самого «управляющего», так и для его клиентов. Само же знание чрезвычайно сложно, и овладение им требует высокого уровня общего (духовного) развития. Необходима готовность к использованию увеличившихся способностей. Процесс подготовки сложный и долгий. Он принципиально отличается от обычного образования. Необходимое знание должно быть *пережито*. А его переживание предполагает коренное изменение всего человека. Обычно, чтобы подготовка была успешной, необходимо внешнее руководство.

Часть 3
ПСИХОЛОГИЯ О ДУХОВНОСТИ

Эта часть посвящена устоявшимся и появляющимся в результате развития психологии интерпретациям четырех групп проявления индивидуального духа: развития, религиозности, любви и творчества.

Глава 9

ПСИХОЛОГИЯ О РАЗВИТИИ

Как много людей воображает, будто они понимают все, что узнают.

«НЕТ» И «ДА» • ПСИХОЛОГИЯ О ФОРМАХ РАЗВИТИЯ • Самоопределение • Нравственный поиск: оценочные шкалы, идеалы • **Познание и понимание. Когнитивный подход** • Категоризация, называние, описание, закономерность • Интерпретация • **РАЗВИТИЕ ПСИХОЛОГИИ И ПСИХОЛОГИЯ РАЗВИТИЯ • Побудительные силы развития • Развитие (поиск) Я •** Самоопределение и спонтанность • Две стадии развития Я • **Нравственный поиск и Совесть • Познание и понимание. Бытийный подход** • Рефлексия и гармония. «Вечный двигатель» • Понимание и живой опыт • Понимание и организация жизни

«НЕТ» И «ДА»

Квант («атом») развития – интервал между двумя ситуациями.

Исходная ситуация «Нет» характеризуется напряженностью, проявляющейся в неудовлетворенности собой (мыслями, чувствами, поступками, делами) или миром (например, не поддающейся решению задачей), в непонимании, неопределенности. Источниками напряженности могут быть вопросы, негативные оценки, отсутствие желаемого[94].

---

[94] Различие между отсутствием желаемого и негативной оценкой условно. Негативная оценка говорит о нереализованности идеала. Отсутствие желаемого влечет негативную оценку ситуации. Различать их позволяет большая активность состояния с лейтмотивом «Хочу!» и меньшая – состояния с лейтмотивом «Плохо!».

Поведение в ситуации «Нет» может быть разным.

Одна возможность — вытеснение, отказ от мыслей «об этом». «Подумаю об этом завтра» героини «Унесенных ветром» — пример такого способа переживания. Если отказ от «неприятных» мыслей становится обычным, круг «запретных» тем растет, а «разрешенных» — сужается, и мир превращается в мирок. Другая опасность вытеснения, тщательно изученная психоаналитиками, — развитие невроза.

Второй вариант — создание замещающей реальности в воображении или в творчестве (яркий пример — произведения Александра Грина).

Третий — переосмысление ситуации «Нет», переход от ее неприятия к приятию или хотя бы к примирению (с собой, людьми, миром и т.д.).

Четвертый (основной для русской культуры) — поиск путей к лучшему, возможностей устранить причину напряженности [95].

Вопросы как источник напряжения ведут к поиску знания (понимания).

Негативные оценки — к поиску лучшего.

Желания — к поиску путей их удовлетворения. В этом случае развитие направлено от «не выходит» к «вышло», если речь идет о деятельности, или от «не имею» к «имею», если речь о вещах, обстоятельствах жизни, состояниях психики и т.п. Самоопределение, поиск Я относится к последнему случаю.

Успешный поиск «улучшает» ситуацию «Нет» и превращает ее в ситуацию «Да» — вторую границу «кванта развития».

ПСИХОЛОГИЯ О ФОРМАХ РАЗВИТИЯ

Самоопределение

Определение своего места в мире психология обычно рассматривает как принятие решения, кем быть — выбор между

---

[95] Для разных людей и разных моментов в жизни одного человека сознательность, произвольность, активность, планомерность и организованность поиска различны.

возможными ролями (прежде всего профессиональными). Соответственно, в качестве центральных факторов самоопределения рассматриваются знание о выбираемых альтернативах и критерии их оценки. Критерии определяются индивидуальной направленностью и способностями.

В процессах самоопределения внимание акцентируется на формировании мировоззрения, направленности и ценностей, а также самопознании – формировании «Я-концепции», и особенно представлений о своих способностях и стремлениях.

Нравственный поиск: оценочные шкалы, идеалы

При анализе нравственного поиска внимание сосредоточено на механизмах оценивания, приписывания свойств, вынесения суждений.

Индивидуальные способы оценивания определяются используемыми оценочными шкалами (конструктами), универсальными (типа «хорошо–плохо» [96]) и узкоспецифичными (например, «похожий на Иван Петровича»).

Шкала «хорошо–плохо» агрегирует частные оценки (субшкалы), такие, как «справедливо–несправедливо», «истинно–ложно», «честно–нечестно», «красиво–безобразно» и т.д. и т.п. «Хорошесть» в целом означает наличие «хороших» и отсутствие «плохих» оценок по субшкалам.

Приписывание знака («хорошо» или «плохо») свойству зависит от используемого для его обозначения слова. Например, «мелкий» указывает на негативную оценку предмета небольшого размера, а «миниатюрный» – на позитивную.

Психолингвистика различает *коннотативный* (оценочный) и *денотативный* (содержательный) компоненты значения. Денотативный компонент не определяет коннотативного, хотя они и слиты в названии свойства. Для большинства содержательных свойств (денотатов) существуют названия как с

---

[96] Негативная оценка указывает на близость к «отрицательному полюсу» шкалы.

негативным, так и с позитивным коннотатом (например, «трусливый» и «осторожный»).

В негативной оценке скрыты две возможности для ее пересмотра.

Во-первых, почти всегда она двойственна – «с одной стороны, это правильно, но с другой – несправедливо, а с третьей – честно, но с четвертой – зло и т.д.». По одним субшкалам объект получает «хорошие» оценки, по другим – «плохие». Вынесение итогового «хорошо» или «плохо» основано на акцентировании одних и игнорировании других сторон вещи. Осознание этого положения дает возможность управлять своими оценками.

Во-вторых, чтобы изменить оценку вещи, не искажая ее свойств, можно заменить названия свойств на аналогичные по денотату, но противоположные по коннотату (например, «трусливый» на «осторожный»).

Среди механизмов оценивания важное место занимает сравнение с *идеалом* – объектом того же класса (неважно, костюмом, красотой или везением), имеющим максимально положительную оценку.

Формируются идеалы по-разному.

Иногда идеалом становится воспоминание, из которого удаляются «отрицательные» и оставляются только «положительные» качества.

Иногда идеал создается «теоретически». У разных однотипных вещей берутся их положительные качества, от каждой – свое, и объединяются в умственной конструкции. Такую работу проделывает героиня гоголевской «Женитьбы».

Иногда в качестве идеала берется образец, заимствованный из книг, газет, фильмов и т.п.

Познание и понимание.
Когнитивный подход

Процессам познания академическая психология уделяет большое внимание. Целая отрасль (когнитивная психология) занимается познавательными процессами, и в том числе пониманием.

Для когнитивной психологии понимание – это включение явления в систему контекстов, его «увязка» с другими явлениями с помощью интерпретирующих систем.

Понимание основано на определении свойств явления и его связей с другими явлениями, например связей «элемент–множество» (категоризация) и «причина–следствие».

Категоризация, называние, описание, закономерность

Чаще всего *категоризация* происходит в форме называния (присвоения имени) и/или описания явления. При назывании явление относится к категории явлений, имеющих определенное имя и соответствующие этому имени общие свойства. Называние основано на установлении сходства свойств называемого явления и явлений, входящих в категорию одноименных.

Категоризация превращает конкретное явление в проявление абстрактного объекта, одновременно активируя знания об абстрактном объекте (структуры, в которые он включен) и, в частности, его оценки. Активированные структуры задают контекст осмысления.

При категоризации (назывании) явлению приписываются все родовые свойства одноименных явлений, безотносительно к тому, насколько их наличие установлено независимым (опытным) путем.

Описание построено на определении связанных с явлением вещей (например, его частей или функций), назывании этих вещей, их свойств и связей (между собой и с явлением).

Когда пространственная или временная связь между явлениями, имеющими одно имя, и явлениями, имеющими другое имя, повторяется, эта связь приобретает статус *закономерности*. Закономерности позволяют по одним явлениям прогнозировать появление или устанавливать наличие других.

Интерпретация

Среди знаний, которые активирует категоризация, есть и закономерности, в которых участвует одноименный с явлением абстрактный объект. Эти закономерности часто выступают как объяснения явления.

Включение явления в *интерпретирующую систему* (интерпретация) заключается в установлении его связи по типу «явление – про-явление сущности». «Сущностью» могут быть любые закономерности (природы, общественной или психической жизни и т.п.): Воля Божья, жизнедеятельность микробов или физиологическое воздействие рентгеновских лучей, намерения других людей, действие комплексов, влияние звезд, судьба, законы кармы и т.д. и т.п.

«Сущностей» меньше, чем явлений, и каждая проявляет себя в множестве явлений. Хотя «сущности» недоступны непосредственному восприятию, они позволяют объяснять мир и создать по меньшей мере видимость понимания.

Качество подобных объяснений определяется возможностью на их основе предсказывать явления и/или управлять ими. Если такая возможность есть, предполагается, что существует и «сущность».

РАЗВИТИЕ ПСИХОЛОГИИ И ПСИХОЛОГИЯ РАЗВИТИЯ

«Психологией развития» называется отрасль психологии, изучающая освоение ребенком в процессе взросления некоторых культурных форм психической жизнедеятельности – умений (таких, например, как категориальное мышление) и продуктов культуры – знаний.

Такой статус показывает только ограниченное признание академической психологией роли развития в отношении определенного возрастного интервала и определенных сторон психики.

Тот факт, что любые психические явления (эмоции, мотивы, ценности и т.д. и т.п.) суть процессы и/или результаты развития, фактически игнорируется. Вся психология должна была бы быть психологией развития. Но, чтобы стать таковой, она сама должна развиваться.

В современном состоянии психология мало что может сказать о развитии как форме жизни индивидуального духа – о духовном развитии. Больше можно понять, если подойти к духовному развитию с точки зрения перспектив развития самой психологии.

Побудительные силы развития

Центральный вопрос психологии развития – о побудительных силах развития, о том НЕЧТО, *что* движет жизнедеятельностью, направляет и управляет ею, *что* ведет человека к Богу и не дает духовно умереть.

«Энергетические» понятия академической психологии недостаточны для понимания этого вопроса. Понятия «мотив» и «потребность», претендующие на обозначение источника энергии, с одной стороны, и «направленность», «ценности», «интересы» и т.д., претендующие на обозначение «направляющей (управляющей) силы», – с другой, статичны и пассивны, в то время как реальные источники энергии и реальное управление динамичны и активны, как активна (спонтанна, самопроизвольна) реальная психическая жизнедеятельность.

Развитие (поиск) Я

Развитие Я имеет две стороны: собственно *становление* сущностного Я – устойчивого центра, ответственного за рефлексию и волевое управление – «хозяина», и *самоопределение* – определение границ между своим (Я) (своими ролями, областью верований, областью значимого, областью желаемого и т.п.) и чужим (не-Я), а также отношения Я к не-Я.

Самоопределение и спонтанность

Психологические представления о самоопределении редуцированы до принятия определенных (в основном профессиональных) ролей. Но и в этом аспекте они несколько механистичны. Это проявляется в прогнозировании профессиональной успешности.

Например, тщательно измерив способности и интересы, мы прогнозируем успешность подростка в медицине. Но в одну прекрасную ночь он видит во сне себя архитектором и – ничто не в состоянии его остановить – становится архитектором.

Очевидно, выбор жизненного пути определяется не только наличными представлениями и направленностью. В принятии решения об отождествлении с определенной ролью или жизненной задачей присутствует и иной (более «мистический») момент притяжения. Определенные роли и задачи притягивают к себе человека так же, как его притягивает возлюбленный. Чтобы быть успешным профессионалом, прежде всего необходимо любить свое дело. «Любить» здесь – не метафора.

Две стадии развития Я

В своем развитии сущностное Я проходит две стадии.

Первая связана с развитием *рефлексивности* и *произвольности*, выделением Я из мира.

В начале этой стадии при отделении Я от своих действий и качеств пробуждается *ирония*.

Без иронии человек подобен сундуку, заполненному вещами. Для новых нет места, а старые портятся сами и портят вещи, лежащие рядом. Новые вещи класть некуда (впечатления не воспринимаются), а если и удается их запихнуть, то они могут только бесполезно храниться – воспользоваться ими нельзя (впечатления утрачивают способность к взаимодействию с образом мира). Отсутствие иронии исключает отказ от чего бы то ни было.

Ироническое отношение снижает значимость вещи и облегчает отказ от нее. Ирония позволяет перетряхнуть и проветрить сундук, выбросить лишнее, починить ценное, найти применение бесполезно хранящемуся.

Но ирония подобна огню или скальпелю. Возведенная в абсолют ирония уничтожает любые ценности. Перетряхивая сундук, важно не «выплеснуть с водой ребенка». В развитии Я человек опирается на иронию, чтобы в конечном итоге отказаться от нее.

Чтобы сущностное Я стало Хозяином, ему нужны «настоящие» (живые) знания. Их Я получает, проживая свой опыт.

Стадия укрепления (кристаллизации) Я связана с функцией выживания. Кристаллизованное Я способно позаботиться об индивиде, обеспечить ему приемлемые условия существования, придать устойчивость его взаимоотношениям с миром.

Кристаллизованное Я – субъект любви.

Вторая стадия состоит в *уничтожении Я* при соединении с Мировым Духом («ненавидящий душу свою в мире сем сохранит ее в жизнь вечную») [97]. Для жизни в Духе Я не нужно. Более того, оно мешает. Радость – основное проявление духовного бытия – нерефлексивна: рефлексия убивает радость.

На второй стадии человек избавляется от желаний («очищается») [98] и «предается в руки Господа». Но, чтобы пройти вторую стадию, нужно состояться как Я.

Таким образом, человек от состояния, когда он не выделяет себя из мира, через противопоставление себя материальному миру приходит (может прийти) к слиянию с духовным миром.

Нравственный поиск и Совесть

Центральная проблема в стремлении к «хорошему» – это знание «хорошего». Недостаток обычных источников такого знания (мнения окружающих, книги и т.п.) – в их противоречивости. Следуя таким представлениям о «хорошем», человек обрекает себя на то, что, поступая «хорошо» с одной точки зрения, он поступает «плохо» с другой. Например, оставаясь честным, приходится быть бестактным. Нравственный поиск при постоянном экспериментировании с собственной жизнью (и жизнью окружающих в той степени, в которой они связаны с

---

[97] И христиане («если [зерно] умрет, то принесет много плода»), и суфии («чтобы родиться, человек должен умереть, но чтобы умереть, он должен пробудиться») эту стадию называют смертью.

[98] Характерная черта развития – отрицание наличного в пользу будущего. Чтобы взойти на следующую ступень, нужно отказаться от имеющегося достояния – ценностей, знаний, смыслов, отношений, нравственных принципов, эстетических форм.

экспериментирующим) превращается в погоню кошки за собственным хвостом.

Невозможность рационально определять правильное («хорошее») поведение отчасти компенсируется *совестью* – способностью эмоционального реагирования и регулирования поведения [99] в соответствии с нравственным законом. Совесть проявляется в нравственных чувствах – чувстве вины, правоты и сомнений в правоте, справедливости и т.п.

Представления о природе нравственного закона можно свести к двум гипотезам. Первая, более близкая к официальной науке состоит в том, что нравственный закон представляет собой психическое образование – результат усвоения существующих в культуре этических норм – представлений о «хорошо» и «плохо». Совершению «плохого» («запрещенного») поступка предшествует появление чувства вины, запрета, преодоление которого требует волевого усилия. И наоборот, «хорошие» поступки содержат в себе дополнительную «мотивацию предписанности».

То, что в механизмах нравственных чувств задействованы усвоенные этические предписания, не вызывает сомнений. Более спорно то, что наличием этих предписаний все и ограничивается.

Довольно часто человеку «вдруг» становится ясно, *что* он должен делать. Иногда «предписанное» таким внезапным озарением поведение противоречит обыденным нормам морали. Не согласуется оно и с «внутренними импульсами» к реализации присущих человеку потребностей. И тем не менее оказывается, что «предписанное» поведение было единственно правильным в долгосрочной перспективе.

Все это наводит на мысль о существовании еще одного Источника знаний о том, как жить. Этот Источник может быть назван *объективным Нравственным Законом*. Умение понять требования Нравственного Закона позволяет принимать

---

[99] Время для управления поведением часто недостаточно для медленной мыслительной регулятивной системы. Поэтому необходимо привлечение более быстрой эмоциональной регуляции. Часто эмоция полней «суммирует» разные аспекты ситуации, что делает эмоциональную «итоговую оценку» более точной.

безупречные решения. Проблема лишь в том, чтобы суметь обратиться к Нему.

Умение получать достоверное знание о «хорошем», «правильном», не заимствуя его у окружающих, во многом сходно с другими умениями вступать в контакт с духовным миром и основано на интуитивной способности, которую можно назвать **Совестью**. В рамках академической, «эгоцентрической» модели функционирования психики Совесть можно объяснить только «мистически».

Двухполюсная модель дает возможность приблизиться к пониманию Совести. В рамках этой модели знание о «хорошем» для себя и для данной ситуации человек получает из духовного мира посредством деятельности духовного тела – Я-центра.

Познание и понимание. Бытийный подход

Рефлексия и гармония. «Вечный двигатель»

Стремление к гармонии управляет всеми формами духовного развития. Наиболее рельефно оно проявляется в поиске знания, работе мысли.

Познание включает постановку вопросов и поиск ответов. Стремление индивидуального духа к *рефлексии*, проявляющееся в интересе, любознательности и т.п., создает в модели мира напряженность, которая проявляется в недоумении, непонимании, ощущении противоречия и т.п. Напряженность приводит к постановке вопросов.

В ответах на вопросы реализуется стремление индивидуального духа к *гармонии*. Ответы снимают напряженность в модели мира, делают ее более гармоничной. Эта гармония переживается как логическая цельность, понятность, иногда – как красота.

В познавательной деятельности два атрибута индивидуального духа – стремление к рефлексии и стремление к гармонии – работают в противоположных направлениях, образуя своего рода «вечный двигатель».

Понимание и живой опыт

«Когнитивный» подход к пониманию не отражает связи понимания с бытием, например того, что для понимания необходимо явление *прожить* (воспроизвести внутри себя). Понять можно только то, что пережито лично. Например, чтобы понять человека, необходимо уметь пережить (воспроизвести) его переживания, т.е. обладать тем же опытом.

Знание существует в двух формах: *вербальной* (словесной) и *наглядно-образной*. Вербальное знание фиксирует свойства вещи и ее связи с другими вещами в форме связи между понятиями. Однако эти свойства и связи всегда отражают только одну сторону явления, только часть свойств и отношений вещи с другими вещами. Разнообразие свойств и особенно связей чрезвычайно велико. Еще больше разнообразие словесных формулировок, но все они односторонние.

Хотя односторонность вербального знания и дает возможность акцентировать внимание на «самых важных» свойствах, вместе с тем она «омертвляет» знание. Фиксация связей в словесной формуле делает вербальное знание статичным. Оно не отражает изменчивости вещи, ее «живости», способности к развитию и в этом смысле только относительно адекватно предмету.

Образное знание, являясь «живым слепком» вещи, сохраняет ее жизненность (активность и изменчивость).

Когнитивный подход, увязывая понимание с вербальным знанием, делает упор на понимание мертвого. Такое «понимание» поверхностно и требует постоянного углубления путем расширения числа словесных формулировок, описывающих вещь.

Бытийное понимание дает возможность познать вещь во всем ее разнообразии и изменчивости.

Понимание как «сущность переживаний, лично испытанных» отличается от «чисто теоретического» знания. Невозможно составить представление о человеке, картине или стране по рассказам о них. «Лучше один раз увидеть, чем сто раз услышать». Для понимания необходимо знание определенного рода – живое, опытное, пережитое. Такое знание отличает достоверность, вера. Наличие «живого знания» свидетельствует о глубоком понимании и позволяет отвечать на любые вопросы о вещи.

Бытийное понимание – это установление не просто связи между понятиями, а связи, имеющей прототип в личном опыте, т.е. пережитой, знаемой и узнаваемой. Этим понимание отличается от пустого «умничанья». Результат понимания – не только в гармонизации модели мира, но и в структурировании (осмыслении) собственного опыта.

С точки зрения когнитивного подхода понимание сугубо индивидуально. Одно и то же явление разные люди понимают по-разному. Например, полученная двойка для школьника – свидетельство его лени или угроза неприятностей – выговора родителей, оставления «на второй год» и т.п. Этот же факт родители могут понять как проявление их «родительской несостоятельности».

Суфии же утверждают невозможность различных пониманий одного явления. Бытийный подход отвергает когнитивистское отождествление «понимания» и «интерпретации» («толкования»). Действительно, если понять явление – значит пережить его (воспроизвести внутри себя), то ясно, что разные воспроизведения одного явления совпадают между собой настолько, насколько они совпадают с их прототипом. Полное понимание означает полное воспроизведение. Поэтому любые два полных понимания одинаковы.

Противопоставление когнитивного и бытийного подходов к пониманию не абсолютно. По мере углубления в предмет и рассмотрения все новых и новых его сторон представления «оживают». И наоборот, наличие живого образа создает предпосылки для его анализа.

Понимание и организация жизни

Второй момент, в котором бытийный подход расходится с когнитивным, – это контекст, в котором проходит работа понимания. Когнитивный подход не акцентирует внимание на функциях понимания. Для бытийного подхода работа понимания – часть жизнедеятельности, играющая роль инструмента по отношению к другим ее частям.

Разные словесные формулы в разной степени «полезны». Знание массы разрозненных фактов о вещи не гарантирует умения с ней работать, а одной формулировки часто бывает достаточно.

Понимание не средство для удовлетворения праздного любопытства. *Понять – значит научиться делать* [100], а чтобы научиться делать что-то по-настоящему, надо понимать, *что* делаешь.

«Чистое понимание» – абстракция. Понимание всегда «загрязнено» стремлением соотнести явление со своей жизнью (целями, желаниями и т.п.). Это низводит роль «теоретических» вопросов до вспомогательной по отношению к «практическим». Так, за во-просом «Что это такое?» встает вопрос «Что из этого следует?», который обычно оказывается вопросом «Как это соотносится со мной, моими планами, задачами и т.п.?».

Понять можно только то, что нужно для организации жизни. Понятое используется в жизни, и только то, что будет использовано в жизни, может быть понято. Этим важны вопросы «почему?». Ответы на них проясняют, в силу каких причин возникает явление, и открывают возможность для управления им.

---

[100] Это утверждение, очевидное для мастеров – от рабочих до конструкторов, неочевидно для многих «теоретиков».

Г Л А В А 10

ПСИХОЛОГИЯ ОБ ИНДИВИДУАЛЬНОЙ РЕЛИГИОЗНОСТИ

Хромой, ковыляющий по дороге, опередит скорохода, бегущего по бездорожью.

ОБРАЗ БОГА В МОДЕЛИ МИРА • ПОТРЕБНОСТЬ В ДУХОВНОМ • Духовная смерть как результат фрустрации потребности в духовном • ПСИХОЛОГИЧЕСКИЕ ИНТЕРПРЕТАЦИИ КОНТАКТА • ПРОБЛЕМЫ • Механизмы восприятия. Путь • Перспективы атеистической психологии религии

С формами развития, в которых доминирует тяга к духовному, – богоискательством, стремлением к Контакту – психология старается не иметь дела.

То немногое, *что* академическая психология может сказать о религиозной жизни, оставляет больше вопросов, чем дает ответов.

ОБРАЗ БОГА В МОДЕЛИ МИРА

В модели мира наряду с «обычными» присутствуют представления о «сверхъестественных» сущностях: Божественных – Боге, Ангелах, Архангелах; «антибожественных» – дьяволе и «его команде»; прочих – духах, привидениях и др. Часто образы этих сущностей антропоморфны.

Бог может мыслиться как одна (монотеизм) или множество (политеизм) сущностей. Сущности могут быть локализованы в пространстве и времени или всеобъемлющими и вездесущими (пантеизм).

Представления о сверхъестественных сущностях включают законы их взаимодействия с объектами небожественной природы (в том числе и с человеком – субъектом психики).

Сверхъестественные сущности имеют «официальную» историю (например, изложенную в Священном Писании) и «онтогенетическую» историю формирования представлений о них (рассказы родителей и учителей, чтение книг и т.п.). Последняя включает и историю индивидуального общения с Богом – опыта непосредственного Контакта.

Как и другие компоненты модели мира, образ Бога слит с отношением к Богу. Важнейшая модальность этого отношения – вера. Образ Бога присутствует в модели мира и атеиста и богослова, но у первого он имеет статус вымышленного персонажа (такого же, как литературные герои), а у второго – реальной Сущности.

В модели мира религиозного человека образ Бога играет особую роль – придает ей логическую завершенность и в этом смысле – гармонию.

ПОТРЕБНОСТЬ В ДУХОВНОМ

Стремление к Контакту можно интерпретировать как потребность, врожденную или приобретенную, которая при отсутствии Контакта фрустрирована. При фрустрации поведение направлено на поиск предмета удовлетворения потребности. В восприятии это выражается в селективности – нацеленности на узнавание духовного в форме истины, красоты, тайны, любви, доброты или в какой-либо иной.

При удовлетворении духовной потребности человек приобретает опыт «сопричастности» (мысли, представления, смыслы, стремления, желания и т.п.), в котором «кристаллизован» дух. Энергетический заряд «кристаллизованного» духа может быть назван *духовным потенциалом*.

Духовная смерть как результат фрустрации потребности в духовном

Вытеснение или сублимация неудовлетворенной духовной потребности ведет к прекращению «духовной части» психической жизнедеятельности.

Вытеснение может быть результатом биографических обстоятельств (например, воспитания), вследствие которых человек не был включен в духовную жизнь. Частая причина сублимации (превращения потребности в духовном в другие потребности) – непродуктивность духовной работы, отсутствие результатов с достаточным потенциалом для дальнейшего развития. При этом срабатывают адаптационные механизмы, вытесняющие духовную жизнь из общего строя психической жизнедеятельности и заменяющие ее деятельностями, в которых человек более успешен.

Прекращение духовной жизнедеятельности бывает и необратимым и обратимым. В первом случае можно говорить о *духовной смерти*. Во втором, когда сохраняется возможность включения в духовную жизнь при благоприятных обстоятельствах, – о *духовном сне* [101].

ПСИХОЛОГИЧЕСКИЕ ИНТЕРПРЕТАЦИИ КОНТАКТА

Определение религиозной жизни как общения с Богом ставит в центр проблематики психологии религиозности состояния Контакта – обращения, озарения, вдохновения и т.д.

Реальность феноменов Контакта не вызывает никаких сомнений. Однако интерпретируют их по-разному.

С религиозной точки зрения Контакт – это взаимодействие Бога (Духа) в человеке с Абсолютным Духом.

Атеистически настроенных психологов такая интерпретация не может удовлетворить, и они пытаются

---

[101] Мы не знаем, связана ли необратимость с биографическо-событийной «не- удачливостью», когда не находится того, кто помог бы «пробудиться», или изменения необратимы принципиально.

объяснять Контакт с позиций психологии воображения, психологии бессознательного или с позиций патопсихологии.

При подходе с позиций психологии воображения исходный постулат состоит в том, что драма общения с Богом разыгрывается исключительно на подмостках внутренней модели мира в результате работы воображения.

Другой подход (которому следует, несмотря на большое научное мужество и честность, В. Джемс) состоит в том, чтобы «поселить» Бога в бессознательном. Состояние Контакта означает переход Божественного содержания (Содержания) из бессознательного в сознание.

Главная трудность этого подхода – в том, что он не позволяет ответить на вопрос, как Содержание попадает в бессознательное. Трудно согласиться с тем, что Содержание присутствует в бессознательном постоянно («от рождения»). При той энергетической заряженности, которую описывают пережившие Контакт, Содержание должно было бы постоянно проникать в сознание в той или иной форме (например, в сновидениях).

При еще одной интерпретации Контакт считается проявлением патологии. Основанием для этого служит сходство описаний Контакта с описаниями *галлюцинаций*.

Конечно, такое редкое явление, как Контакт, нельзя отнести к *статистической норме*.

Кроме того, Контакт происходит «на фоне» (и является кульминацией) духовной деятельности, которая, по определению, *неадаптивна* [102]. Неадаптивность духовной деятельности сближает ее с проявлениями психопатологии [103].

Однако называние («обзывание») ярких проявлений индивидуальной религиозности «патологическими» только подменяет их понимание. Создавая иллюзию понимания, оно не снимает вопроса об их происхождении.

Патопсихологию мало интересует содержание галлюцинаций. Вместе с тем в некоторых галлюцинациях наряду с трансформациями навязчивых или сверхценных идей

---

[102] Ее отличает свобода, в том числе от социальных требований.

[103] Основание для психопатологического диагноза – неспособность к успешной социальной адаптации. Если адаптация возможна, речь скорее пойдет об эксцентричности, странностях, непохожести на других.

есть и содержание, которое трудно объяснить с позиций естественно-научного мировоззрения.

Наконец, еще В. Джемс, критикуя патопсихологический подход, резонно заметил, что акцентуации людей, склонных к переживанию «мистических» состояний, еще ничего не говорят о природе их переживаний.

ПРОБЛЕМЫ

Готовой психологии религиозности нет. Насколько она возможна?

Ответ зависит от того, смогут ли психологи смело и честно отнестись к проблемам, которые здесь возникают, или будут продолжать делать вид, что этих проблем нет. Они есть. Но их анализ (а часто – и просто признание) требует большого мужества.

Механизмы восприятия. Путь

Если считать Контакт фазой «слушания» в общении с Богом, то центральный вопрос при этом – о механизмах «восприятия». Он тесно связан с вопросом о «парапсихологических» способностях.

До недавнего времени академическая психология старалась не замечать феномены «сверхвосприятия» (телепатии, ясновидения и т.п.). Это самый простой путь, но он ведет в никуда.

Очевидно, что появление «сверхвосприятия» у человека, не обладавшего им, – результат внутренних изменений, иногда непроизвольных, а иногда и вполне намеренных и осознанных. Опыт Контакта закрепляет эти изменения [104], но сами они предшествуют Контакту.

Прежде чем стать постоянными и явно выраженными, сверхспособности длительное время появляются эпизодически и в очень ослабленной форме [105]. Например, многие

---

[104] Контакт формирует и способность к переживанию Контакта.

[105] В обычном состоянии внутри «обычного» человека все так шумит, что слабые воздействия почти не ощущаются.

рассказывают об эпизодах, когда у них проявлялись способности к телепатии или предвидению.

В частности, сверхспособности проявляются в переживании очень слабых «странных» эмоций (например, таких, как уже упоминавшееся в связи с особенностями детского восприятия переживание «чьего-то присутствия»). Игнорируя изучение качественного состава таких слабых эмоций, психология эмоций сильно обедняет свой предмет.

Контакт – конечное звено цепи промежуточных *состояний* *Работы,* которые могут осознаваться или не осознаваться как таковые. Память о предшествующих Контакту моментах содержит «учебный материал» для научения произвольно приходить к Нему.

Вопрос о достижении «конечных» состояний через цепь «промежуточных» (в эзотеризме его называют *вопросом о Пути*) – центральный во всех эзотерических учениях (христианских мистиков, еврейских каббалистов, индийских йогов, суфиев) – должен стать и центральным для психологии религиозности.

Удивительно и очень значимо то, что пути разных эзотерических учений в основных моментах оказываются одним и тем же Путем. Его центральными моментами являются отказ от желаний [106] (в том числе и от желания познания), сосредоточение на идее (образе) Бога, отказ от значимости своего Я, предание себя Богу. Молитва и/или медитация – основной «прием», ведущий к Богу. Для христиан (особенно протестантов) существенный момент Пути – переживание своей греховности, ничтожества. Момент, который восточные Учителя отмечают чаще христианских, – постепенность (по-ступенность) Пути. Человек последовательно проходит через разные стадии (их число может доходить до десяти), каждая из которых характеризуется своим уровнем достижений.

Чтобы психология индивидуальной религиозности стала возможной, она должна **глубоко** понять эзотерические практики Пути.

---

[106] Роль аскетизма в достижении Бога оценивается неоднозначно.

Перспективы атеистической психологии религии

Главное, что мешает развитию психологии религиозности, – это боязнь признать объективное существование Бога. Последние 150–200 лет такое признание требует от ученого не меньшего мужества, чем отказ от него требовал от наших предков. Книга В. Джемса «Многообразие религиозного опыта», написанная 100 лет назад, показательна в этом отношении.

Складывается парадоксальная ситуация. С одной стороны, есть несомненный, наблюдаемый в состояниях Контакта факт общения с Богом – Тем, что превосходит Я, дает Я не достижимые обычным путем силу, уверенность, знание и т.д. С другой – с упорством, достойным лучшего применения, ученые-атеисты продолжают утверждать, что Бога нет.

Есть несколько причин, как чисто рациональных, так и скорее эстетических, которые мешают присоединиться к сторонникам атеизма в психологии религии.

Хотя логически интерпретации религиозных состояний с позиций психологии бессознательного, или с позиций патопсихологии, или с каких-либо еще «рационалистических» позиций кажутся безупречными, они не способны ответить на центральный вопрос: *что нового (!), не бывшего в нем ранее получает человек в состоянии Контакта, откуда и посредством каких агентов?*

Неуязвимость для критики последовательных психологов-атеистов сродни неуязвимости последовательных солипсистов, взгляды которых неопровержимы, но бесполезны и безжизненно-неестественны. Атеистический взгляд на состояния Контакта лишен красок жизни, того привкуса истины, без которого самое безупречное логическое построение оказывается пустым формализмом.

Традиционная психология религии, сохраняя верность атеистическим и «материалистическим» принципам, не имеет перспективы.

Однако измена атеистическому научному мировоззрению – слишком кардинальный шаг для одной «научной» отрасли и тем более подотрасли. Развитие психологии религиозности не может быть только внутрипсихологической задачей. Принятие картины мира, на которую намекают эзотерические учения, которая существенно отличается от общепринятой и которая (это нужно честно признать) содержит более широкие объяснительные возможности, ведет к радикальному изменению всего научного мировоззрения.

Глава 11

ПСИХОЛОГИЯ О ЛЮБВИ

Разве можно понять что-нибудь в любви?

ПОЛИСЕМИЯ • «ЛЮБОВЬ» В ПСИХОЛОГИИ: ДЕЯТЕЛЬНОСТЬ, ЧУВСТВО, ВЗАИМООТНОШЕНИЯ И ОТНОШЕНИЕ • ПСИХОЛОГИЯ О ЛЮБОВНЫХ ВЗАИМООТНОШЕНИЯХ. СТЕНА • ЛЮБОВЬ КАК ОТНОШЕНИЕ • Модель Осгуда • «Преобразующая» и «принимающая» активность • Позиция и расстояние • ВОПРОСЫ • Любовь и алчность • «Нити любви» • Я и не-Я. Одиночество • Я и не-Я. Смысл • Развитие и привязанность • Энергетика любви • Две энергии человеческой любви • Восприятие и излучение любви. Добро и зло • «Очистка» Любви из нелюбви

ПОЛИСЕМИЯ

На том, что любовь составляет сердцевину духовности, сходятся все пишущие о духовности.

У слова «любовь» много значений. Родительско-детская, супружеская, романтическая. «И божество, и вдохновенье, и жизнь, и слезы, и любовь». «Румынский офицер за любовь денег не берет». «Любовь, что движет солнце и светила». «...Любит ли он поросят? И если да, то КАК он их любит?». «Часовые любви». «Вы любите помидоры? – Кушать – да, а так – нет». «Исчезает одиночество, возвращается любовь». «Петя любит кататься на коньках, а Вася любит деньги». «Я люблю, я хочу его».

Что общего в этой смеси «высокого» и «низкого»? И что такое «духовная любовь»?

«ЛЮБОВЬ» В ПСИХОЛОГИИ: ДЕЯТЕЛЬНОСТЬ, ЧУВСТВО, ВЗАИМООТНОШЕНИЯ И ОТНОШЕНИЕ

В психологическом языке «любовь» также имеет несколько значений.

Самое редкое [107] – *любовь-деятельность* (поведение), мотивированная отношением любви (желанием близости и добра для объекта любви). Пример любви-деятельности – сексуальное поведение. Другой – забота.

Чаще любовью называют состояние, чувство любви – романтическую влюбленность, материнскую любовь и т.д. Любовь как *чувство* – это сосредоточение на объекте любви и направленный поток позитивного отношения, излучаемый на объект.

Любовью называют и любовные *взаимоотношения*. Им посвящено большинство эмпирических исследований любви.

Наконец, теоретически наиболее изучена любовь как *отношение* человека [108].

ПСИХОЛОГИЯ О ЛЮБОВНЫХ ВЗАИМООТНОШЕНИЯХ. СТЕНА

Сотни работ по факторам, определяющим привлекательность в межполовых взаимоотношениях, успешность супружеских и

---

[107] Я встречал это значение только в малоизвестной статье В.Ф. Моргуна.

[108] Более широкое (метафизическое) понимание любви как отношения одной вещи в мире к другой, например любовь черта к грешникам или любовь котов к сметане, выходит за рамки психологии.

родительско-детских взаимоотношений и т.п., оставляют впечатление выхолощенности предмета.

При академическом подходе любовь (само словосочетание звучит довольно дико) вырвана из контекста жизнедеятельности, оторвана от целостного понимания человека[109].

Любовь в психологии безжизненна, статична. Она не развивается. Не многие психологи это понимают и стремятся оживить любовь. Но стоит им приблизиться к тому, *что* делает любовь любовью, они застывают как перед невидимой стеной, не смея двинуться дальше[110]. Неудивительно – дальнейшему движению препятствуют все метотодологические принципы научной психологии.

ЛЮБОВЬ КАК ОТНОШЕНИЕ

В узком смысле отношение любви направлено на человека противоположного пола (романтическая любовь) и реализуется в сексуальном поведении. При широком понимании любовь может быть направлена и на Бога, и на страну (любовь к родине), и на людей (необязательно другого пола и необязательно связанная с сексуальным поведением – любовь к своему народу или родительская любовь), и на природу, и на...

Какие свойства специфичны для отношения любви?

Модель Осгуда

Ч. Осгуд выделил три свойства, которые позволяют объяснять бо́льшую часть различий между отношениями, – *активность, сила* и *оценка.*

Активность характеризует деятельный характер отношения. Сила – субъктивную значимость, важность объекта для

---

[109] Рассмотрение любви в контексте репродуктивного поведения сокращает, но не ликвидирует этот разрыв.

[110] Например, Л.Я. Гозман в книге «Психология эмоциональных отношений», рассматривая факторы, влияющие на формирование любви, и показывая их недостаточность для понимания, приходит к таким понятиям, как «духовная близость», «личностный рост» и т.п. И... останавливается.

субъекта на одном полюсе и безразличие на другом. Оценка – позитивность (положительная оценка) или негативность (отрицательная оценка) отношения.

Если считать, что каждое из выделенных Осгудом свойств может быть или выраженно, или невыраженно, все отношения можно разделить на восемь (два в кубе) классов [111].

Виды отношений по Осгуду

Свойства отношения			Название отношения
Активность	Сила	Оценка	
-	-	-	Неприятие
-	-	+	Приятие
-	+	-	Страх, отвращение
-	+	+	Бездеятельная («созерцательная») любовь
+	-	-	Презрение
+	-	+	Активное приятие
+	+	-	Ненависть
+	+	+	Любовь, алчность

Из таблицы видно, что отношение любви характеризуют два свойства: позитивность оценки (ценность) и сила (значимость, важность). Антагонисты любви по первому свойству – ненависть, страх и отвращение. По второму – приятие (как

---

[111] Если предположить, что каждое свойство принимает три значения: выражен один полюс, выражен противоположный полюс и не выражен ни один из полюсов (например, оценка может быть «хороший», «плохой», «никакой»), количество классов будет три в кубе – 27. Аналогично, «дробя» выраженность свойств, можно строить и более дифференцированные классификации, но по сравнению с простейшей схемой из восьми классов они мало что добавляют к пониманию вопроса.

активное, так и пассивное): позитивное, но безразличное отношение. По обоим одновременно – презрение и неприятие: соответственно, более и менее активный безразличный негативизм.

Активность в форме влечения (стремления быть вместе) и заботы (стремления сделать добро) характерна для «деятельной» любви. Об этом говорят реакции любящего (жениха, сына, мужа, ученика) на разлуку с любимым (невестой, родителями, женой, учителем) и/или на его неприятности.

Но иногда значимое позитивное отношение лишено активности. Так происходит при «созерцательной» любви, когда человек наслаждается чем-то, но не предпринимает шагов для сближения. Этим «чем-то» может быть и другой человек, но чаще созерцательно любят предметы искусства, природу и другие вещи, которые «больше» человека.

«Преобразующая» и «принимающая» активность

Модель Осгуда не позволяет различать деятельную любовь и алчность. Правда, и в языке они часто неразличимы. Чтобы приблизиться к пониманию «духовной любви», которая «движет солнце и светила», нужно отделить любовь от алчности. Сделать это позволяет анализ такого атрибута любви, как *активность*.

Активность бывает двух видов: «преобразующая», направленная на изменение объекта, и «принимающая» объект таким, каков он есть [112]. Различие между ними видно на примере проявлений активности любви: стремления быть вместе и стремления делать добро.

«Быть вместе» можно со-существуя и обладая. Делать добро можно помогая, т.е. меняя обстоятельства жизни

---

[112] В знаменитом «Философы лишь... о б ъ я с н я л и мир, но дело заключается в том, чтобы и з м е н и т ь его» выражена квинтэссенция этого различия.

любимого или изменяя его самого (например, воспитывая или перевоспитывая).

В первом случае объект для субъекта – активный, динамичный, жизненный, свободный. Во втором, наоборот, – пассивный, статичный, безжизненный, несвободный. В первом случае право объекта на автономию признается, во втором – нет.

К противопоставлению «преобразующего» и «принимающего» близки еще несколько дихотомий: «приобретательство (стремление к обладанию) – самоотдача», «финальность – инструментальность» [113], «корысть – бескорыстие», «эгоизм – альтруизм».

Позиция и расстояние

В психологии известны еще два свойства отношений, полезные для понимания различных форм любви [114].

Первое – позиция в отношении («снизу» или «сверху»). По этому признаку различают любовь ребенка к родителям и любовь родителей к ребенку.

Одни вещи в мире воспринимаются как «большие», другие – как «маленькие». Это различие не связано напрямую с геометрическим размером, возрастом, силой и т.д., хотя любое из этих качеств может стать ответственно за восприятие «размера» вещи. Более значимо восприятие вещи как части себя или себя как части вещи. При отношении «сверху вниз» вещь воспринимается как часть себя. При отношении «снизу вверх» – наоборот. Графически эти отношения можно выразить в виде двух концентрических кругов: в первом случае Я – это внешний круг, во втором – внутренний.

Если вещь воспринимается как «равновеликая», отношение к ней характеризуется вторым свойством – расстоянием (дистантным или близким). По этому признаку можно различать интимность и уважение.

При близком отношении опыт знакомства с вещью велик: общение с ней – «освоенная территория» психожизнедеятельности, и человек смело

---

[113] При инструментальном отношении объект – средство достижения цели. Оно эгоистично в той же мере, в какой эгоистична цель. При финальном отношении благо объекта конечно и самоценно. Финальное отношение альтруистично и бескорыстно.

[114] Насколько мне известно, эти свойства были введены в научный обиход А.А. Кроником.

идет на интимный контакт, затрагивающий любые области как субъекта, так и объекта.

Графически близость изображается как пересечение (или даже наложение) кругов одинакового размера, дистантность – как удаленность кругов друг от друга.

ВОПРОСЫ

Чтобы «понять что-нибудь в любви», нужно ответить на несколько вопросов.

Что отличает любовь от других отношений?

Какое место занимает любовь в жизни и любящего и любимого – для чего она нужна?

Где находится источник любви?

Любовь и алчность

Противопоставление «преобразующей» и «принимающей» активности позволяет определить «духовную любовь» и отделить ее от других («алчных») отношений, называемых «любовью».

Активность «духовной любви» – принимающая. В духовной любви нет стремления к обладанию. Признание бытия (живости) и самоценности другого делает любовь Любовью.

И любви и алчности свойственно стремление к близости. Но алчность притягивает к себе (захватывает) объект, а любовь сама стремится навстречу (отдает себя) объекту.

В реальных отношениях «обычного» человека духовная любовь «в чистом виде» невозможна. В этом смысле она – абстракция. Есть только ее элементы, которые соседствуют с элементами вожделения (алчности). Становление духовной любви происходит при очистке реального отношения (по мере его развития, становления) от алчности. Развитие любви идет параллельно развитию Я.

«Нити любви»

В названии фильма Феллини «Амаркорд» («Нить любви») скрыт глубокий смысл. Любовь – это нить, соединяющая человека с... в общем, с объектом любви.

То, что с позиций логики человек заключен в «коробку психики» (ср. с эгоцентрической моделью) и органы чувств не позволяют вырваться из нее во внешний мир (неочевидно, что этот мир вообще существует), заметили еще солипсисты. Значение их наблюдения не ограничивается гносеологией. Живя в «коробке психики», человек оказывается одинок, а его жизнь – бессмысленна.

Как европейская гносеология не может игнорировать субъективный идеализм, так и гуманистическая философия не может оторвать зачарованного взгляда от проблем одиночества и смысла жизни. Для европейца эти проблемы не придуманы.

Я и не-Я. Одиночество

Индивидуальный мир, в котором наряду с «большим» Я есть только малозначимые («мелкие») объекты, ограничен Я. Я довлеет над внешним миром (не-Я), уничтожает его. Когда, кроме Я, ничего нет, человек одинок.

Чтобы избежать одиночества, мир должен включать наряду с большим Я и большое не-Я.

Большое не-Я предполагает признание (при-знание) его существования. Для признания нужны знания о не-Я. Но «большим» не-Я делает не столько объем, сколько значимость представлений о нем.

Не-Я должно быть не только большим, но и живым. Только наличие другой жизни может снять проблему одиночества.

Это означает, что отношение к не-Я не должно быть собственническо-преобразовательским, в том числе и враждебным [115].

---

[115] Вражда Я к не-Я ведет к борьбе и преобразовательскому отношению.

При собственническо-преобразовательском отношении не-Я превращается в объект деятельности или вожделений Я. Не-Я подчинено Я. Я уничтожает автономность (жизненность) не-Я, т.е. «убивает» его. Живым оказывается только Я, если можно говорить о жизни кладбища. В человеке владеющем похоронено множество мертвых вещей – материальные ценности, достижения, зависимые люди, самоуважение, слава, власть, личный «бог» и т.д. и т.п.

Алчность связывает человека с миром, но – с мертвым.

Однако и большое живое не-Я еще не гарантирует избавления от одиночества. Если мир полон угроз, Я оказывается не в пустоте, а во враждебном окружении.

Не-Я должно быть дружественным к Я.

Отношение, которое творит (оживляет) дружественное не-Я и тем самым прорывает плотину одиночества, – любовь.

Я и не-Я. Смысл

Проблема смысла жизни для европейцев не менее остра, чем одиночество. При большом Я, доминирующем над не-Я, жизнь бессмысленна – ее не с чем соотнести. Чтобы смысл появился, необходимо существование, кроме своей жизни, хотя бы одной «чужой». Тогда смысл может быть найден в том или ином соотношении своей (Я) и чужой (не-Я) жизней.

Если своя и чужая жизни «равновелики», смысл можно найти, но он будет очень хрупким. Прекращение чужой жизни (в результате физической смерти другого или в результате смены моего отношения к нему на «убивающее») ведет к уничтожению смысла.

Чтобы смысл был устойчив, просто существования чужой жизни недостаточно. Чужая жизнь должна быть больше своей, быть жизнью более крупного организма, который по отношению к Я бессмертен и в котором Я является частью, например органом. Тогда смысл своей жизни состоит в выполнении определенных функций в более крупном организме.

Превратить равновеликую чужую жизнь в более крупную нетрудно. Для этого нужно просто сместить точку зрения и рассматривать свою и чужую жизни вместе как жизнь более крупного организма.

Об отношении принадлежности, делающем Я частью не-Я, много говорят религиозная литература (не-Я – Бог), даосы и суфии. Это отношение – любовь, проявляющаяся в форме покорности, преданности, служения.

Развитие и привязанность

В обеих стадиях развития Я любовь играет важную роль. При *становлении*, познавая (понимая) мир, Я «обрастает» живыми вещами из не-Я, осваивает и «расширяет свою территорию» в мире. Проживающее понимание требует любви к объекту знания.

«Расширение территории» при любви к миру качественно отличается от ее «захвата» при собственническо-преобразовательском отношении. Оживляющая мир любовь создает для Я перспективу развития.

На этой стадии сохраняется баланс между Я и не-Я. Большие Я и не-Я сосуществуют, не преобладая друг над другом. В любви более или менее гармонично соединены эгоистическое и альтруистическое начала. Если баланс нарушается в пользу эгоистического начала, любить становится некого. Если в пользу альтруистического – некому.

Нити любви, связывающие Я с не-Я, начинают с какого-то момента запутываться. Любовь входит в противоречие сама с собой. Стремление к одному мешает стремлению к другому. Возможностей для свободной активности просто не остается. Привязанность становится связанностью. Одни нити тянут к Земле, другие к Небу. Дальше расти Я не может.

В этот момент может начаться *вторая стадия развития Я*. Множество объектов любви заменяются Одним Объектом – Божьим Миром. Любовь к земному становится проявлением любви к Божьему Миру. Я все больше самоощущает себя как часть Мира – растворяется в Мире. Становясь все более возвышенной (направленной к Богу), любовь становится и все более альтруистичной Любовью. Альтруизм Любви проявляется в уничтожении Я, и наоборот.

Энергетика любви

С энергетической точки зрения Любовь – это энергия, поглощаемая и излучаемая человеком в воздействиях, оказываемых, соответственно, на него миром и им на мир.

Две энергии человеческой любви

В человеческой любви соединены два вида энергии. Их синтез создает особую энергию сложного состава – любовный потенциал, эрос, – которая накапливается и разряжается подобно электрическому заряду.

В состав эроса входят грубая (физиологическая) энергия полового влечения (*либидо*) и *тонкая энергия* духовной любви.

Накопление либидо связано с деятельностью половых желез. Либидо делает любовь эгоистичной, направленной на обладание – и сексуальное и психологическое.

Энергия духовной любви преобразует (может преобразовывать) либидо в эрос. «Духовная составляющая» эроса ответственна за то, что любящий восхищен («притягивается») объектом любви, а не только стремится обладать им.

То, что вызывает восхищение, называют *красотой*.

Восприятие и излучение любви. Добро и зло

Из физического мира психическое тело получает воздействия двух видов. Одни воспринимаются как добрые (позитивные, любовные), другие – как злые (негативные угрозы и нападки).

Восприятие любви переживается как ощущение *заботы* или *притягательности*.

Пример заботы – материнская любовь. Любовь Мира может ощущаться в дуновении теплого ветерка, утреннем солнечном свете и т.д.

Притягательность переживается как красота притягательной вещи. Способность вещи притягивать к себе реализуется при раскрытии ее духовного начала. Как масса ответственна за гравитационное притяжение предметов, индивидуальный дух ответствен за любовное притяжение одухотворенных вещей [116].

Аналогично двух видов (добрые и злые) бывают и воздействия психического тела на физический мир.

Абсолютизировать антагонизм между добром и злом нельзя. В конечном итоге все воздействия берут начало из одного источника – Божественной Любви – и являются Ее проявлениями.

Однако воздействие более высокого уровня на более низком расщепляется на две составляющие – «добро» и «зло». Зло не только антагонист добра, но и «искаженное» добро, и непонятая форма добра в его высшем проявлении. Дьявол – это «падший» ангел.

«Очистка» Любви из нелюбви

Важной функцией человека является «очистка», трансформация и излучение Любви.

Полученные воздействия (энергию) можно «аккумулировать» (например, затаить обиду). Можно «отражать» в том же виде, в каком они были восприняты (отвечать взаимностью на любовь или неприязнь). Но можно и преобразовывать. В частности, есть принципиальная возможность осмыслением «превратить» воздействие: плохое – на более низком уровне, в хорошее – на более высоком. Это означает, что можно воспринимать любовь в любом воздействии, выделяя ее из нелюбви.

---

[116] Это притяжение отличается от сексуального, с которым его иногда путают.

Есть много путей к пониманию того, почему «очень хорошо, что нам очень плохо» и «что ни делается – к лучшему».

Например, неприятности можно осмыслять как «тренирующее», укрепляющее воздействие, как акт заботы о духовном здоровье, силе духа.

Неприятности можно осмыслять и «кармически» – как наказание за прошлые грехи (в том числе совершенные в предыдущих воплощениях), которое очищает от этих грехов и способствует духовной эволюции – приближает к Богу.

При восприятии себя частью Мира можно осмыслять «ущерб» себе (одной части Мира) как необходимый для «блага» другой части, а значит – и всему Миру, т.е. в конечном итоге и самому «обиженному».

Г л а в а 12

ПСИХОЛОГИЯ О ТВОРЧЕСТВЕ

...Форма – это ставшее зримым содержание.

Прекрасное – божественно...

ТВОРЧЕСТВО И ТРАДИЦИОННАЯ ПСИХОЛОГИЯ • **Творчество как деятельность** • Структура творческой деятельности: события творчества • Формирование творческой деятельности • Произвольность и осознанность творчества • **Творчество как общение и познание** • **СОДЕРЖАНИЕ И ФОРМА** • **Содержание: освоение и производство** • Аккумуляция и селекция впечатлений • «Алхимия» • Богатство впечатлений. Детали • **Оформление** • Два направления. «Кристаллизация» • Эксперименты с формой • **ПРОБЛЕМЫ** • **Источники содержания и виды творчества** • **Вдохновение** • **Барака** • **Красота** • Чувство красоты и стремление к духовному • «Объектность» и «субъектность» красоты • Формирование чувства красоты • Установка на красоту. Поэтическое настроение • Механизмы чувства красоты: временнáя организация и резонанс

ТВОРЧЕСТВО И
ТРАДИЦИОННАЯ ПСИХОЛОГИЯ

Творчество в широком смысле – это создание нового. Деятельность является творчеством в той степени, в какой ее результат нов.

При «творчестве жизни» стремление к новому иногда проявляется в мелочах, например, из двух дорог пешеход выбирает ту, по которой не ходил раньше. Но выбор незнакомого пути может относиться не только к ситуации прогулки.

В научном творчестве новаторство проявляется в работе с новыми проблемами, новыми группами методов или же в рассмотрении известного предмета в новом контексте.

В узком смысле творчество – это создание продуктов культуры (науки, искусства, техники и т.д.).

В психологии наиболее изучено решение творческих (нестандартных) задач – одна из составных частей научного и особенно технического творчества. Прогресс этого направления определен его близостью к исследованиям интеллекта.

Решение нестандартных задач – только одна из сторон творческого процесса (и не главная). Более важные аспекты (особенно рельефны они в наименее изученном художественном творчестве) малодоступны позитивистской методологии.

Есть несколько психологических подходов, каждый из которых освещает свою сторону творчества. В соответствии с этими подходами творчество можно рассматривать как *деятельность*, как *общение*, как *познание* и т.д.

Творчество как деятельность

С точки зрения психологии творчество – это деятельность, часто профессиональная. Этим определен круг вопросов, актуальных при изучении творчества: структура, формирование, управляемость и т.д.

Структура творческой деятельности: события творчества

Узловые моменты в структуре творческой деятельности – творческие события или стадии. Они имеют разную временную протяженность и могут происходить параллельно.

Первая стадия – появление *замысла*, т.е. представлений о произведении вообще, о его теме и жанре – средствах оформления, например языке, архитектурном стиле, поведенческой линии и т.п.

Вторая – планирование: определение структуры будущего произведения – его составных частей и связей (временных, пространственных, формально-логических, функциональных и иных) между ними.

Следующие стадии – это попытка *воплощения* (всего произведения или его частей) и соотнесение результата с замыслом.

Несоответствие замыслу ведет или к его изменению, или к попытке нового воплощения, если обстоятельства позволяют «сработать начерно». Этой возможности нет, если время на создание произведения ограничено или характер творчества не предполагает «черновиков».

Когда есть несколько вариантов оформления, автор может во-площать их «по очереди», пока не найдет наилучший или удовлетворяющий его вариант.

И наконец, финальная стадия – завершение работы над произведением. Сигналом к завершению могут быть: соответствие результата замыслу, удовлетворенность результатом, невозможность дальнейшего улучшения, окончание отпущенного на работу времени, соответствие формальным требованиям, предъявляемым к подобного рода произведениям, и т.п.

Формирование
творческой деятельности

Творческая деятельность должна быть сформирована и включена в систему жизнедеятельности.

Для формирования нужны достаточный ресурс, выделяемый для творческих занятий, и установка на творчество (понимание его необходимости), которая со временем перерастает в потребность.

Если при «творчестве жизни» свобода творчества относительно велика, то для остальных видов творчества культурные рамки задают довольно жесткие границы.

Самоопределение в качестве «творческого работника» означает принятие роли, которую нужно играть, согласуясь с существующими в обществе представлениями о ней. Это относится и к внешним – участию в общественных институтах (членству в цеховых организациях, работе по найму в научных учреждениях и т.п.), способу подачи произведения и т.д., и к внутренним аспектам творчества – необходимости придерживаться «канонов», освоение которых предполагает специальное *обучение*.

В обучении происходит освоение элементов форм, в которые «отливается» содержание. Незнакомый с музыкой человек не может написать (или даже услышать внутри себя) симфонию. Для этого в его опыте должны быть элементы музыкальных форм.

Произвольность и осознанность творчества

Творчество часто представляют «мистическим» процессом, не контролируемым автором. Не автор творит, а с ним что-то творится, в результате чего получается произведение. И внутреннее содержание, и процессы оформления не осознаются. Следовательно, изучение творчества невозможно.

Такое мнение небеспочвенно, но непроизвольность и/или бессознательность творчества нельзя абсолютизировать. Конечно, иногда все произведение осознается мгновенно (например, во сне) и остается «только» воспроизвести его. Однако чаще сначала осознается один фрагмент будущего произведения (музыкальная фраза, стихотворная строка, деталь картины, кусок плана пьесы, идея интриги, план работы, часть логического вывода, обрывок мысли и т.п.), затем – другой и т.д.

Нередко творчество – длительная деятельность, нуждающаяся в произвольном управлении. Ряд моментов в ней вполне осознаваем и контролируем. Таковы все перечисленные события творчества: формирование и актуализация установки на творчество и замысла, формирование плана произведения и плана работы над ним, волевые усилия по «запуску» творческого процесса и преодолению его непродуктивности (муки творчества), оценивание промежуточных результатов.

Кроме перечисленных, в творческом процессе осознанными и произвольными могут быть и любые другие действия. Их осознанность и произвольность зависят от вида творчества, творческого опыта, индивидуального стиля и состояния автора, а также стадии творческого процесса.

Произвольность в «творчестве жизни» проявляется чаще и ярче, чем в художественном творчестве. В техническом – чаще, чем в литературном. В литературном – чаще, чем в композиторском.

Осознание (и понимание), а значит, и произвольность творчества растут при увеличении опыта.

Осознание увеличивается по мере продвижения от формирования замысла к завершению оформления.

Воображение, считающееся в психологии центральным механизмом творчества, представляет собой форму активности сознания.

Активность воображения может проявляться в виде активного внутреннего восприятия – слежения за малоосознаваемыми процессами. Эта сторона воображения наиболее ярка в сновидениях. Такое воображение позволяет осознать содержание и сделать первый шаг к его оформлению.

При другом проявлении активности воображение (например, в виде фантазии) непосредственно участвует в творческом процессе. Такое воображение создает (творит) живые объекты, живущие согласно его воле. Оно подобно кукловоду в кукольном театре.

Творчество как общение и познание

Творчество можно рассматривать как разновидность общения. Производство содержания соответствует пассивной, а оформление – активной фазе общения – самовыражению.

Основной вопрос при поиске формы – «Как сердцу высказать себя?», как передать содержание? Передавая отчужденное внутреннее содержание другим (в том числе будущим поколениям), автор самоутверждается, самореализуется, самоактуализируется и т.п.

Как и любое общение, в «пассивной» фазе творчество является *познанием*. Внутреннее содержание ученого, художника и т.д. – это разновидности знания, отражения тех или иных сторон мира. Невыразимое обычными языковыми средствами знание художника отличается от знания ученого меньшей ролью формально-логических и большей – эмоционально-образных компонентов.

СОДЕРЖАНИЕ И ФОРМА

Из двух составляющих творческого процесса – *производства содержания* и его *оформления* – в научном и техническом творчестве преобладает первая, в творчестве собственной жизни – вторая, в художественном творчестве соотношение паритетно.

Внутреннее содержание присуще любому человеку, но у «творческого работника» оно более заряжено, сильней «рвется наружу».

Энергетичность внутреннего содержания – следствие напряженного, дисгармоничного состояния образа мира. Энергетичность красивого (гармоничного) художественного образа – результат его противопоставления «некрасивому» (дисгармоничному) окружающему миру [117], из которого он выделяется, как фигура из фона.

Содержание имеет сложный состав. Оно представляет собой сплав мыслей, чувств, фантазий, желаний, обрывков художественных образов и т.п. и уже обладает элементами формы. Чистое, неоформленное содержание – абстракция.

Элементы формы могут быть более (схема технического устройства) или менее (смутное чувство) развернуты. Задача оформления – дооформить, развернуть эти элементы, привести к виду, когда их можно воплотить материально – записать, нарисовать, спеть и т.п.

---

[117] При полной гармонии образа мира импульса к творчеству не возникает. Многие люди живут гармоничной жизнью, насыщенной красивыми чувствами, не стремясь делиться своим богатством.

Содержание:
освоение и производство

Параллельность оформления и осознания позволяет считать их двумя сторонами одного пра-процесса – *освоения содержания*. Зародившись в виде смутного замысла, содержание еще не принадлежит автору. Его нужно освоить – осознать и оформить.

Освоение происходит по мере роста осознания. При этом содержание развивается: увеличивается число его связей с моделью мира. Начиная с какого-то момента появляется возможность выражать (оформлять) содержание, например словами. Оформление аккумулирует понимание содержания и в том числе его эмоциональный компонент – чувства автора.

Чувства играют в освоении важную роль. Освоение начинается с почти неосознаваемого «чувствования» содержания. Соотношение когнитивного (мыслей) и эмоционального (чувств) компонентов понимания различно в разных жанрах. В невербальных (музыка, живопись и т.п.) эмоциональный компонент выражен больше. В чисто вербальных (например, точные науки или философия) – меньше.

В момент появления замысла автор хватает ниточку, соединяющую его сознание с... источником содержания. После этого остается немного – «вытянуть» за эту ниточку все содержание.

Аккумуляция и селекция впечатлений

«Пищей» для творчества являются *впечатления* – поразившая мысль, сложный вопрос, красота пейзажа, необычный поступок, событие в жизни, пережитое чувство и т.п. При производстве содержания впечатления *аккумулируются*.

Когда впечатление отреагируется немедленно (в реплике типа «Как красиво!», в танце, еще как-нибудь), оно «сгорает», не оставляя следа. Но впечатление можно и «отложить в копилку», запомнить. Тогда оно сохраняет энергию.

Множество «отложенных» впечатлений может образовать «комплекс», энергия которого складывается из энергий составляющих его впечатлений. Если энергия впечатления или «комплекса» выше критического значения, появляется стремление поделиться им с другими, а для этого – оформить его. Таким образом, творчество – это отложенное отреагирование впечатлений.

Характер впечатлений, участвующих в производстве содержания, определяется замыслом. Замысел задает способ восприятия, управляет отбором и преобразованием впечатлений.

«Алхимия»

Гурджиев считает «пищей» то, что попадает в желудок (собственно пища), в легкие (воздух) и в психическое тело (впечатления). Описанная Гурджиевым схема переработки «пищи» проливает свет на процессы производства внутреннего содержания.

На каждой стадии переработки «пищи» взаимодействуют две силы. Проводник одной силы – активная и грубая материя (Гурджиев называет ее «кислород»), другой – пассивная и тонкая («углерод»).

При производстве содержания из впечатлений, идущих от физического тела, «кислород» поступает извне или получается на предыдущих стадиях переработки, а «углерод» уже присутствует в организме. При производстве содержания из впечатлений, идущих от духовного тела, – наоборот.

В результате взаимодействия получается нейтрализующий активное и пассивное начала «азот».

В каждом конкретном процессе в роли «кислорода», «углерода» и «азота» выступают свои реалии.

Называя учение о таких превращениях «алхимией», Гурджиев приводит один из алхимических постулатов: «Чтобы получить золото, надо иметь хоть немного настоящего золота».

Чтобы включить впечатление в художественный процесс, художнику нужно «золото» – готовность к работе с ним:

«полуфабрикат» художественного образа, неотреагированные эстетические впечатления. Новое впечатление, проходя через цепочку трансформаций, вступает с «образом-полуфабрикатом» в реакцию и преобразует его.

В научном или техническом творчестве роль «золота» играет запас научных и инженерных знаний.

Богатство впечатлений. Детали

Продуктивность впечатления в «алхимическом» процессе формирования художественного образа тем больше, чем богаче оно деталями. В свою очередь богатство деталей зависит от подготовленности к восприятию. Впечатление подготовленного зрителя содержит «незначительные» детали, скрытые от неподготовленного. Например, искусствовед видит в картине не существующие для неподготовленного зрителя стилевые характеристики и изобразительные приемы.

Взаимодействие «деталей» ответственно за формирование эстетического переживания. По-разному выраженная, эта мысль часто встречается у искусствоведов и психологов [118].

Оформление

Производство содержания и оформление не две последовательные стадии творческого процесса, и оформление не просто поиск формы, адекватной содержанию.

Производство управляется известными формами. Происходит «подгонка» содержания под формы, в которых оно может быть выражено. При этом содержание может меняться и терять часть своеобразия.

Вместе с тем в оформлении содержание развивается.

---

[118] Л.С. Выготский описал взаимодействие в литературном произведении «противоположных» линий, соединение которых приводит к «энергетическому взрыву» – катарсису. Близки взгляды на эстетическое переживание у Павла Филонова. Гурджиев определяет природу смеха как соединение противоположностей («да» и «нет») в одном переживании.

Поиск формы тем трудней, чем менее осознанно содержание и чем более оно необычно (оригинально, индивидуально-специфично). Затруднена передача необычных эмоций. Чтобы оформить эмоцию, нужно воспроизвести «стимульный материал» (обстоятельства, взаимоотношения героев, пейзаж и т.д. и т.п.), который ее вызвал. Но труднее всего бывает найти форму для Божественного знания, полученного в Контакте.

Внутреннее содержание – это состояние представленной сознанию части образа мира. Эта осознаваемая часть непрерывно меняется. Одно внутреннее содержание сменяет другое. Содержание мимолетно и часто необратимо.

Чтобы оформить содержание, его нужно сохранять в сознании или уметь произвольно воспроизводить. Фиксация (стабилизация) содержания – обязательный этап, предваряющий оформление.

Есть две возможности придать содержанию устойчивость: его можно или запомнить и воспроизводить по памяти, или повторно пережить. В обоих случаях содержание оказывается обедненным. При припоминании часть деталей утрачивается. При повторном переживании содержание оказывается «сверткой» похожих, но не идентичных переживаний, в которой сохранено общее, но утрачена индивидуальная специфика отдельных состояний.

Два направления. «Кристаллизация»

Оформление может идти в двух направлениях: по восходящей – от мелких элементов к крупным, например от отдельных стихотворных или музыкальных строк к цельному стихотворению или музыкальной пьесе, и по нисходящей – от крупных элементов к мелким, например от темы, замысла и плана к их разработке. Эти направления могут чередоваться.

Произведение состоит из частей – фрагментов. Материализуя один фрагмент (например, записав стихотворную строку), автор высвобождает сознание для оформления других. Оформление всего произведения происходит в виде «кристаллизации» вокруг уже оформленных фрагментов: оформленная часть притягивает (сначала в сознание, затем в материальное воплощение) еще не оформленные.

Эксперименты с формой

Характерное для творчества стремление к новому, избегание стереотипов и повторов проявляется в поиске новых форм, экспериментах с формой.

В художественном творчестве эти эксперименты могут состоять в обращении к новым жанрам, смене стиля или изобразительного языка. Например, обращение поэта к прозе или реалиста – к абстрактной живописи.

Основанием для творческого эксперимента может быть недовольство оформлением содержания.

Но часто причина в «скучности» (или «неинтересности») делать то, что умеешь. В этом случае «эксперимент» – это не *бег за* (совершенством, гармонией и т.п.), а *бег от* (наличного положения дел).

Наконец, есть и совсем прозаическая причина стремления к новым формам – лень, нежелание освоить известные.

ПРОБЛЕМЫ

То, что известно психологии о творчестве, мало приближает к пониманию его интимных механизмов. Хотя многие из них специфичны для конкретных творческих состояний, людей или видов творчества и их нельзя изучать в отрыве от этой конретики – «вообще», существуют и общие вопросы.

Источники содержания и виды творчества

Разнообразие того, *что* относится к творчеству (и в узком, и особенно в широком смысле), делает важнейшим вопрос о видах творчества.

Его можно было бы считать разработанным в многочисленных искусство- и науковедческих классификациях, если бы не их сосредоточенность исключительно на формальных характеристиках произведений.

В любом жанре есть гениальные и бездарные произведения. Если классификация относит их к одному классу, ее ценность невелика. Необходим подход, позволяющий различать произведения не по формальным, а по содержательным характеристикам.

Источники впечатлений различны. Одни впечатления идут от физического тела, через посредство органов чувств. Источником этих впечатлений может быть физический мир (например, картины природы), «ноосфера» (мысли, почерпнутые в книгах или в разговорах), собственный организм (болевые ощущения).

Другие («вдохновенные») впечатления идут от духовного мира через духовное тело – Я-центр. Творчество переводит их Содержание с «небесного языка» на один из «земных».

Наконец, еще одна группа впечатлений (например, «плоды воображения») идет непосредственно от психического тела. «Первоисточник» этих впечатлений чаще всего находится в физическом мире, но может находиться и в духовном.

Различие источников содержания позволяет говорить о различных видах творчества [119].

Существуют произведения рационалистичные, или ремесленные. Например, режиссер решает снять комедию, которая будет вызывать смех зрителя, иметь кассовый успех и принесет дивиденды в форме денег, премий, званий и т.п. Тема комедии выбирается сознательно из числа пользующихся спросом (например, политическая сатира), сюжет разрабатывается по законам жанра.

Источник внутреннего содержания в ремесленном творчестве – впечатления, поступающие от физического тела, и прагматически ориентированное мышление. Для оформления используются стандартные приемы, «выученные»

---

[119] В реальном творческом процессе виды творчества комбинируются. «Чистый» вид – абстракция.

ремеслеником. Называть ли работу ремесленника творчеством, зависит от того, *что* считать «новым».

Близко к ремесленному формалистичное творчество. В нем тот же источник внутреннего содержания, но творческая активность сосредоточена на экспериментах с формой. В результате появляются очень необычные, но «пустые» произведения.

Еще один вид – «психотерапевтическое» творчество.

Источник его содержания – высокоэнергетичный комплекс впечатлений (например, болезненных переживаний детства), вытесненный в подсознание. Оформление такого содержания предоставляет комплексу возможность разрядки. Психотерапевтическим такое произведение оказывается и для автора, и для зрителя (читателя, слушателя), у которого есть сходный комплекс.

Многие художники ощущают психотерапевтические возможности искусства интуитивно, а целые направления в психотерапии используют их сознательно и планомерно.

Наконец, при духовном творчестве, к которому относятся все великие произведения искусства, источником содержания являются впечатления, полученные от духовного тела. Содержание духовного творчества отличает «неземная» новизна, неожиданность и вместе с тем важность для человечества.

Вдохновение

О сущности вдохновения лучше всего говорит этимология. Вдохновение (вдох-новение, В-ДоХ-новение) – состояние, когда в человека вдохнули... дар, способность, внутреннее содержание, в общем, дух (однокоренное с «дыхание»), т.е. – одухотворение. Аналогично, английское inspiration=(in-SPIRaT)-ion – состояние, когда человек находится в (внутри) «духе».

Вдохновение – это состояние Контакта. Человек видит (слышит, понимает и т.п.) то, что недоступно другим людям и ему самому в «обычных» состояниях.

Вдохновенные впечатления несут духовную энергию (бараку) в чистом виде. Этим объясняется Жизненная Сила, которую вдохновение дает творчеству.

То, что вдохновение усиливает способность к оформлению и превращает человека в инструмент Могущественной Силы, которая «водит его рукой», можно объяснить ростом внутренней интеграции и получением доступа к скрытым, неиспользуемым (возможно, генетическим или архетипическим) ресурсам – умениям, навыкам и т.п. То же явление можно наблюдать при раскрытии творческих способностей в гипнозе.

Если сознание можно сравнить с лучом фонаря, который освещает те или иные зоны психического тела, то при вдохновении источник света неизмеримо усиливается – Источником становится духовный мир. Это ведет к расширению и прояснению сознания. Освещенная область увеличивается и в пределе включает все психическое тело.

Барака

Аккумуляция впечатлений в творчестве – это аккумуляция их энергии.

Творческий продукт может аккумулировать разные формы энергии. Энергия фильмов Чаплина отличается от энергии жесткого «порно» и триллеров, а музыка Баха – от тяжелого рока.

Произведения различаются как общим запасом аккумулированной в них энергии, так и соотношением между энергиями разных форм.

Наиболее ценные в культурном отношении произведения аккумулируют бараку, которую несут как вдохновенные впечатления, идущие от духовного тела, так и «до конца» очищенные впечатления, идущие от физического тела.

Для извлечения бараки в последнем случае необходимо «чистое восприятие», при котором вещь рассматривается не как средство достижения целей, а сама по себе, и не критично, а любовно.

В процессе воплощения часть бараки утрачивается, а оставшаяся часть сохраняется – «консервируется» в произведении [120]. Задача автора – максимально сохранить бараку.

Красота

Проблема *красоты* – одна из самых важных для художественного творчества. Чтобы воплощать красоту, необходимо иметь красивое внутреннее содержание, т.е. уметь чувствовать красоту.

В связи с проблемой красоты возникает множество вопросов. Что такое красота? Атрибут ли она объекта или субъекта восприятия? Почему красивое притягательно? В чем культурная обусловленность красоты? И т.д.

Чувство красоты и стремление к духовному

При переживании красоты субъект сливается с объектом: объект заполняет субъекта, передает себя субъекту, а субъект растворяется в объекте.

В переживании красоты реализуются притяжение индивидуального духа к духовному и стремление к гармонии. Красота наполняет сознание духовной энергией и гармонией материального воплощения духа.

Красивые люди, поступки, мысли и т.п. (а красивы они в той степени, в какой воспринимаются как духовные) нравятся, притягивают к себе. Притягательность красивого – это притягательность духа. И в объекте и в субъекте любви есть «искры Божьи», которые притягиваются друг к другу. Это притяжение проявляется в восхищении красотой.

Человек с «отталкивающим» физическим недостатком становится привлекательным, когда узнаешь его коротко и начинаешь чувствовать то, *что* чувствует он. Уродства при

---

[120] Суфии считают, что барака сохраняется определенное (иногда длительное) время, после чего утрачивается.

этом не замечаешь, видишь только жизнь индивидуального духа – свет глаз, доброту и т.д. То же справедливо и в отношении других вещей. Живое не может быть безобразным. Безобразным его делает «омертвляющее» восприятие, отказ от видения жизни вещи, от проникновения за оболочку к сути (духу).

«Объектность» и «субъектность» красоты

В обыденном понимании красота – атрибут объекта («красивая картина», «красивый мужчина», «красивая машина» и т.п.). Это верно в том смысле, что разные оболочки (формы) в разной степени «податливы» («прозрачны») для проникновения через них.

Но красота относительна. Одна и та же вещь для одного красива, для другого – нет. Для одного красиво все, что он видит. Другой вообще ничего красивого не видит. То, что не было красиво вчера, становится красивым сегодня.

Сельские пейзажи не вызывают у крестьянина того эстетического восторга, что у приехавших на лето художников. И дело здесь не только в обыденности или новизне увиденного [121]. Переживание красоты – атрибут субъекта, так как прозрачность оболочки определяется способностью проникнуть за нее.

Формирование чувства красоты

Способность проникать за оболочку формируется воспитанием и, таким образом, зависит от культурной среды [122].

Воспитание учит избегать «безобразного» и не стремиться проникать за его оболочку. Обучение «проникновению» происходит на примерах «красивых» оболочек. В ходе обучения

---

[121] Красивое всегда ново. Видя суть – воплощенный в вещи дух, мы погружаемся в его бесконечную глубину, в которой содержится весь мир. О надоедании при этом говорить не приходится.

[122] Культурная обусловленность красоты подтверждается различиями культурных эталонов «красивого» и «безобразного». Для одних культур более прозрачны одни оболочки, для других – другие.

формируется индивидуальный эстетический опыт и вкус – индивидуальные эталоны красоты. Однако умение видеть красоту «красивого» открывает дорогу к видению красоты «безобразного».

Установка на красоту. Поэтическое настроение

Больше всего на восприятие красоты влияет состояние субъекта, особенно его *установка*.

Восприятие – всегда «чтение» (понимание) сообщения, «зашифрованного» в явлении.

Одну и ту же вещь можно воспринимать по-разному. В суете обычных дел (в погоне за имуществом, в доказывании собственной значимости, в поиске развлечений и т.д. и т.п.) роль восприятия – дать информацию о средствах и/или помехах в достижении цели. То, в чем нет такой информации, не замечается.

Прагматическое восприятие «читает» не вещь саму по себе («вещь в себе»), а «вещь для нас». В географической карте мы видим не картину разноцветных пятен причудливых форм, а схему местности. Однако прагматизм превращает в схему местности и горный пейзаж, в картине облаков на небе мы пытаемся «прочитать» прогноз погоды, а в скульптуре – ее стоимость.

Восприятие красоты – это прежде всего полноценное восприятие [123]. «Надо смотреть, чтобы видеть». Такое восприятие имеет отличительные черты по сравнению с «обычным» восприятием в повседневной жизни.

При полноценном восприятии объект предстает во всей полноте его деталей. В знакомом объекте открываются новые, ранее не замечавшиеся свойства и связи с другими объектами. Объект открывается в новых ракурсах. И прежде всего он воспринимается как *живой*.

---

[123] Восприятие редко рассматривают как самостоятельную деятельность. Однако, например, восприятие произведений искусства и самостоятельно, и часто самодостаточно.

Полноценное восприятие эмоционально. Кроме чувства красоты, для него характерен интерес (чувство новизны) и любовное принятие объекта.

Для восприятии красоты (идет ли речь о пейзаже, архитектурном ансамбле, человеке или о чем-либо еще) нужно особое состояние – поэтическое настроение.

Поэтическое настроение требует внутренней чистоты, свободы от прагматизма и специальной, основанной на любви установки – стремления заглянуть внутрь вещи, увидеть ее жизненность (красоту). Такая установка раскрепощает индивидуальный дух.

В поэтическом настроении мы «читаем» «вещь в себе». Стремление понять ее в этом качестве – наш дар тому, *что* мы воспринимаем.

Механизмы чувства красоты: временная организация и резонанс

Переживание красоты основано на механизме *резонанса*.

Любое произведение искусства имеет временную организацию. Это ясно в отношении произведений литературы, театра и музыки, но справедливо и для «пространственных» (изобразительных) искусств – живописи, архитектуры, скульптуры и т.п.

Временная организация, например, скульптуры определяется процессом ее восприятия – последовательностью зрительных впечатлений от скульптуры как целого и от ее частей. В каждом конкретном случае восприятия скульптура оказывается последовательным (временным) рядом – «текстом» (правда, в разных случаях – разным).

При таком подходе любое восприятие похоже на восприятие музыки. Например, можно говорить о ритме или мелодии картины.

Эстетическое впечатление представляет непосредственный отклик эмоционального «резонатора» на звучание произведения. Субъект восприятия превращается в музыкальный инструмент, на котором играет объект. При восприятии музыки метафора «игры на инструменте души» точно описывает процесс. Звук порождает внутри «эхо-звук», «эхо-звук» – эмоциональный «отклик-звук», и душа начинает звучать.

Поэтическое настроение – это настройка, подготовка эстетических «резонаторов» к восприятию созвучной им красоты мира. Готовность проявляется в совпадении «частот» воздействия и резонатора.

Каждый обладает всеми резонаторами, необходимыми для восприятия любого произведения, но не каждый способен настроить все резонаторы, подготовить их к работе восприятия. В результате одни трубы «эмоционального органа» оказываются задействованы, а другие не задействованы.

Часть 4
ПСИХОЛОГИЯ И ПСИХОЛОГИЯ ДУХОВНОСТИ

Название «Психология духовности» похоже на обещание новой науки. Мало понять важность явлений индивидуальной духовности. Главный вопрос – как их изучать? Какое место знание об индивидуальной духовности занимает в системе знания и как оно соотносится с традиционной психологией?

Глава 13

ПРЕДМЕТ И МЕТОД

Истинная философия заключается не в том, чтобы творить книги, а в том, чтобы творить людей.

СФОРМИРОВАННАЯ И ФОРМИРУЮЩАЯСЯ СИСТЕМА ЗНАНИЯ. КЛАССИЧЕСКАЯ И НЕКЛАССИЧЕСКАЯ СХЕМА РАЗВИТИЯ НАУКИ • ЧТО НУЖНО ИЗУЧАТЬ В ИНДИВИДУАЛЬНОЙ ДУХОВНОСТИ • ПРИКЛАДНЫЕ ЗАДАЧИ • **Диагностические задачи. Отбор элиты • Психотехнические задачи** • «Психотерапевтические» задачи • Педагогика духовного становления • **МЕТОД ПРЕДНАУКИ. КАК РЕШАТЬ ПРИКЛАДНЫЕ ЗАДАЧИ** • **Для кого актуальны прикладные задачи • Разнообразие знаний и методов. Различие в их качестве • Проблема технологии и отчуждение знания** • Изучение описаний и «смешение языков» • Живое индивидуальное знание • Отчужд-ение и о-сво-ение • **Решение задач и собственное развитие** • Доступ к эзотерическому знанию • Работа с другими • **С Учителем или самостоятельно** • Вера и доверие • Формы помощи • Предрасположенность к обучению • Критерии прогресса • Опасности самостоятельного пути • **Смелость и смирение**

СФОРМИРОВАННАЯ И ФОРМИРУЮЩАЯСЯ СИСТЕМА ЗНАНИЯ. КЛАССИЧЕСКАЯ И НЕКЛАССИЧЕСКАЯ СХЕМА РАЗВИТИЯ НАУКИ

Результаты структурно-логического анализа научного знания отличаются от результатов анализа исторического.

Для логического анализа «первично» теоретическое знание. Ведущую роль в системе знания играют предмет науки, концептуальный аппарат, законы. Теоретическое знание образует основу для разработки методов исследования и прикладных методов. Роль эмпирических фактов сведена до иллюстрации теоретических положений.

Исторический анализ показывает, что теоретическое знание – более позднее образование, чем сбор и изучение эмпирического материала, а иногда и чем разработка прикладных методов.

Одни области (например, радиотехника) развиваются от теории к прикладным разработкам. Этот путь в классическом науковедении считается магистральным. Однако во многих случаях (металлургия, медицина, геология и т.д.) развитие идет в противоположном направлении – от прикладных методов к теоретическим обобщениям.

Несмотря на активные усилия направить развитие психологии по первому пути, реально оно идет в основном по второму (неклассическому). То же относится и к развитию большинства гуманитарных наук – социологии, экономики, правоведения, филологии и т.д.

ЧТО НУЖНО ИЗУЧАТЬ В ИНДИВИДУАЛЬНОЙ ДУХОВНОСТИ

Обучение студентов обычно построено в соответствии с классической схемой «от теории – к практике». Но это не означает, что в соответствии с этой схемой можно планировать программу построения новой науки, особенно науки об индивидуальной духовности.

Развитие знаний о духовности ориентировано на неклассическую схему. Сначала – описание явлений, изучение области приложений, постановка прикладных задач и развитие методов их решения. И только затем, как результат осмысления «практики», – «восхождение к абстракции»: строгое определение предмета, концептуального аппарата, законов и т.п.

В «до-теоретическом» состоянии, в котором находится знание об индивидуальной духовности, роль его предмета играют прикладные задачи. На их изучении и «решении» и должны быть сосредоточены основные усилия.

ПРИКЛАДНЫЕ ЗАДАЧИ

Для многих психодиагностических и психотехнических задач прикладной психологии необходимо понимание индивидуальной духовности и умение практически с ней работать.

Диагностические задачи.
Отбор элиты

Обычно психодиагностические задачи выполняют по отношению к психотехническим вспомогательные функции: чтобы понять, как изменить существующее положение, надо знать, в чем оно состоит. Однако некоторые диагностические задачи имеют самостоятельное значение.

Такова задача отбора элиты.

Многие профессии требуют высокого духовного уровня – деятели искусства, церковнослужители, ученые, практические психологи, педагоги и т.п. Задача привлечения к соответствующим видам деятельности людей со значительным духовным потенциалом возникает при отборе учащихся в элитные учебные заведения и претендентов на элитные места в обществе [124].

---

[124] При существующей практике заполнения «элитных вакансий» все решает случай и/или общественное положение. Серьезного отбора лучших

Задача диагностики – получить ответы на ряд вопросов. Каково состояние духовного развития конкретного человека? Каков его духовный потенциал? Какие формы духовной работы возможны и/или наиболее эффективны?

Эти вопросы универсальны. На них приходится отвечать и отбирающему элиту, и духовному педагогу, и духовному врачевателю.

Психотехнические задачи

Психотехнические задачи можно разделить на две группы: педагогика духовного становления и преодоление духовных кризисов. Так как «отбор элиты» предваряет ее воспитание, задача отбора тесно связана с «педагогическими» задачами.

«Психотерапевтические» задачи

Ко второй группе (ей посвящена книга вторая) относятся многие задачи неклинической психотерапии и личностного консультирования, в частности работа с экзистенциальными кризисами, например с описанными В. Франклом «ноогенными неврозами».

Психотерапевтическую работу часто считают помощью в преодолении внутренних кризисов, в достижении гармонии и «личностного роста».

С точки зрения индивидуальной духовности терапевтический процесс высвобождает духовные силы, помогает определить свое место и путь в мире. При этом в плане диагностики нужно определить специфику духовного становления, характер переживаемых трудностей, имеющиеся ресурсы для работы, а в плане «коррекции» – помочь в преодолении непродуктивных и/или способствовать запуску продуктивных форм работы.

кандидатов нет – «талант сам пробьет дорогу». Трудно представить, во что обходится это успокаивающее предположение.

Педагогика духовного становления

«Педагогические» задачи в этой книге не обсуждаются. Ограничусь несколькими общими замечаниями.

Развитием индивидуальной духовности можно было бы считать культурно опосредованное приобщение ребенка к церкви (рассказы взрослых о Боге, чтение книг типа «Детской Библии», разучивание молитв и т.п.), искусству (слушание сказок, чтение книг и т.д.) и т.п. Сюда же можно отнести и нравственное воспитание.

Однако эти процессы могут как способствовать, так и препятствовать духовному развитию, цель которого – непосредственный Контакт с духовным миром.

В европейской культурной среде непосредственный Контакт не развивается, а деградирует. Наиболее яркий в детстве, в последующем он оказывается погребенным под культурными напластованиями личности.

Духовное развитие – это восстановление (раскрытие) способности к Контакту. При этом происходит научение духовной работе: духовному восприятию, молитве, любви и т.д.

Духовное развитие несовместимо с господством личностных Я. Сначала оно идет параллельно развитию сущностного Я, затем – через его преодоление.

На разных этапах Контакт в разной степени «совершенен» – постоянен, полон и т.д. Сначала Контакт длительное время чередуется с «обычными» состояниями. Субъект таких эпизодических «проблесков» Контакта – сущностное Я. «Совершенный» Контакт поздних стадий – это слияние (т.е. уничтожение как независимой сущности) Я с духовным миром.

Когда суфии говорят, что человек должен умереть, чтобы родиться, «смерть» – это смерть сущностного Я, а «рождение» – обретение способности к Контакту.

Задача «педагогики духовности» – способствовать максимально эффективному духовному развитию.

МЕТОД ПРЕДНАУКИ. КАК РЕШАТЬ ПРИКЛАДНЫЕ ЗАДАЧИ

Для кого актуальны прикладные задачи

Может показаться, что прикладные задачи актуальны только для узкого круга Посвященных – Учителей и Врачевателей, которые «профессионально» оказывают «духовную помощь». Являясь Посвященными, они умеют решать прикладные задачи. Постановка задач, решать которые нужно только тем, кто и так умеет их решать, лишена смысла.

Два соображения не позволяют согласиться с таким выводом.

Есть две разновидности работы – с собой и с другими. Работа с собой – самовоспитание. Возможность опереться на помощь Учителя при этом ограничена. Двигаться «по Пути» приходится в основном в одиночку. Можно сожалеть или радоваться по поводу этого обстоятельства, но нельзя его не признавать.

При самостоятельном восхождении по Пути прикладные задачи возникают постоянно, и знакомство с методами их решения незаменимо. Иначе эти методы приходится придумывать самому.

Почти любая духовная работа сопряжена с общением. В ней используются воздействия, полученные от одних людей, а ее результаты воздействуют на других (а иногда на тех же самых).

«Человек пути» (одно из названий суфиев) по отношению к одним «людям пути» – ученик, а по отношению к другим – учитель, по отношению к одним – «клиент», по отношению к другим – «терапевт» (врачеватель).

Наличие или отсутствие учителя нельзя абсолютизировать. Уровень развития – величина относительная. Человеку с менее высоким уровнем помогает человек с более высоким, которому в свою очередь помогает человек с еще более высоким уровнем, и т.д. Возникает «лестница», двигаться по которой можно (по Гурджиеву), только подняв ученика до своего уровня [125].

В качестве учителя или врачевателя человеку нужны знания и методы.

Таким образом, прикладные задачи актуальны для многих людей, как более, так и менее подготовленных к их решению.

Разнообразие знаний и методов.
Различие в их качестве

Решение прикладных задач требует знания методов. У разных людей эти знания разные. У каждого своя воспитательная «концепция», своя психологическая «теория» и т.д.

Однако качество методов у людей с разным уровнем развития различно. Чем выше уровень, тем выше качество. Люди с более высоким уровнем знают и умеют делать больше, чем люди с более низким уровнем. Потолка достигают Посвященные – великие Учителя и Врачеватели.

Проблема технологии и
отчуждение знания

Знания и приемы Учителей и Врачевателей, которые в совершенстве умеют решать прикладные задачи, недоступны для «внешнего наблюдателя». Порой их трудно передать словами.

Например, при диагностике Посвященные часто руководствуются паралингвистическими (такими, как интонация), мимическими и пантомимическими особенностями. Особое место в этом ряду занимает «зеркало души» – глаза. «Блеск в глазах», «горящий взгляд», «огонь в глазах», «глубокий взгляд», «проницательные глаза», «умный взгляд» и т.д., с одной стороны, и «потухший взгляд», «тусклые глаза»,

---

[125] Чтобы поднять ученика на свой уровень понимания, нужно объяснить ему свои мысли, а для этого – ясно осознать их, подняться над ними, освободив предсознание для новых мыслей, обобщающих и углубляющих передаваемые ученику.

«пустые глаза» – с другой, говорят искушенному диагносту очень много.

Когда есть скрытые знания и умения, которыми владеют «эксперты», естественный для позитивистского мышления план – развернуть интуитивные «индикаторы» и представления и создать «технологию», т.е. произвести отчуждение знаний Посвященных и передать их не-посвященным (структурированному умению легче научить), тем самым «посвятив» их.

Это могло бы помочь решить проблему «дефицита Посвященных» и позволить, например, обследовать большие группы, когда у Посвященных нет времени для углубленного наблюдения за всеми обследуемыми [126].

Для реализации такого плана в науковедении и инженерии знаний известна своя «технология» [127], которая включает систематизацию знаний – «коллекционирование» явлений, разработку средств их описания [128] и интерпретации [129], группировку явлений по сходству и повторяемости, выделение закономерностей.

Изучение описаний и «смешение языков»

Вся работа начинается с изучения описаний. Описания духовных явлений разнообразны по форме – от языка притч в классических текстах (особенно глубоких по мысли) до

---

[126] Ситуация здесь типична для психодиагностики. Психодиагностика, доведенная до уровня технологии, нужна в ситуации обучения и в ситуации дефицита.

[127] Хотя эта «технология» и не дает блистательных практических результатов, она общепризнанна.

[128] Изучение описаний начинается с их структурирования – определения единицы анализа. В описаниях духовных явлений такой единицей могло бы быть психотехническое действие.

[129] Проверка интерпретации основана на ее применении для решения прикладных задач – гностических (например, прогноз) или психотехнических (например, достижение прогресса в духовном развитии).

наукообразных современных трактатов. Интерес к их изучению и адаптации постоянно растет [130].

Однако работа по изучению описаний сталкивается с препятствием – проблемой «смешения языков». Одни и те же мысли часто выражены разными языковыми средствами. Чтобы их сопоставить, нужен либо универсальный язык («психологический эсперанто»), либо умение переводить с одного языка на другой.

Но перевести описания духовных явлений на язык психологии нельзя, так как круг психологических понятий уже, чем «духовных». Большинство последних заимствовано из обыденного языка, философской или теологической лексики.

Живое индивидуальное знание

Есть и более важная причина невозможности превращения знания Посвященных в научное знание. Знание Посвященных – живое. Оно непосредственно связано с их опытом. Это конкретное и освоенное (пережитое) знание. Субъект и объект знания Посвященных в значительной мере индивидуальны. Индивидуальность субъекта сохраняется и при обобщении объекта знания.

Схоластическое научное знание во многом мертво. Оно утратило связь с живым источником в опыте.

Это обстоятельство заставляет взглянуть на возможность отчуждения знания Посвященных с другой стороны.

От-чужд-ение и о-сво-ение

Кто мог бы стать разработчиком методов решения прикладных задач? Кто мог бы заняться отчуждением знания Посвященных? Эта работа требует понимания практики успешного решения, и естественней всего, чтобы ей занимались Посвященные.

---

[130] Один из самых маститых российских психологов как-то удивил меня своим интересом к Корану. Среди психотерапевтов такая направленность интересов уже давно не удивляет.

Почему же они этого не делают? Ответ прост: отчуждение индивидуального знания о духе в академической форме невозможно. Точнее – бесполезно.

Посвященные постоянно занимаются отчуждением своего знания. Они почти не занимаются ничем иным. Но формы этого отчуждения другие.

Почему? Отчуждение знания тем, у кого оно есть, – это только один шаг в передаче знания. Второй, не менее важный – освоение знания тем, у кого его нет, но кто к нему стремится. Произвести отчуждение можно в любой форме. Но не любая форма позволит освоить отчужденное знание.

Чтобы освоить знание о духе, его нужно пережить. Иначе знание останется мертвой формулой. Но это значит, что форма отчужденного знания должна помогать его пережить. Такая форма отличается от традиционно принятой в науке.

Решение задач и собственное развитие

Прикладные задачи нельзя решать в отрыве от собственного развития. «Врачу скажу – излечись сам». Человек, остановившийся в развитии, не может научить другого, человек, не способный преодолеть собственный кризис, – помочь другому в преодолении его кризиса, бездарь – заниматься отбором талантов [131].

Серьезное изучение духовности начинается с самоизучения. Соответственно, и ПЕРВЫЕ методы – это методы самоизучения и саморазвития. Говорить о «вторых», «третьих» и т.д. методах с человеком, не освоившим «первые», бесполезно.

Методы решения прикладных задач делятся на несколько классов, из которых для «обычных людей» доступен только первый. На этом основаны эзотерический принцип стадийности (этапности) развития и идея «кругов человечества».

---

[131] Собственный талант не гарантирует умения обнаружить талант другого. Нужно еще «методическое оснащение», например умение превратиться из писателя в читателя, способность отрешиться от собственных пристрастий и т.д.

Доступ к эзотерическому знанию

Трудность доступа к эзотерическому знанию не в отсутствии литературы или в якобы существующей закрытости эзотерических школ. Все проще и сложней одновременно. Чтобы получить знание, мало просто прочитать текст. Прочитанное должно быть **понято**, т.е. **пережито**, сделано частью опыта, или **узнано**: эмпирическое подтверждение найдено в своем опыте. То есть нужна готовность к освоению знания.

Как и методы, знания распадаются на несколько классов. Чтобы освоить знание следующего класса, должно быть освоено знание предыдущего. Это понятно любому школьному учителю и любому школьнику в отношении обычного знания. Но это становится непонятным по отношению к неизмеримо более сложному эзотерическому знанию.

Гурджиев говорит, что эзотерическое знание не дается в готовом виде. Его нужно «украсть».

Работа с другими

Начинать работать с другими можно, только научившись работать с собой, т.е. пройдя первые этапы саморазвития. Суфии (Идрис Шах) говорят, что человек должен получить разрешение (своего рода благословение) от своего Учителя, чтобы самому начать Учить.

То же самое относится и к изучению других, и тем более к изучению работы с другими.

С Учителем или самостоятельно

Духовное развитие – всегда саморазвитие. Никто не может выполнить за человека его Работу. Однако в Работе можно помочь. По Пути саморазвития можно двигаться самостоятельно или с Учителем.

Вера и доверие

При работе с Учителем, особенно на первых порах, многое приходится принимать на веру. Эта вера не «слепая». Со временем ученик обнаруживает в своем опыте подтверждение правоты Учителя. Но чтобы это произошло, на какое-то время он должен просто довериться.

Доверие к авторитетам играет большую роль в любом обучении. Но эта роль не всегда ясно осознается. При обучении духовности доверие к Учителю – один из центральных методических принципов.

Формы помощи

Помощь Учителя может состоять в создании «благоприятных» условий, в выборе ориентиров развития и способов работы, в оценке ее результатов.

Формы помощи бывают универсальными и индивидуально-специфичными. К универсальным относятся, например, создание атмосферы ценности духовной работы в социальном окружении или социальное одобрение (признание) успехов. Индивидуально-специфичны – предоставление или, наоборот, ограничение свободы духовного поиска, создание или устранение препятствий в работе, определение высоты «барьеров», преодолеваемых в ходе работы, и т.д.

Предрасположенность к обучению

Важным моментом, облегчающим движение по Пути, является предрасположенность к обучению. Обучение предоставляет свободу индивидуальному духу. Но сам дух рвется на свободу и помогает обучению (развитию).

Предрасположенность к обучению, например, диагностическим умениям проявляется в способности узнавать «духовных лидеров» и/или «духовную созвучность» («родственные души»). Узнавание основано на срабатывании резонаторов, настроенных на соответствующую частоту излучения. В качестве резонаторов при опознании «духовной созвучности» выступает идентичное с опознаваемым духовное содержание. При готовности резонаторов узнавание происходит само собой.

Критерии прогресса

Очень важно знать критерии прогресса для своего развития. Узнать их можно только от Учителя, понимающего, *что* для ученика добро, а *что* – зло [132].

Понять, насколько терапевтические или воспитательные усилия плодотворны, трудно, даже если они направлены на себя. Часто преодоление кризиса оказывается еще большим увязанием в нем, а муки, казалось бы свидетельствующие о тщетности попыток, ведут к духовной эволюции. Бывает и наоборот. Человек не знает своего пути и не может оценивать успешность своих усилий.

Для работы нужно знание пути духовной эволюции. Как правило, его нет (даже в отношении себя; тем более в отношении другого), и, как правило, его отсутствие не признается.

Опасности самостоятельного пути

Самостоятельное движение по Пути трудно и опасно. Об этом говорят многие Учителя (в частности, Гурджиев). В каждый момент есть выбор среди нескольких путей, из которых не все «правильны». Двигаясь «ложными» путями, можно оказаться в тупике, из которого трудно найти выход [133].

---

[132] Можно определить объективные критерии прогресса для работы по развитию и формированию способностей. Однако трудно понять без посторонней помощи, нужна и/или своевременна ли эта работа.

[133] Такие тупики являются, по сути, кризисами развития, что сближает «педагогические» задачи с «психотерапевтическими».

Смелость и смирение

Для любых форм изучения индивидуальной духовности необходимо обладать двумя качествами – смелостью и смирением.

Знание о духовности часто противоречит знаниям традиционной науки. Снятие этого противоречия обычно требует ревизии научных знаний.

Для изучения духовности нужно понимать необходимость такой ревизии (она может затрагивать и главные принципы научного мировоззрения). Другими словами, нужна большая интеллектуальная смелость.

При изучении духовности всегда остается место загадке, тайне, вопросам, на которые нет исчерпывающих ответов. Сказанное не означает, что ничего нельзя узнать. Но в каждый момент индивидуальное знание неполно, «нестрого», «недоказанно», часто – фрагментарно и метафорично. Центральные вопросы (например, о причинах и побудительных силах духовного развития) в принципе неразрешимы в рамках позитивистской методологии.

Такой характер знания требует нехарактерной для научного мировосприятия готовности к смирению исследовательской гордыни, признанию ограниченности своих познавательных возможностей и отказу от добытого с большим трудом «знания», составляющего предмет гордости.

Глава 14

МЕСТО ПСИХОЛОГИИ ДУХОВНОСТИ В СИСТЕМЕ ЗНАНИЯ

То, что достойно бытия, достойно и познания.

Как много дел считались невозможными, пока они не были осуществлены.

ЭЗОТЕРИЗМ И ОФИЦИАЛЬНАЯ НАУКА. «СПИРИТОЛОГИЯ» • Структура эзотерического знания • Сверхзадачи, методы и результаты • ПСИХОЛОГИЯ ДУХОВНОСТИ И ЕЕ МЕСТО В ЭЗОТЕРИЗМЕ • ПСИХОЛОГИЯ ДУХОВНОСТИ И ЗНАНИЕ О СВЕРХСПОСОБНОСТЯХ • ПСИХОЛОГИЯ ДУХОВНОСТИ И ТРАДИЦИОННАЯ ПСИХОЛОГИЯ • Значение психологии для психологии духовности • Значение психологии духовности для психологии • Соотношение дисциплин

Чтобы определить место знаний об индивидуальной духовности в общей системе знания, нужно понять их отношения к смежными областям: эзотеризму, «экзотическому знанию» (парапсихологии, биоэнергетике, уфологии, нетрадиционной медицине и т.п.), традиционной психологии.

ЭЗОТЕРИЗМ И ОФИЦИАЛЬНАЯ НАУКА. «СПИРИТОЛОГИЯ»

Традиционная наука с трудом пытается распространить свои методы на изучение «идеального» – психического мира, ноосферы. О том, чтобы подняться выше, нет и речи. Понятие «дух» для науки не существует.

Однако знание существует не только в форме традиционной науки. Более древнее эзотерическое знание, знание Посвященных отражает более широкое (и глубокое) *видение* мира. Понятие «дух» в нем занимает центральное место.

Научное знание можно считать развитием (уточнением) эзотерического, происходящим в результате концентрации на отдельных вопросах. Негативной стороной такой концентрации стал отрыв конкретно-научного знания от эзотерического знания Целого, который и породил их антагонизм.

Однако эзотерическое знание не только источник и антагонист научного, но и его обобщение. Эзотеризм объясняет более широкий круг явлений. Отношение эзотеризма к традиционной науке напоминает отношение теории относительности к классической физике.

Мир (как считает наука и не отрицает эзотеризм) – это мир материи. Но он также (как считает эзотеризм, но отрицает наука) – и мир духа. В этом смысле эзотеризм можно назвать наукой о духе – «спиритологией».

Многочисленные эзотерические тексты представляют неисчерпаемые источники знаний о духовности. Их сходство между собой заставляет предположить, что эти источники питает единый Источник.

Структура эзотерического знания

Для эзотеризма мир духа – это не только индивидуальная духовность. Учение о микрокосме и макрокосме («Как наверху, так и внизу») погружает изучение духовности в широкий контекст.

Среди эзотерических представлений значительное место занимают космологические теории. Их практическим преломлением является астрология. Существенное место в эзотеризме занимают также «физиологические», «медицинские», «химические» и иные разделы знания.

Эзотерическая «наука» во многом повторяет своей структурой устройство традиционной науки. Это и понятно, так как она призвана объяснить те же явления.

Однако существуют и специальные разделы, относящиеся к явлениям, которые официальная наука отвергает, – проскопия (предвидение), телепортация и т.п. Впрочем, и здесь появляются параллели, как, например, между проскопией и теорией прогнозирования. Этих параллелей становится все больше.

Сверхзадачи, методы и результаты

Структурное сходство не означает сходства сверхзадач. Если сверхзадача науки – дать человеку инструменты для удовлетворения всех его потребностей, то сверхзадача эзотерического знания – помочь человеку в духовной эволюции. «Технические» («инженерные») приложения эзотеризма – это системы методов, помогающих человеку в его движении по Пути.

Различие сверхзадач определяет и различие в методах и, конечно, в результатах. Методологические принципы эзотеризма отличны от методологических принципов официальной науки. Например, значительно меньше в эзотеризме роль эксперимента – центрального метода научного познания.

Невозможность эксперимента иногда связана с временным или пространственным масштабом изучаемых явлений, неизмеримо больших или меньших по сравнению с доступными наблюдению. Кроме того, сам процесс наблюдения часто вносит изменения в наблюдаемое явление. Тем более искажают явление попытки поместить его в жесткие рамки естественно-научного эксперимента. Эта проблема, общая для всей экспериментальной психологии, при изучении духовных явлений становится еще более острой.

Впрочем, различие в методах предопределено не только различием в сверхзадачах. Законы, управляющие предметной областью эзотеризма – духовным миром, отличаются от законов, управляющих материальным («физическим») миром. Вторые являются частным случаем первых. Первые – обобщением вторых.

ПСИХОЛОГИЯ ДУХОВНОСТИ И ЕЕ МЕСТО В ЭЗОТЕРИЗМЕ

Изучение индивидуальной духовности – часть «спиритологии». Структурное сходство между эзотеризмом и традиционной наукой позволяет определить место изучения индивидуальной духовности в «спиритологии» по аналогии с местом, которое в традиционной науке занимает психология. Изучение индивидуальной духовности можно назвать психологией духовности.

ПСИХОЛОГИЯ ДУХОВНОСТИ И ЗНАНИЕ О СВЕРХСПОСОБНОСТЯХ

Индивидуальная духовность тесно связана с проявлениями «сверхспособностей» – парапсихологических, целительских, магических и т.п., изучением которых занимается, например, такая модная область, как биоэнергетика. Однако эта связь имеет сложный характер.

С одной стороны, согласно многочисленным эзотерическим свидетельствам, развитие индивидуальной духовности ведет к раскрытию сверхспособностей. С другой – иногда сверхспособности развиваются и безотносительно к общему духовному развитию.

Это привело к тому, что часто сверхспособности рассматривают как самостоятельное явление, не связанное с индивидуальной духовностью. Игнорируя то, что в «паранормальных» явлениях проявляется та же жизнь духа, что и в явлениях индивидуальной духовности (хотя и в другой форме), сверхспособности вырывают из общего контекста жизни духовного мира и делают предметом отдельной науки. В результате разрывается связь учения о сверхспособностях с эзотеризмом. Повторяется история, которая происходила со становлением других научных дисциплин (физики, химии, биологии и т.п.), когда специализация и видимость углубления знания о частном оборачивались его разрывом со знанием общего, в результате чего знание частного становилось самоценным и в значительной мере бесполезным.

На практике разрыв с эзотеризмом имеет печальные последствия, такие, как *черная магия* – эгоистическое использование сверхспособностей.

Если учение об индивидуальной духовности играет в эзотеризме роль психологии, то учение о сверхспособностях – роль психофизики, т.е. науки о связи психических и физических явлений. Соотношение между психологией и психофизикой духовности – это соотношение двух частей одного целого, изучение (освоение) которых должно идти параллельно. Другими словами, **развитие сверхспособностей должно быть результатом духовного развития и не опережать его**. Об этом постоянно предупреждают Учителя.

ПСИХОЛОГИЯ ДУХОВНОСТИ И ТРАДИЦИОННАЯ ПСИХОЛОГИЯ

Значение психологии для психологии духовности

Данные таких отраслей традиционной психологии, как немедицинская психотерапия, психология творчества, психология религии, психология самосознания и др., о явлениях индивидуальной духовности дают много интересного для осмысления материала. Этот материал, очищенный от бесплодной схоластики, должен быть адаптирован в рамках психологии духовности.

Значение психологии духовности для психологии

Психология духовности оживляет предмет психологии и придает ему целостность.

Духовные явления (или духовная сторона психических явлений) пронизывают всю психическую жизнь. Более того, именно они делают ее ЖИЗНЬЮ [134]. Психика – живая в той степени, в какой она – проявление духа. «Изгнать» духовное из психологии – значит омертвить психику.

Но даже если рассматривать индивидуальную духовность рядоположно с другими психическими явлениями, игнорировать ее роль в психике нельзя. Психика – целостна и только как целостную систему ее можно изучать. Исключить духовные явления из психики без ущерба для ее целостности невозможно.

Соотношение дисциплин

Психологию духовности по отношению к традиционной психологии можно считать либо отраслью, либо рядоположной дисциплиной, либо обобщающей дисциплиной.

Считать психологию духовности *отраслью* традиционной психологии (такой же, как психология религии или психология творчества) можно настолько, насколько позитивизм и механистичность психологической методологии, ее стремление к сохранению узкодисциплинарных границ и требования доказательств там, где нужна вера, не препятствуют изучению духовных явлений.

Многие сайентистские психологические методы неприменимы при изучении индивидуальной духовности (равно как и других проявлений **Жизни**). Но есть и методы, которые можно и нужно использовать. Помимо самонаблюдения, к их числу относятся, например, психотехнические методы или методы конструктивной психологии, активно развивающиеся в последние годы.

Считать психологию духовности наукой об индивидуальном духе (чем-то вроде «антропоспиритологии»), *рядоположной* традиционной психологии – «науке о душе», нельзя в силу двух причин. Во-первых, так как любые

---

[134] Значимость духовных явлений в психике подтверждается тем, что их субъективная ценность выше, чем ценность явлений, традиционно изучаемых психологией (таких, например, как ощущения и восприятие).

психические явления – проявления «кристаллизованного» духа, предметы «антропоспиритологии» и психологии совпадают.

Во-вторых, превращение психологии духовности в науку ведет к ее отрыву от общей системы эзотерического знания и, таким образом, перерубает ее корни. В конечном итоге такой статус обернулся бы выхолащиванием предмета, как это происходит сейчас с биоэнергетикой.

Единственно возможный статус психологии духовности по отношению к традиционной психологии – это статус *обобщающей* дисциплины, развивающей традиционную психологию и помещающей психологическое знание в более широкий контекст.

Соотношение психологии духовности с традиционной психологией повторяет соотношение эзотеризма с традиционной наукой. Это относится и к широте предмета, и к методологическим принципам, и к степени общности и т.д.

Необходимость новой психологии давно понимается и психологами, и представителями эзотеризма. Ее называли по-разному: от «описательной психологии» (В. Дильтей) до «эзотерической психологии» (Алиса Бейли). Название «психология духовности» кажется более удачным, так как оно подчеркивает и связь с традиционной психологией, и интерпретацию психики как проявления индивидуального духа.

Нетрудно предвидеть протесты существующих в профессиональном сознании стереотипов против такой трактовки роли только рождающейся психологии духовности по отношению к «старой» традиционной психологии. Однако в действительности психология духовности как часть эзотеризма гораздо старше научной психологии.

По-видимому, в организационном плане психология духовности обречена на длительное независимое (или конкурирующее) сосуществавание с традиционной психологией. Однако время меняет стереотипы, и когда-нибудь психология станет единой – системой знаний о душе и Духе.

Книга вторая
ПСИХОТЕХНИКА ДУХОВНЫХ КРИЗИСОВ

Часть 5
ОСНОВНЫЕ ПОНЯТИЯ

Глава 15

ПОНЯТИЕ ДУХОВНОГО КРИЗИСА

Темнее всего в предрассветный час.

Неудовлетворенность – источник не только страданий, но и прогресса.

ДУХОВНАЯ РАБОТА • **Работа и развитие** • **Предмет и цель работы** • **Формы работы** • **ДУХОВНЫЕ КРИЗИСЫ** • **Определение** • **Профессинальные и личные кризисы** • **Глубина и глобальность** • **Кризис и развитие** • **Протекание** • **Симптоматика** • **Причины кризиса** • Конфликт ценностей и мотивов • Дезориентация • Опустошенность • *Шлаки*

ДУХОВНАЯ РАБОТА

Индивидуальный дух проявляет себя в «высших» переживаниях и «духовной деятельности».

Термин «деятельность» относится и к тому, *что* человек делает (*деланию*), и к тому, *что* с ним происходит независимо от его воли и без участия его Я (*происходящему*). Объединение делания и происходящего в одном термине оправданно при подчеркивании динамичности, непрекращающейся изменчивости психики. Следующий шаг в понимании индивидуальной духовности – их различение.

Согласно Гурджиеву, «обычный» человек ничего делать не может – с ним все происходит. У самотождественного человека, который не отделяет Я от своих дел и переживаний, Я нет. Пробуждается Я редко.

Проявления духовности в форме «высших» переживаний возможны без участия Я. На ранних этапах развития так и происходит: вдруг открывается красота пейзажа, захлестывает любовь или осеняет интересная мысль.

Делание (то, к чему человек сознательно стремится) назовем *активной деятельностью*, или *работой*, в отличие от *пассивной деятельности* – происходящего (того, *что* с человеком делается). «Обычный» человек не способен к работе, так как не может долго сохранять мотивационный потенциал цели. Разные цели, сменяя друг друга, разрушают устойчивость деятельности.

Духовная работа всегда направлена на достижение определенного *результата*. Духовная работа *сознательна*, так как ее субъект осознает себя. Кроме того, духовная работа *осмысленна*, т.е. соотнесена с более широким контекстом. Даже когда она кажется самоценной, т.е. ее смысл – в ней самой, все равно наличествует более или менее осознаваемое соотнесение своей работы с интересами некой общности – этноса, культуры, поколения, человечества, Универсума и т.д.

Духовна не любая внутренняя работа, а только имеющая определенные *направленность* и *смысл*. Эти направленность и смысл можно определить как **Направление себя к Богу**.

Духовная работа начинается с появления желания изменить себя и/или других по Направлению к Богу и первой попытки что-либо сделать для этого. Так как человек мало понимает, какие изменения ведут его к Богу и тем более как можно двигаться в этом направлении, на первых порах его работа хаотична.

Работа и развитие

Духовное развитие начинается с его осмысления в качестве работы.

Противопоставление пассивной деятельности и работы не абсолютно. Работа, как и любая деятельность, сама проходит через становление: становится все более осознанной, а работник – все более умелым.

Осознание своей работы, ее результатов, способов их достижения и т.д. меняется от смутного до полного и ясного. Часто ясное осознание приходит только после завершения работы. Сам же процесс работы (особенно выполняемой впервые) напоминает блуждание в потемках.

Предмет и цель работы

Предмет духовной работы – вещь, на изменение которой она направлена.

Целью работы может быть *изменение себя* – своих мыслей, чувств, поступков, судьбы и в том числе саморазвитие – развитие имеющихся способностей и обретение новых, например способности к произвольному переживанию «высших» состояний. Целью работы (например, многих видов творчества, учительства и т.п.) может быть и привнесение *изменений в окружающий мир*. Обе цели не исключают друг друга, а взаимодополняют. Даже когда предмет кажется внешним, духовная работа все равно меняет самого человека, безотносительно к тому, насколько он это осознает.

Формы работы

Сохраняя сознательный и произвольный характер, духовная работа может иметь форму творчества, поиска (развития), любви, жизни с Богом. В каждой из этих форм задействованы все психические функции – и работа понимания, и работа оформления, и работа восприятия, и эмоциональная работа.

ДУХОВНЫЕ КРИЗИСЫ

Определение

Становление работы не бывает только поступательным. Обычно в нем присутствуют периоды неудач, неудовлетворенности, неверия в свои силы и т.п. – периоды *духовных кризисов*. Например, в кризисе человек оказывается, встречая задачи, которые не может решить, или при появлении сомнений в казавшихся незыблемыми постулатах.

Духовный кризис – это состояние, когда человек не справляется с духовной работой, которую он стремится выполнять. Это определение включает и традиционное понимание творческого кризиса.

Профессинальные и личные кризисы

Если духовная деятельность профессиональна (творческие работники, педагоги, священнослужители и пр.), духовный кризис предстает в форме профессионального.

Но проявлениями духовного кризиса могут быть и «личные» проблемы, известные психологам-консультантам (жалобы на одиночество, неспособность любить близких, внутреннюю опустошенность и т.д.). Хотя такие проблемы не обязательно приводят к неврозам, они вполне способны сделать жизнь невыносимой.

Глубина и глобальность

Духовные кризисы различаются по глубине и глобальности. *Глубина* определяется уровнем испытываемых затруднений. Одни кризисы преодолеваются без значительных усилий. Другие требуют длительной и напряженной работы, а часто – и посторонней помощи.

Глобальность характеризует широту испытываемых затруднений. При локальном кризисе неспособность решать одни задачи (например, неспособность что-либо понять) соседствует со способностью решать другие. При глобальном кризисе полностью утрачивается способность продуктивно работать.

Кризис и развитие

Переживание кризисов неотделимо от внутреннего развития европейца [135]. Выход из одного кризиса оказывается погружением в другой. Пока развитие не останавливается, оно сопровождается неудовлетворенностью настоящим и устремленностью в будущее, непрерывным поиском (себя, смысла жизни, Бога, Истины, гармонии, счастья и т.д.). Это не позволяет определить границы между кризисом «Пробуксовка» (неспособностью преодолеть барьер в духовном развитии) и кризисом «Трудности роста» – закономерными неудачами, предшествующими творческим взлетам.

Протекание

Протекание духовного кризиса зависит от ряда факторов, в частности от его глубины и мер по его преодолению.

То, что кризис является непременным атрибутом духовного развития, не означает, что он неопасен. Последствия могут быть весьма тяжелыми, как, например, описанные Франклом «ноогенные неврозы». Но развитие невроза не единственная опасность.

Продолжающийся кризис часто ведет к истощению. Чтобы израсходованная энергия восполнялась, нужно, во-первых, держать каналы получения энергии открытыми и, во-вторых, прекратить ее непродуктивную растрату. При кризисе эти условия часто не выполняются: каналы получения тонкой энергии засорены и/или «топтание на месте» ведет к растрате энергии. В результате наступает истощение.

Следствием кризиса может быть прекращение духовной работы. Если при этом ее ценность сохраняется, человек обречен на постоянные сожаления по поводу того, что он занимается «не тем», живет «не так», «похоронил свой талант» и т.п.

---

[135] Возможность бескризисного развития, о которой говорят восточные источники (например, суфии), представляет большой, хотя и главным образом теоретический интерес.

При благоприятном исходе характерный для кризиса непокой сменяется уверенностью, которая свидетельствует об обретении положительных *духовных начал*.

«Начала» могут быть самодостаточны, внутренне замкнуты и в этом смысле лишены потенциала развития. Таковы, например, крайние формы религиозного мировоззрения, исключающие любые «еретические» вопросы.

Но «начала» могут и только закладывать фундамент для работы, состоящей не в ревизии, а в развитии обретенного.

Симптоматика

Духовный кризис может проявляться в «объективной» и/или в «субъективной» форме.

Объективные проявления кризиса – ухудшение результатов духовной деятельности. Человек начинает хуже писать, рисовать, сочинять музыку, проповедовать, учить, лечить, решать задачи и т. п.

Субъективные проявления заключаются в озвученных или неозвученных *жалобах* на свое состояние. Жалобы на неспособность работать могут быть как *непосредственными*, так и опосредованными жалобами на *дезориентацию* или на *опустошенность*. Впрочем, границы между ними весьма условны.

Непосредственные жалобы относятся к недовольству своим фактическим отказом от работы. Звучать они могут по-разному. Это могут быть жалобы на *принципиальную невозможность* сделать то, чтопредставляется ценным, например из-за того, что, улучшая ситуацию в одном, ухудшаешь ее в другом.

Это могут быть буквальные жалобы на неспособность: *принципиальную для себя невозможность* реализовать ценность – например, жалобы на «творческий паралич».

Это могут быть жалобы на *незнание* или *неумение*, когда считаешь, что в принципе способен реализовать ценность, но тебе не хватает знаний (умений). Жалобы на недостаток знаний представляют собой разновидность жалоб на дезориентацию.

Наконец, это могут быть жалобы на свое *бездействие*, когда знаешь, что и как должен делать, но тем не менее делаешь не то, что представляется должным (ценным), а нечто другое, ценностью для тебя не являющееся. Такое неделание ценного (и, что то же самое, делание неценного) переживается как бессмысленность.

Жалобы на дезориентацию («тупость»), типа «Ничего не понимаю и/или не могу понять», относятся к незнанию, *что*, *для чего* или *как* делать. Эти жалобы могут свидетельствовать о потере своего Я, потере Бога, смещении критериев, утрате ориентиров и т.п. При наиболее глубоких формах кризиса дезориентации происходит утрата смысла.

Смысл, утрачиваемый при дезориентации, отличается от смысла, отсутствие которого вызвано неделанием ценного.

При дезориентации теряется «интеллектуальный» смысл – связи с основными, безусловно истинными представлениями (*постулатами*, или *аксиомами*), которые делают явление понятным [136]. «Интеллектуальный» смысл содержит ответы на вопросы «Почему произошло явление?», «Что из него следует?», «Полезно или вредно оно для реализации ценностей?». За переживание «интеллектуального» смысла ответственна главным образом когнитивная система психики, хотя в оценке «полезности» выражен и эмоциональный компонент.

При неделании ценного утрачивается «ценностный смысл» – преимущественно эмоциональное приятие происходящего (прежде всего собственной жизни) – тот самый, который придает жизни любовь.

Оба вида смысла имеют общие черты в переживании: гармонии при осмысленности и дисгармонии – при бессмысленности явления. Но «интеллектуальный» смысл имеет менее, а «ценностный» – более личностный характер.

Жалобы на опустошенность могут относиться к утрате ценных переживаний, «непродуктивной пустоте» (отсутствию мыслей),

---

[136] Причина отсутствия связи очень часто – в отсутствии (например, разрушенного сомнениями) постулата. Преодоление кризисов потери смысла происходит через обретение постулатов, которые по отношению к кризисам играют роль позитивных духовных начал.

к притуплению восприятия («слепоте» и «глухоте», в том числе «эмоциональным», когда «не воспринимаются краски жизни»), эмоций («эмоциональной пустоте»: неспособности любить, отсутствию интереса, утрате вкуса к жизни) и т.д.

Притупление восприятия проявляется в нечувствительности к «мелким» (ответственным за различение похожих вещей) деталям и ослаблении связей между новыми впечатлениями и образом мира. Впечатления вызывают меньше ассоциаций.

Эмоциональная слепота проявляется, в частности, в ослаблении способности к переживанию чувства красоты. Эмоциональную реакцию вызывают только воздействия, относящиеся к удовлетворению потребностей, связанных с реализацией функции выживания (потребностей в пище, тепле, физической безопасности, в материальных предметах, в признании и т.п.). Значительная часть эмоций имеет негативную окраску, сигнализирующую о враждебности мира [137]. Малозначимые для удовлетворения эгоистических потребностей «раздражители» не вызывают никаких или вызывают только слабые эмоциональные реакции.

Причины кризиса

Конфликт ценностей и мотивов

Такие причины кризиса неделания ценного, как принципиальная невозможность, или собственная неспособность, или неумение (непонимание как) делать ценное, неспецифичны для этого кризиса. Они могут приводить и к другим кризисам, например – дезориентации или неспособности.

Специфичная причина кризиса неделания ценного – неосознаваемый *конфликт мотивов и ценностного* (положительного) *отношения*, объектом которого (ценностью)

---

[137] Высшие эмоции не бывают отрицательными, так как человеку в его Богоподобном качестве нельзя принести вред.

может быть что угодно – люди, предметы, черты характера, принципы общественного устройства, явления природы и т.д.

Ценности различаются по *мотивационному потенциалу* [138]. Само по себе наличие ценности не означает деятельности по ее реализации. Человек может ценить доброту и не делать ничего, чтобы быть добрым. Может годами не вспоминать о любимой книге. И не только о книге – «меньше всего любви достается нашим самым любимым людям».

Лишенные мотивационного потенциала ценности могут быть смыслообразующими по отношению к «интеллектуальному», но не «ценностному» смыслу. Смыслообразущими по отношению к «ценностному» смыслу становятся только *реализуемые ценности*. Созерцательное приятие или одобрение вещи делает ее ценной, но эта ценность не смыслообразующая (по отношению к «ценностному» смыслу), а алчное стремление к обладанию или любовное стремление к близости превращает ту же вещь в смыслообразующую ценность.

При конфликте мотивов и ценностей, приводящем к утрате «ценностного» смысла, то, что субъективно представляется ценным, не обладает достаточным мотивационным потенциалом. А то, что реально мотивирует деятельность, не считается ценным.

Дезориентация

За неспособностью к пониманию могут стоять разные вещи, например неумение выделить главное или неумение включить явление в необходимые контексты. Однако более важным является неспособность к полному и адекватному проживанию из-за отсутствия необходимого опыта (по Успенскому, уровня бытия). Эта неспособность часто компенсируется подменой *проживания-воспроизведения проживанием-воображением*, реальности – фантазиями, мечтами или грезами. Такая подмена создает иллюзию понимания, при которой место реальности

---

[138] Мотивационный потенциал не определяется тем, была ли ценность внушена (заимствована) или сформирована в результате положительного опыта взаимодействия с ее предметом.

занимает суррогат из надуманных и/или заимствованных представлений, желаний, страхов и т.п.

За жалобами на дезориентацию иногда стоит недостаток знания. Но чаще – его «избыток»: наличие взаимоисключающего, внутренне противоречивого знания.

Интеллектуальные инструменты множественны. Явление можно категоризовать по-разному, оценивать по-разному, выделять главное по-разному [139].

Множественность делает интеллектуальные инструменты эластичными, пригодными для разных ситуаций. Эластичность полезна в «практических», быстро меняющихся ситуациях, где она позволяет оперативно пересматривать оценку ситуации.

Однако в ситуациях, меняющихся медленно, множественность играет дурную шутку. Когда неопределенность сохраняется долго и неясно, правильно ли выбрана линия поведения (примером такой ситуации является жизнь в целом), переосмысление ситуации ведет к тому, что формируется то одно представление о ситуации, то другое, то третье. Сама же ситуация остается неизменной. Хорошо еще, если человек способен критически отнестись к такой множественности и начать сопоставлять различные представления. Но значительно чаще в момент появления нового представления он забывает о предыдущем. Тогда множественность представлений неизбежно ведет к дезориентации, к потере последовательности, к спонтанным, скачкообразным изменениям логики поведения. Человек оказывается без «царя в голове».

Опустошенность

Слово «опустошенность» имеет два значения. В узком смысле «опустошенность» – это отсутствие ценных впечатлений, вызванное проблемами с восприятием, приемом тонких

---

[139] В множественности интеллектуальных инструментов можно увидеть множественность способов осмысления, характерных для разных Я. Для одного Я главным является одно, для другого – другое. В одинаковых ситуациях мысли и поведение разных Я различны.

энергетических потоков в психическое тело. Проявление такой опустошенности – «эмоциональная глухота» (или «пустота»).

В широком смысле «опустошенность» – это просто отсутствие ценных переживаний (не только впечатлений). Такая опустошенность может быть вызвана и утратой **способности делать** (излучать энергетические потоки из психического тела) и проявляться, например, в неспособности любить.

По отношению к творчеству опустошенность в узком смысле относится к отсутствию внутреннего содержания – мыслей, образов, чувств. А опустошенность в широком смысле – еще и к «пробуксовке» оформления (утрате радости творчества).

В самом общем виде причину опустошенности можно сформулировать как непроходимость каналов, проводящих тонкие энергии.

Шлаки

Пустота при опустошенности не бывает полной. Более того, она и не пустота вовсе. Жалобы на опустошенность говорят не о пустоте, а об отсутствии ценного (желаемого) и наличии на его месте неценного. Опустошенность – это не пустота, а заполненность «не тем», например мыслями и/или чувствами, с которыми трудно жить (ненавистью, завистью, обидой, ревностью, злобой, алчностью, страхом, чувствами вины, беспомощности, незащищенности, одиночества).

«Не то» одновременно закупоривает каналы получения и продуктивного расходования тонкой энергии и создает «бреши», через которые разные энергии «хлещут» непродуктивно. «Не то» отвлекает от работы и снижает и так невысокую ее эффективность. «Не то» – это шлаки.

Формы шлаков разнообразны. Наряду с *отрицательными эмоциями* к шлакам относятся *бесполезные фантазии, непродуктивные стереотипы восприятия, мышления или* поведения [140], *лень, нежелание или боязнь перемен* и связанного с ними *риска*.

К шлакам можно отнести и неумение (неспособность) *действовать правильно*, или, что то же самое, умение (способность) действовать неправильно.

Разновидностью шлаков является *недовольство собой*, в основе которого лежат ни на чем не основанные *представления о должном*, например о должной динамике своего психического состояния или о должном характере своего творчества. Сравнение реальности с представлениями о должном приводит к неудовлетворенности динамикой своего состояния (кажется, что оно ухудшается или улучшается слишком медленно) или к неудовлетворенности творчеством и т.п.

При кризисах нереализованности в качестве шлака выступает нуждающееся в оформлении, но *не оформленное* (и часто неосознаваемое) *внутреннее содержание*. Причины отказа от оформления могут быть разными: от непонимания причин своего состояния и «терапевтических» возможностей творчества до обычной лени.

Отказ от оформления ведет к «капсулированию» внутреннего содержания на бессознательном уровне. Его осознание и тем более оформление в последующем сопряжены с большими трудностями. Энергетический заряд «закапсулированного» содержания может сделать его помехой в дальнейшей деятельности (своего рода «комплексом»).

Хотя шлаки выполняют и полезные функции, необходимые для физического выживания, обычно их удельный вес значительно превосходит необходимый для выживания минимум. Сколько времени и сил могут поглощать, например, ревность, зависть, жажда мести, тщеславие или стремление к накоплению?!

---

[140] Следование стереотипам (а из него в значительной мере и состоит наша жизнь) перекрывает возможности реализации творческой инициативы.

Глава 16

ОСНОВНЫЕ НАПРАВЛЕНИЯ РАБОТЫ С ДУХОВНЫМИ КРИЗИСАМИ

Из того, что всякое рождение мучительно, еще не следует, что всякая мука есть... рождение.

Никакое милосердие не спасет человека, если он не поможет себе сам.

ДИАГНОСТИКА • Об «объективной» диагностике • Самодиагностика • ПСИХОТЕХНИКА • Психотерапия и психотехника преодоления духовного кризиса • «Симптоматическое лечение» • Выделение ресурса • «Негативная» и «позитивная» психотехники • Формы психотехнической работы • Работа понимания • Выбор • Очищение • Отдых • Обучение • Устремление себя к Небу

ДИАГНОСТИКА

Об «объективной» диагностике

«Объективная» диагностика духовного кризиса требует «объективной» оценки продуктов духовной работы. Основной вопрос при этом – насколько сторонний наблюдатель может оценивать эти «продукты»? Этот вопрос, сам по себе сложный, еще более усложняется тем, что «продукты» часто являются характеристиками психической жизни – способностью любить или способностью воспринимать красоту, например.

С одной стороны, снижение качества продуктов духовной работы часто декларируется, и нередко «не без оснований».

Основания тем бесспорней, чем очевидней критерий оценки продукта.

С другой – то, что кажется наблюдателю кризисом, не обязательно является кризисом для субъекта духовной работы, который может иметь иные критерии или сознательно пойти на эксперимент, «объективно отрицательный» результат которого не является отрицательным для субъекта. Наконец, субъект может сменить парадигму, и то, что кажется наблюдателю продуктом духовной работы, на самом деле таковым не является. Так, писатель нередко создает ремесленные произведения «для денег», не прекращая духовный поиск, но перенося его в другую плоскость, например переходя от работы оформления к работе осмысления.

Для объективной диагностики кризиса наблюдатель должен правильно понимать, *что* происходит с субъектом духовной работы. Можно сказать, что он должен понимать это лучше, чем сам субъект. Для этого духовный уровень наблюдателя должен быть выше, чем у субъекта.

Такая ситуация иногда встречается (в основном в диадах «Учитель–ученик»), но не часто. Обычная переоценка своих возможностей судить о других приводит к приписыванию им того (например, кризиса), чего нет на самом деле.

Таким образом, диагностика духовных кризисов в основном сводится к самодиагностике.

Самодиагностика

Кризис легко обнаружить – о нем свидетельствует *недовольство собой*. Хотя это недовольство может «маскироваться» и представать в форме то мизантропии, то стремления к самоутверждению, то повышенной раздражительности, тем не менее собственная реакция на прямой вопрос «Доволен ли я собой?» ясно показывает как наличие, так и отсутствие кризиса.

Кризиса нет, когда человек спокойно (без эмоционального трепета и иных форм сопротивления) задает себе этот вопрос и столь же спокойно отвечает «Да, доволен». Но так бывает редко.

Обычно вопрос и/или ответ вызывают внутреннее смятение, указывающее на неудовлетворенность. Впрочем, отрицательный или неопределенный ответ может и не сопровождаться всплеском эмоций.

Гораздо труднее, чем просто установить факт наличия кризиса, определить его содержание и причины. Для этого нужно понять характер и трудности своей духовной работы.

ПСИХОТЕХНИКА

Главный вопрос при изучении духовных кризисов – как их преодолевать? Его обсуждение нужно предварить несколькими замечаниями.

Психотерапия и психотехника преодоления духовного кризиса

Многие симптомы духовных кризисов хорошо знакомы психотерапевтам, так как постоянно встречаются в консультативной практике. Возникает вопрос: как соотносится традиционная психотерапия с психотехнической работой по преодолению кризиса?

Чтобы ответить на этот вопрос, нужно сопоставить психотерапевтическую ситуацию с ситуацией преодоления духовного кризиса. Такое сопоставление обнаруживает поверхностный характер сходства этих ситуаций. Принципиально различаются и их «герои», и стоящие перед ними задачи, и методы работы.

Клиентов психотерапевта редко отличает высокая духовность. Чаще это угнетенные культурными стереотипами жертвы обстоятельств: ошибок воспитателей, личных неудач и т.п. Их духовное развитие прекратилось рано, и к психологу их приводит отсутствие сил для борьбы с жизненными трудностями. Отличительной чертой этого контингента является *немощь*. Это своего рода «психические инвалиды».

Главная их проблема – *дезадаптированность*: неумение справиться с жизненными задачами. Часто внешняя дезадаптированность преобразуется во внутреннюю – неспособность справиться с собой. На ее решение и направлена психотерапевтическая работа

Слабость и неопытность клиента во внутренней работе не позволяют возлагать излишние надежды на то, что он может активно осмыслить и тем более изменить свою ситуацию (например, изменив структуру своей жизнедеятельности). Обычно психолог-консультант отказывается от длительной и трудной работы по пробуждению и укреплению внутренних сил клиента и идет по более легкому пути – дает «костыли», на которых клиент может «ковылять по жизни».

Консультант предлагает упражнения, смысл которых обычно не осознается клиентом (а иногда и консультантом), но которые тем не менее способствуют наступлению малоосознанного и непроизвольного улучшения. Часто такое улучшение связано с актуализацией аффектогенного подсознательного содержания (комплекса) и переживанием его в терапевтической ситуации – осознанием причин своих проблем.

Другими словами, обычно в психотерапевтической ситуации терапевт активно манипулирует пассивным клиентом.

Попытки изменить это положение, предпринимаемые в последние десятилетия некоторыми направлениями гуманистической терапии (гештальт-терапией, роджерсианцами и некоторыми другими), скорее смягчают, нежели коренным образом меняют общее положение. Центральная тенденция (активно манипулирующий терапевт и пассивный клиент) все равно сохраняется.

По сравнению с типичным клиентом психологических консультаций человек, переживающий духовный кризис, более развит. У него больше сил, он адаптирован к окружающей действительности [141] и более-менее удовлетворен своим имущественным и общественным положением.

---

[141] Из-за сложившихся стереотипов, основанных на характерном для европейской ментальности культе индивидуализма и силы, сама мысль об

Его проблемы в другой плоскости. Ему нужно расчистить путь для внутреннего развития: определить направление, освободить и сосредоточить силы для движения в этом направлении. Если у обычного клиента психотерапевта *не хватает грубой энергии* для решения задач выживания, то духовный кризис говорит о нереализованном *избытке тонкой энергии* [142]. Задача физического выживания решена; не решена гораздо более трудная задача реализации второй функции человека – единения с Миром.

У этой задачи нет простых решений. Нельзя надеяться на чудодейственные рецепты (снадобий или упражнений). Необходима длительная и трудная работа над всеми составляющими своего организма. В частности, эта работа должна происходить и в форме понимания множества непростых вещей, и в форме повышения сензитивности обычного и эмоционального восприятия, и в форме обретения самоконтроля.

Опыт духовной работы, без которой нет ни духовного развития, ни, естественно, и духовных кризисов, открывает переживающему кризис возможности, недоступные для типичного клиента консультаций.

Эти возможности связаны прежде всего с собственной «терапевтической» активностью, с «самотерапией», центральное место в которой занимает *работа понимания и произвольного регулирования своей жизни*. Если при этом используются и приемы психотерапии, их значение остается вспомогательным.

«Симптоматическое лечение»

В работе по преодолению кризиса, как и в любой терапии (медицинской и немедицинской), есть опасность ограничиться «симптоматическим лечением» – устранить проявления,

---

обращении за помощью в решении «личных» проблем претит ему как намек на неполноценность или слабость.

[142] Нереализованность может субъективно переживаться как истощение. Но это истощение относится не к тонкой, а к грубой энергии и вызвано нарушениями взаимообмена разных по тонкости энергий.

сохранив их причину. Можно найти утраченный смысл и снова его потерять. Стараясь избавиться от обидчивости, можно перестать обижаться на одно, чтобы начать обижаться на другое. И так далее.

Правильно организованная работа должна быть направлена не на «симптом», а на причину, которая в нем про-являет-ся. Такая работа значительно труднее, но при успехе ее результаты более ценны.

Выделение ресурса

Для успеха работы по преодолению кризиса необходимо:
    – тратить на нее ресурсы (время, силы, любовь, а часто – и деньги);
    – уметь ее делать, т.е. знать, какие действия ведут к успеху, и уметь их выполнять.

Так, например, единственным путем преодоления кризиса нереализованности является творчество, оформление нереализованного содержания. Эта работа (как и любая другая) требует, чтобы ею занимались, т.е. расходовали на нее свои ресурсы.

Первое, что необходимо, – «освободить руки» для внутренней работы, найти время и силы. Работа требует отказа (по крайней мере частичного) от других деятельностей. «Остаточный принцип» (по крайней мере как общее правило) здесь неприемлем [143].

«Негативная» и «позитивная» психотехники

Психотехническая работа может быть направлена либо на устранение препятствий в духовном развитии (избавление от

---

[143] Он возможен при временном переводе работы на бессознательный уровень – прием, полезный после напряженной, но не приносящей видимого результата сознательной работы.

помех, очищение от шлаков) – «негативная» психотехника, либо на обретение средств, позволяющих двигаться к целям развития, – «позитивная» психотехника.

Конечно, противопоставление «негативной» и «позитивной» психотехник условно. Устранение препятствий само необходимо для успешного развития. Иногда достаточно устранить препятствия, чтобы цель оказалась достигнута «сама собой».

Человек часто обладает необходимыми для работы знаниями и умениями, не осознавая этого [144] и не задействуя их. Обычно они заслонены культурными напластованиями – результатами обучения и воспитания. Эти напластования или «неправильные» действия (поступки, мысли, чувства) – шлаки, которые, занимая ресурс, не позволяют совершать «правильные» действия и, таким образом, «засоряют» каналы достижения «правильных» результатов. Прекращение «неправильной» деятельности, состоящей из напластований, освобождает место для «правильной» (результативной).

Но бывает и по-другому. Чтобы сделать следующий шаг, мало отсутствия помех. Нужны сознательные усилия – «позитивная» работа.

Дальнейшее обсуждение сосредоточено по большей части на «негативной» психотехнике. У такого «перекоса» несколько причин.

Во-первых, на начальных стадиях работы «негативная» психотехника важнее. Для строительства нового нужно «расчистить место», освободиться от старого.

Во-вторых, приемы «негативной» психотехники более универсальны. У всех «обычных» людей препятствия к духовному росту примерно одинаковы. Однако сами пути духовной работы существенно различаются в зависимости от индивидуальности и особенностей жизненной ситуации. Соответственно, различаются и приемы «позитивной» психотехники.

---

[144] Возможно, эти знания и умения врожденные, но неосознаваемые. Возможно и то, что человек способен получать их непосредственно из надличностного Хранилища.

И наконец, в-третьих, мой собственный уровень развития и понимания психотехнической работы с духовными кризисами позволяет значительно больше сказать о «негативной», чем о «позитивной» психотехнике.

Формы психотехнической работы

Работа понимания

Работа понимания занимает центральное место в «негативной» психотехнике преодоления любого кризиса.

Работа начинается с формулировки вопросов и определения субординации между ними. Например, вопрос «**как** (можно понять)?» подчинен вопросу «**что** (необходимо понять)?», а тот в свою очередь – вопросу «**для чего** (это необходимо)?».

За формулировкой вопросов следует поиск ответов. Так как понять можно только то, что есть в опыте, центральный момент в этой части работы – *«привязка» к опыту*. Иногда такой «привязки» достаточно, чтобы немедленно получить ответ. Однако часто наличного опыта недостаточно.

Необходимые для ответа компоненты опыта могут быть забыты или настолько разобщены в сознании, что без специальных усилий соединить их невозможно. Иногда нужного для понимания опыта просто нет.

Можно ли понять (пережить) ситуацию, с которой сталкиваешься впервые? Можно ли понять свою жизнь, которую (естественно) живешь впервые?

Положительный ответ на эти вопросы зависит от возможности приобрести необходимый опыт – либо через реорганизацию (в частности, рефлексию) имеющегося, либо через переживание (проживание) нового [145].

Эти две возможности – *рефлексия наличного* и *приобретение нового опыта* – основные в работе понимания.

---

[145] Обретение нового опыта (в том числе и нового знания) в работе понимания относится уже не к «негативной», а к «позитивной» психотехнике.

Неслучайное приобретение опыта требует условий, которые могут быть созданы только «искусственно». Можно указать на две линии такой работы.

Наиболее эффективна работа под руководством Учителя, который имеет нужный опыт и способен передать его [146]. Однако возможность непосредственного общения с Учителем редка. Занятость Учителей велика, и они могут уделить одному ученику лишь незначительное время. Большую же часть работы ученик должен выполнить сам. Чем менее он ленив в стремлении понять свое состояние, тем выше его шансы на успех.

Вторая возможность (поиск Учителя внутри себя) — это самостоятельное добывание знания путем «набивания шишек», размышлений, порождения гипотез и их проверки.

К самостоятельному добыванию знания относятся и такие «методы», как получение Откровений и/или интуитивное познание, основанные на способности напрямую обращаться к Хранилищу, где ответ на вопрос можно получить немедленно. В обычной жизни каналы связи с Хранилищем засорены или не развиты. Мы «не слышим тихих Божьих слов». Но иногда непосредственная связь с Хранилищем возможна.

Выбор

Понимание причин кризиса неделания ценного ведет к осознанию возможности *выбора между мотивом и ценностью.*

Преодоление кризиса возможно либо при превращении ценности в мотив, либо при превращении мотива в ценность. Первый путь связан с повышением энергии (значимости) ценности и отказом от того, чем занимаешься, в пользу того, чем должен заниматься. Такое переструктурирование своей деятельности требует значительных волевых усилий.

Второй — с «легализацией» того, чем занимаешься. Для этого нужно, во-первых, отказаться от ценности, например приняв решение, что «это не для меня». Во-вторых, найти в том,

---

[146] Работа под руководством Учителя может происходить в разных формах: в непосредственном общении, опосредованно, например через книги, и даже путем обучения «на чужих ошибках».

чем занимаешься, позитивный смысл, оправдывающий это занятие.

Найти «оправдания» нетрудно. Например, при осознанном (но не сопровождающемся самобичеванием) отказе от «активной жизненной позиции» из-за своей нерешительности, склонности к мечтам, отсутствия необходимой энергетики можно обнаружить, что бездеятельная пассивность имеет не меньше «плюсов», чем деятельная активность. В пассивности реализуется консервативное стремление к социальной стабильности, не менее важное для общества, чем активное стремление к радикальным переменам. Пассивность обеспечивает сохранение культурной преемственности. Наконец, пассивность часто нужна для накопления духовного содержания, которое в той или иной форме транслируется на окружающих, обогащая их.

Осознание возможности выбора и принятие на себя ответственности за его совершение открывают единственную возможность для выхода из кризиса.

Очищение

Очищение от шлаков начинается с работы понимания. Но чтобы она стала возможной, т.е. чтобы шлаки стали предметом беспристрастного изучения, сначала нужно *разотождествиться* с ними. После этого можно перейти к непосредственному *изучению* их происхождения, их значения для своей жизни и Работы и т.д.

Кульминацией работы по изучению шлаков является понимание возможностей борьбы с ними. Эти возможности могут быть связаны с действительным отказом от шлаков – устранением их из своей жизни. Но чаще они состоят в *переосмыслении* и подчинении шлаков целям духовной работы.

Отдых

Приводящая к истощению утрата энергии часто происходит вследствие неудовлетворенности результатами работы, которая в свою очередь может быть вызвана неадекватным отношением к ним и/или неправильными действиями (неумением работать).

Одним из инструментов «негативной» психотехники при работе с истощением является правильно организованный отдых – прекращение непродуктивной траты энергии.

В обыденном понимании отдых – это перерыв в работе. Более современные представления связывают отдых с переменой деятельности.

При правильно организованном отдыхе духовная работа протекает неосознанно, но продуктивно, подготавливая озарения, вдохновения и т.п.

Прекращение «неправильных» действий при отдыхе равносильно заделыванию пробоины, через которую хлещет энергия. Другой позитивный момент – прекращение негативных переживаний от неудовлетворительных результатов работы. Состояние продуктивной пустоты позволяет подключиться к мощным источникам и накапливать энергию на уровне предсознания, откуда после превышения некоторого порога она поступает и в сознание [147]. Есть и другой источник энергии – позитивные переживания по поводу успехов в «замещающей» («досуговой») деятельности.

В психотехнике отдыха принципиальны два момента. Во-первых, «прекращение» деятельности должно вести не к ее уничтожению, а к изменению ее формы на бессознательную. Во-вторых, важно не пропустить момент завершения бессознательной фазы, увлекшись «замещающей» деятельностью. В противном случае «невостребованный» результат может «закапсулироваться».

Для выполнения этих требований достаточно время от времени вспоминать о «прекращенной» деятельности, как бы спрашивая подсознание: «Готово?» Другими словами, необходимо поддерживать субординацию между главной, временно «прекращенной» деятельностью и замещающей ее второстепенной.

---

[147] Энергия поступает не сама по себе, а посредством некого агента – чувства, мысли, образа и т.п.

Обучение

Универсальная «позитивная» психотехника по преодолению неспособности делать духовную работу – обучение.

Можно ли недостаток «природной способности» компенсировать обучением? На этот вопрос нельзя ответить, не определив характера деятельности, методов обучения и пределов, в которых компенсация возможна. Но то, что обучение в какой-то мере может способствовать совершенствованию в большинстве деятельностей, означает, что вопрос о возможностях обучения нужно ставить предметно в каждом конкретном случае.

Устремление себя к Небу

При любых формах психотехнической работы быстро обнаруживается необходимость внешней *поддержки*. Поддержка должна быть постоянной. В противном случае направление работы будет меняться вместе с изменениями поддержки, и работа не сможет быть устойчивой. Обретение такой поддержки – главная цель «позитивной» части работы.

Новое – результат «позитивной» психотехники – появляется не из «ниоткуда». Конечно, в момент, предшествующий «появлению», оно уже присутствует в психическом теле. Но в психическое тело оно тоже откуда-то попадает (неважно когда). Обеспечение связи с этим «откуда» («Откуда») составляет основное содержание «позитивной» психотехники.

Хотя, возможно, иногда связь с Источником бывает и непосредственной, чаще она опосредована промежуточными «агентами»: индивидуальным «скрытым знанием» или знанием учителей. При обучении связь с Источником устанавливается через посредство учителей. При интуитивном озарении – через посредство «скрытого знания» или непосредственно. Но суть остается той же: «позитивная» психотехника устанавливает связь психического тела с внешним Источником и, таким образом, обеспечивает полу-чение внешней поддержки.

Чтобы получать устойчивую поддержку, нужно войти в Контакт («заключить контракт») с Кем-то (Чем-то), большим тебя [148], – Высшей силой (Богом или Небом). Чрезвычайно важно, чтобы Контакт был *постоянным*. В этом и состоит главное условие успешного преодоления кризиса.

---

[148] При обучении контакт устанавливается с представителем Кого-то. При настоящем обучении – с Полномочным представителем.

Часть 6
ТИПЫ ДУХОВНЫХ КРИЗИСОВ

Классифицировать кризисы можно по разным основаниям. Для целей изложения выбраны два.

В этой части дана общая характеристика четырем группам кризисов, соответствующим проблемам в четырех видах духовной работы: *кризисам развития (непонимания), кризисам потери Бога, кризисам нелюбви и творческим кризисам*. Эти группы пересекаются друг с другом, хотя каждая из них обладает и своей спецификой.

Для разговора о конкретной психотехнической работе в двух последних частях книги кризисы разделены в соответствии с их «центральными симптомами» на две группы: *кризисы дезориентации* и *кризисы опустошения*.

Г л а в а 17

КРИЗИС НЕПОНИМАНИЯ

Сбились мы. Что делать нам!

СИМПТОМЫ. ПОИСК ВСЛЕПУЮ • **ПРИЧИНЫ НЕПОНИМАНИЯ** • Определение положения дел. Мудрость • Вербализация и воображение • Проблема критериев • **ПСИХОТЕХНИКА** • «Главное стремление» • **Необходимость Учителя** • Вопросы • Как найти Учителя? Способность учиться • Как узнать Учителя? • **Интуиция как внутренний критерий. Совесть**

СИМПТОМЫ. ПОИСК ВСЛЕПУЮ

Кризис непонимания проявляется в жалобах типа: «Не понимаю, что происходит», «Не понимаю, что со мной происходит», «Не знаю, как поступить», «Не знаю, как жить дальше», «Не понимаю, хорошо это или плохо», «Не понимаю, зачем это нужно, какой в этом смысл», «Не понимаю, кто я такой и зачем живу». И т.д.

Духовная работа направлена на достижение определенных целей, «локальных» – понять что-то, выразить что-то, и/или глобальных – Истина, Справедливость, Добро, самосовершенствование, развитие «высших способностей», изменение Мира, жизнь с Богом.

Обычно человек только смутно осознает, в чем состоит желанный результат, и уж во всяком случае почти ничего не знает ни о путях его достижения, ни о том, достижим ли он в принципе. Поиск идет вслепую. Это «поиск в темной комнате черного кота», которого там, возможно, и нет.

Поиск вслепую состоит в случайном выборе направления, изменении объекта в этом направлении и оценке результата. Попытка может быть признана неудачной (измененная вещь оказывается еще хуже) или удачной. Если попытка была неудачной, все повторяется сначала. При удачной попытке поиск может прекратиться (при удовлетворенности результатом) или продолжиться. В последнем случае дальнейшее «улучшение» производят в направлении, принесшем ранее успех, или случайно найденном новом. И т.д.[149]

Ясно, что при поиске вслепую надежд на успех немного. Удивляет, что они вообще есть. Метод «проб и ошибок» требует большой настойчивости и в лучшем случае ведет к непродуктивной трате энергии, а в худшем – к топтанию на месте, когда улучшение в одном связано с ухудшением в другом[150]. «Компас» показывает то одно направление, то другое. В каждый момент хочется улучшить то, что «болит» именно сейчас. То здоровье, то карьеру, то еще что-то.

Для одних форм духовной работы отсутствие результата менее критично. «Безрезультатность» может незначительно снижать ценности продолжающегося всю жизнь поиска, процесс которого неотделим от результата (поиск этического идеала, нравственные искания, этико-моральное творчество собственной жизни).

В других случаях (например, поиск формы в художественном творчестве) безрезультатность в значительной степени обесценивает работу[151].

---

[149] Эта схема не специфична для духовного поиска. Она описывает работу поэта над стихотворением, стремления неверующего уверовать, сомневающегося – утвердиться, переживающего угрызения совести – добиться внутреннего лада. Но справедлива она и для футболиста, отрабатывающего финт.

[150] Когда «хорошесть» или «плохость» вещи определяется ее названием, «улучшение» в одном отношении «ухудшает» вещь в другом. Другая причина «бесконечных» поисков – стремление к совершенству: мы забываем, что ему «нет предела» и что «лучшее – враг хорошего».

[151] Хотя для многих художников процесс не менее значим, чем результат творчества, коммуникативная функция творчества делает общественную ценность результата выше.

Рано или поздно безрезультатность начинает переживаться как кризис. Его лейтмотив – «Не понимаю!».

ПРИЧИНЫ НЕПОНИМАНИЯ

За непониманием стоит неумение разбираться в окружающем мире и в себе самом, определять существующее положение дел (в частности, свое состояние и индивидуальную ситуацию) и направление своего движения: «дезориентация» означает отсутствие ориентиров. Это отсутствие может быть вызвано в том числе слабостью мотивации, проблемами с критериями и механизмами оценивания.

Определение положения дел.
Мудрость

Неумение определять положение дел говорит о недостатке *мудрости* – развитой способности к глубокому пониманию, которая позволяет «автоматически» отвечать на вопросы о значимых событиях, в том числе о своей жизни и жизни других людей.

У людей европейской культуры мудрость формируется стихийно под влиянием «мотива понимания» – стремления понять жизнь – и существует в форме работы понимания, включающей наблюдения и размышления.

Мудрость связана с объемом жизненного опыта. Но не только [152]. В основе мудрости лежит особое устройство внутренней модели мира и наличие средств для соотнесения явления с моделью.

Живое знание мудреца синтетично, комплексно и лишено противоречий [153]. Объекты и связи отражены адекватно и

---

[152] Исключений из правила «Мудрость приходит с возрастом» не меньше, чем подтверждающих его примеров. Кроме того, мудрость в одних вопросах не гарантирует мудрости в других.

[153] Источник противоречий – не в действительности, а в способах ее объяснения. Противоречивы суждения, а не явления. Явления не могут исключать друг друга – они сосуществуют. Не понимая этого, мы оказываемся в роли человека, восклицающего: «Жираф? Не может быть!

полно. «Расщепить» их можно только искусственно – анализ уничтожает адекватность знания.

Такой характер знания недостижим при теоретико-модельном (научном) подходе, нацеленном на определение немногих «главных», но статичных («мертвых») связей. Анализ и теоретизирование враждебны мудрости [154].

Хотя у мудреца нет навязчивого и самоценного стремления к преобразованию («управлению»), он не отстранен от жизни: важнейший результат понимания – определение линии поведения (индивидуального и/или группового). Но мудрый человек не совершает действий, кажущихся добрыми, но оборачивающихся злом, и действий, которые направлены на изменение того, что изменить нельзя.

Мнение, что принятие действительности – атрибут мудрости, справедливо только в отношении того, что нельзя изменить. Поэтому герой Воннегута молится: «Господи, дай мне душевный покой, чтобы принимать то, чего я не могу изменить, мужество – изменять то, что могу, и мудрость – всегда отличать одно от другого».

Вербализация и воображение

При определении положения дел искажения, свидетельствующие о недостатке мудрости, возникают под влиянием двух факторов – *вербализации* и *воображения*.

Стремление описать свое ви́дение, проинтерпретировать его и «проставить оценки» делает недостаточной «простую»

Такая   длинная   шея!»
 Видимость «противоречий» создают различия между одноименными явлениями («тезками»). Общее имя провоцирует восприятие разных явлений как одного – различия между ними игнорируются. Так, причина того, что ложь воспринимается то как зло, то как добро («ложь во спасение»), – в назывании «ложью» разных по побудительным силам поступков.>
[154] То, что «мудрость» отличается от «интеллекта», стало в многофакторных теориях индивидуальности общим местом. Например, в 16-факторной модели Р. Кэттелла близкий к мудрости «социальный интеллект» слабо связан с «формально-логическим интеллектом». Синтетичность знания отличает мудрость и от «пустого умствования» схоласта, и от научного мышления.

фиксацию (отражение) ситуации, какой она предстает в восприятии. Люди, склонные к логическим рассуждениям (рационалисты), используют в работе понимания не то, что воспринимают, а то, что создают в результате вербализации.

Искажения при вербализации вносят как используемые для описания (называния) языковые средства [155], так и интерпретация. Одну картину можно описать множеством способов, но все описания будут отличаться как друг от друга, так и от про-образа.

Определение связей при интерпретации не всегда основано на пережитом опыте. Часто используется заимствованное, «не пропущенное через себя», неправильно понятое знание, что также создает искажения.

Второй источник искажений – подмена действительности своими представлениями о ней (фантазиями). Например, искажения возникают, когда человек видит не то, что есть, а то, что ему хочется увидеть.

Проблема критериев

Фиксация и объяснение положения дел – только одна сторона понимания. Другая сторона – формирование отношения к «увиденному» и определение своих действий. К непониманию ведет неспособность отнестись к событию, когда оно не вызывает отклика или этот отклик противоречив: событие оценивается и как «хорошее», и как «плохое» одновременно.

Формирование отношения основано на оценке ситуации, на ее сопоставлении с *оценочными критериями*.

Оценка может быть механически-умозрительной или сознательной. В первом случае используются шаблоны типа «Надо мыть руки перед едой», «Надо жить не хуже других», «Демократия – хорошо, тоталитаризм – плохо» и т.п. Использование шаблонов ведет к противоречивым оценкам, когда разные шаблоны дают оценки с разными знаками. Но большая опасность шаблонов в том, что и однозначная оценка

---

[155] Язык как система отражения вносит искажения неизбежно. Если бы язык не искажал, а дублировал восприятие, он был бы не нужен.

не обязательно адекватна индивидуальности «оценщика». В шаблонах аккумулирована жизненная позиция определенных групп. Их механическое использование ведет к непроизвольному отождествлению с этими группами и их эгоистическими интересами, которые еще не стали (а возможно, и не могут стать) интересами использующего шаблон. При этом шаблоны, «упрощая» формирование отношения, зомбируют «оценщика».

Сознательная оценка основана на сопоставлении события со своими целями (интересами, стремлениями). Для нее как минимум нужны, во-первых, цели и, во-вторых, представления о путях их достижения (например, перспективный план работы).

При слабости мотивации (безразличии), когда целей нет, сознательная оценка невозможна. Однако чаще сознательной оценке мешает не отсутствие, а многообразие целей, когда множество рядоположных мелких (тактических) целей не подчинено одной главной (стратегической). Когда событие, способствуя достижению одних целей, одновременно препятствует достижению других, однозначно отнестись к нему невозможно.

Еще одна трудность, ведущая не к непониманию, а к ошибочному пониманию, состоит в неумении определить связь события со своими целями. Например, мешающее достижению цели событие оценивается как способствующее ее достижению или наоборот.

ПСИХОТЕХНИКА

«Главное стремление»

Поиск вслепую является следствием того, что человек игнорирует возможность изменить отношение к ненравящейся вещи и стремится к ее «улучшению», но не старается понять, в чем состоит «улучшение», достижимо ли оно и если да, то как.

Чтобы ответить на первый вопрос (без чего нельзя ответить на другие), нужно сформировать систему иерархического соподчинения оценочных шкал, т.е. упорядочить разноречивые стремления («быть богатым», «быть здоровым» и т.д.) и подчинить их «главному» («быть хорошим», или «быть счастливым», или т.п.). Оценка вещи как полезной или вредной для реализации «главного стремления» задает центральный критерий, который позволяет непротиворечиво оценивать состояние дел.

Необходимость Учителя

Чтобы сформировать «главное стремление», нужны либо колоссальное упрямство и невосприимчивость к изменениям в себе и в Мире, либо глубокая мудрость: знание себя, знание Мира как динамического образования, т.е. характера Его изменений, знание своего места (роли) в Мире и т.д.

Практический вопрос в том, можно ли вообще сформировать «главное стремление» без посторонней помощи. Логически несомненный, хотя и уничижительный для высокой самооценки ответ состоит в отрицании у «обычного» человека такой возможности. Посторонняя помощь необходима. Нужен Учитель, который руководит поиском. Чтобы быть эффективным, духовный поиск должен начинаться с поиска Учителя. Осознание этого требования знаменует завершение негативной работы понимания и начало позитивной работы обучения.

Для европейца необходимость помощи для преодоления кризиса не очевидна. Считая, что учителя нужны только детям и что умному и сильному человеку стыдно обращаться за помощью в решении личных проблем, большинство стремится решать их самостоятельно.

Взрослые европейцы редко имеют Учителя. Еще реже Учитель оказывается рядом в момент кризиса. В результате европеец, как барон Мюнхгаузен, сам вытягивает себя из болота за волосы. Занятие столь же приятное и легкое, сколь и целесообразное.

На Востоке ситуация иная. У суфиев (в частности, у Гурджиева) фигура Учителя и понятие «школа» – центральные.

Способность к духовной работе не развита. «Обычный» человек погружен в сон, хотя ему может сниться, что он занят напряженной и продуктивной работой. Он может проснуться, если его разбудит тот, кто не спит. И будет продолжать будить, пока спящий не проснется окончательно. «Тот, кто не спит» – Учитель.

Вопросы

Перед тем, кто решил учиться, встают несколько вопросов.

Главный из них – как найти Учителя?

Так как нет недостатка в людях, претендующих на право учить других, важен вопрос, как отличить истинного Учителя от ложного.

Наконец, для нашедших неизбежен вопрос об определении момента, когда Учитель больше не нужен. Впрочем, этот вопрос – самый легкий: настоящий Учитель сам расстается с учеником, которому он не нужен.

Как найти Учителя?
Способность учиться

Чтобы найти Учителя, прежде всего необходима *способность учиться*. Она имеет несколько составляющих. Первая – осознание своего незнания, неумения, неспособности. «Уничижающий» характер такого признания требует компенсации, без которой «самоотрицание» чревато формированием комплекса неполноценности. Компенсацией может служить понимание того, что «мое незнание или неспособность не снижают моей человеческой ценности», «хотя я не знаю Это, есть много других вещей, которые я знаю», «я не знаю (не умею), но могу научиться», «есть много других людей, которые не знают (не умеют) того же, но мое преимущество перед ними в том, что я осознаю свое незнание (неумение)».

Кроме «самоотрицания», способность учиться включает готовность поставить себя в положение ученика и стремление найти Учителя. Для этого необходима вера в то, что «есть люди, которые знают (умеют) то, чего не знаю (не умею) я», и установка на то, что «я должен найти этих людей и добиться, чтобы они передали мне свое знание (умение)», и даже «я готов для этого к жертвам».

Важнейшей составной частью способности к обучению является *восприимчивость*. Обычно она характерна для детей, но не для взрослых. Но учиться нельзя, если не смирить гордыню и не приготовиться увидеть то, чего не ждешь, даже если новое понимание перечеркивает привычные представления.

Наконец, способность к обучению включает навык *самонаблюдения* и *терпение*. Самонаблюдение придает обучению активность. На первых порах активность ученика ограничивается наблюдением за происходящими с ним изменениями. Терпение придает элемент пассивности, необходимый для любого обучения. Ученик не должен требовать быстрых результатов и должен уметь поддерживать сколько-нибудь длительное волевое усилие.

Как узнать Учителя?

Нахождение настоящего Учителя среди множества лже-учителей только отчасти зависит от удачи.

Ищущий Учителя человек, встречаясь с разными людьми, пытается понять, кто из них может стать для него Учителем. Этот поиск имеет обоюдный характер – Учитель также активно ищет ученика. Настоящий Учитель хочет учить (иначе он не был бы Учителем). Правда, в этом Учителя не отличаются от лже-учителей.

Формирование пары «Учитель–ученик» происходит подобно формированию других пар: оба должны понять, что нужны друг другу. Однако позиции их не симметричны. Учитель понимает, чему он может научить данного ученика. Ученик же этого не знает. Если Учитель отказывается от ученика, то на это существуют веские причины, чаще всего связанные с учеником, а не с Учителем.

Однако и у ученика есть как минимум две возможности понять, свела ли его судьба действительно с Учителем.

Первая основана на внешне тривиальном утверждении: «Учитель знает больше ученика». Если ученик обнаруживает, что учитель не сообщает ему ничего нового, то ему следует отойти от этого «учителя» [156]. Конечно, ученик может не «слышать» в, казалось бы, знакомых словах новое содержание. Однако настоящий Учитель не говорит того, что ученик не готов понять.

Вторая возможность связана с «чутьем», позволяющим почувствовать духовный потенциал Учителя, вкус истины в его словах и, таким образом, признать его превосходство. Правда, «чутье» (способность опознавать духовные ценности) более развито у людей с высоким духовным уровнем. В начале работы возлагать на него слишком большие надежды не следует.

«Статистическая» трудность нахождения Учителя неодинакова для разных стадий обучения. На начальных этапах учиться можно у многих; на более поздних количество потенциальных Учителей уменьшается.

Вопрос о том, чему необходимо учиться, имеет второстепенное значение. При глубоком изучении любого предмета можно научиться всему. Начиная с некоторого уровня глубины, любое знание родственно любому другому. Общие законы всюду одинаковы. Различаются частные законы и их проявления. Таким образом, *стартуя из любой области и углубляясь в изучение предмета, можно достичь уровня универсальных законов*.

Этот тезис можно иллюстрировать разными примерами, но, может быть, наиболее впечатляющи свидетельства религиозных подвижников, достигших в рамках разных религий одного и того же Терминального Состояния. Духовные лидеры разных

---

[156] Терпение нужно ученику, в частности, чтобы дождаться понимания, получает ли он новое.

культур лучше понимают друг друга, чем «обычные» люди – их и друг друга.

Интуиция как внутренний критерий. Совесть

Отказаться от внешнего руководства духовным поиском можно, только обладая Божественной способностью безошибочно ориентироваться в Мире.

Работа понимания нуждается во внешней поддержке. Без нее полностью осознанным понимание не бывает. Однако у человека есть способности к мало осознанному, но часто адекватному пониманию. Эти способности – интуиция [157] и Совесть.

Из того, что известно об интуиции, можно предположить, что она основана на одном из двух (или обоих вместе) механизмах.

Первый – непосредственное обращение к образному пласту модели мира, минуя вербальные и воображаемые «напластования». Такое обращение предполагает «отключение» интерпретирующих, рассуждающих систем.

Второй – обращение не к личному «хранилищу знаний», а к «надличному» (мировому, «ноосфере»).

В пользу первого механизма говорит то, что разным людям на один и тот же вопрос интуиция может подсказывать разные ответы. Однако этот довод не бесспорен. Можно предположить, что интуитивные способности различаются от рождения, или что в ходе воспитания способности получают разное развитие, или что люди по-разному используют свои способности [158].

---

[157] Хотя мудрость предполагает развитую интуицию, интуиция не тождественна мудрости. Мудрость – устойчивая способность, формируемая длительной работой. Интуиция же, которая «посещает не регулярно», – зародыш такой способности, который нужно развить.

[158] Последнее соображение наиболее основательно, так как самое важное в интуитивном познании – не включить и без того постоянно работающие механизмы интуиции, а отключить мешающие схемы интерпретации и воображения.

Впрочем, рассуждения о механизмах интуиции без способов проверки той или иной гипотезы умозрительны. Важнее понять приемы, развивающие интуицию и/или позволяющие максимально использовать ее возможности.

Одна из интуитивных способностей – Совесть – делает интуицию не только средством отражения действительности, получения «карты местности», но и «компасом», позволяющим определять направление движения, отвечать не только на вопрос «Что происходит?», но и на вопрос «Что (нужно) делать?».

Возможность интуитивного понимания переносит вопрос об Учителе в иную плоскость. Интуиция позволяет непосредственно обратиться к Главному Учителю, минуя посредничество Учителей-людей. Но требования к ученику, безотносительно к тому, кто (или Кто) его учит, остаются теми же.

Глава 18

ПОТЕРЯ БОГА

Боже мой! Боже мой! для чего Ты оставил меня?

СИМПТОМЫ • ПРИЧИНЫ ПОТЕРИ БОГА • ПСИХОТЕХНИКА • Воспроизведение высших переживаний • Обращение к Богу. Молитва • Очищение • «Не от мира сего»

СИМПТОМЫ

Многие формы кризиса религиозности, по сути, являются кризисами непонимания. Но как минимум в одном случае «религиозный кризис» несводим к непониманию.

Общий момент для всех кризисов религиозности – отсутствие веры [159]. Содержание состояния «утрата веры» определяется характером утраченного.

Если вера умозрительна (воспитанная привычка считать Бога существующим), то ее легко потерять при занятиях интеллектуальными упражнениями или при подростковой переоценке ценностей. Такая «утрата» не специфична для кризисов религиозности. Скорее она – разновидность дезориентации.

Другое дело, когда вера основана на *живом опыте* высших переживаний при Контакте – откровений, видений, чувства сопричастности, радостного переживания гармонии, благодати и т.д., а ее утрата связана с прекращением Контакта. Если

---

[159] Кризисы религиозности охватывают случаи как «негативной» динамики общения с Богом (утрата веры), так и отсутствия «положительной» (невозможность обрести веру).

289

живой источник веры «перекрыт», вера подвергается сильным испытаниям. Попытки поддержать ее логическими доводами не могут заменить Контакт и обеспечить достоверность знания бытия Божья.

Утрата способности к Контакту человеком, обладавшим ею и ценящим ее, вызывает кризис потери Бога. «Для чего Ты оставил меня?» – это жалоба не на событийную неудачливость в делах, а на утрату способности к Контакту.

Для кризиса потери Бога характерны пустота, отсутствие высших переживаний, приземленность, озабоченность, «зашлакованность».

Оказавшись в этом кризисе, человек может как понимать, так и не понимать, *что* с ним произошло. Непонимание особенно характерно для начальных этапов духовного развития, когда высшие переживания разрозненны и их источники не осмысляются как единый Источник [160].

ПРИЧИНЫ ПОТЕРИ БОГА

Основная причина потери Бога – предательство, отказ от жизни с Богом в пользу «мирских радостей» – стремлений к удовольствиям, карьере, славе, богатству и т.п. Времени и сил на жизнь с Богом не остается.

В каждый момент человек совершает выбор (обычно не осознавая этого): посвятить этот момент Богу или себе. Этот выбор неизбежен. Отказ от Первой Альтернативы в пользу второй влечет неизбежную расплату в форме опустошенности (неспособности к высшим переживаниям).

«Свято место пусто не бывает». Место высших переживаний занимают «низшие» («шлаки») – алчность, раздражение, страх и т.п.[161]

---

[160] На этих этапах редко есть идея Бога, которая позволяет интерпретировать высшие переживания как Контакт. Так, малопригодно для этого детское представление о Боге – сидящий на облаке старик.

[161] Это не проповедь чуждых мне аскетизма или религиозного фанатизма, а констатация.

ПСИХОТЕХНИКА

Воспроизведение высших переживаний

Обретение Бога происходит в двух формах:

— в развитии или восстановлении способности к высшим переживаниям и

— в осмыслении этих переживаний как единого опыта общения с Богом, включающем синтез самой идеи (понятия, представления, образа) Бога.

Вторая форма является работой понимания, неспецифичной для кризисов потери Бога. Первая, наоборот, специфична именно для этих кризисов. Остановимся на ней подробнее.

Желание преодолеть внутреннюю пустоту, заменить «низшие» переживания высшими задает направление более или менее осознанного духовного поиска [162].

Поиск состоит в попытках *воспроизвести опыт* высших переживаний.

Самый простой путь для этого — воспроизвести ситуацию переживания. Если оно возникло в горах — отправиться в горы; если пришло на симфоническом концерте — слушать музыку и т.д.[163]

Само по себе воспроизведение ситуации еще не гарантирует повторения переживания. Важнее воспроизвести предшествующее ему состояние. Горный пейзаж вызывает восхищение при созерцательном настроении, но не при озабоченности спортивной стороной похода. Слушая музыку, можно пережить сложную гамму чувств, если «погрузиться» в нее, или не пережить ничего, если голова занята бытовыми заботами.

---

[162] Часто стремление к осознанности и рефлексивности мешает поиску, отбирая у него энергию.

[163] Эта стратегия отчетливо видна у наркоманов. Ценность опыта, пережитого под действием наркотиков, заставляет принимать их снова. Повторение ценного переживания повышает риск формирования психологической (иногда не менее сильной, чем физиологическая) зависимости от наркотика.

Воспроизвести состояние – значит *вспомнить* его (но не факт его переживания). Для этого состояние нужно *«сыграть»*. Такой «игре» помогает воспроизведение *ситуации*.

Стремящийся к высшим переживаниям человек может стихийно научиться входить в состояния, которые позволяют воспроизводить ценный опыт, причем со временем все более независимо от внешней ситуации. Но такое стихийное научение неэффективно. Попытки заняться «позитивной» психотехнической работой, не предварив ее «негативной», ведут в лучшем случае к неэкономной трате сил.

Обращение к Богу. Молитва

Более прямой путь к высшим переживаниям (слышанию Бога) в том, чтобы услышать ответ на обращение к Нему. Каноническая форма такого обращения – молитва. Но до Бога доходит не любая молитва. Распространенное в христианской теологии мнение состоит в том, что эффективность молитвы зависит от того, кто молится. Достигают Бога молитвы чистых душ. Не достигают – молитвы грешников.

Это мнение представляется обоснованным, если считать субъектом молитвы не индивида (физическую или психическую особь), который всегда в чем-то «грешен», а то множественное Я, которое молится. Молитвы искусственных Я, формирующих личность (например, молитва «Я-прагматика» о победе над конкурентами), по сути, молитвами не являются. В них отсутствует самое важное – обращение психического тела к духовному миру. Такая «молитва» – прагматический поступок, совершаемый в форме ритуала [164].

Молитва становится молитвой, когда ее субъект – «духовная часть» сущностного Я (Я-центр). Я-центр – одновременно и «представитель» индивида в духовном мире, и «часть» духовного мира, «состояние» которой непосредственно воздействует на духовный мир.

---

[164] Я не касаюсь здесь возможностей магии (типа порчи или сглаза), трансформирующих психические реалии в физические, но не затрагивающих духовный уровень организации Мира и не имеющих отношения к высшим переживаниям.

Я-центр – это та «чистая душа», молитвы которой могут дойти до Бога. Но Я-центр «чист», только когда разотождествлен со всем происходящим в человеке. Обычно же Я-центр (если он вообще наличествует) слит с Я-актуальным, т.е. отождествлен с частью происходящего и в этом смысле загрязнен им. Чтобы стать «эффективным субъектом» молитвы, Я-центр должен очиститься. Необходим этап «негативной» психотехники.

Очищение

Очищение избавляет Я-центр от шлаков – того, что заполняет существование, не оставляя места для жизни с Богом. Значение очищения подчеркивают все религии, предписывая следовать ритуалам постов, воздержаний, послушаний и т.п.

Очищение основано на *разотождествлении*, отделении Я-центра от шлаков и обретении способности отнестись к ним как к чему-то чуждому. Разотождествленный со шлаками Я-центр высвобождается и устремляется к Небу. В этом состоит общий принцип. Но его практическая реализация (психотехника очищения) представляет непростую проблему.

Энергия шлаков (незаконченных действий, нереализованных отношений, потребностей, комплексов, неотреагированных импульсов, например агрессивных, и т.д.) проявляется в том, что они стремятся к реализации в поведенческой или какой-либо еще «внешней» форме. Так как (по крайней мере на первых этапах духовного развития) состояние разотождествленности постоянно сменяется самотождественностью, Я-центр то исчезает, то снова и снова оказывается отождествлен со шлаками. Шлаки, как трясина, засасывают Я-центр, лишая его возможности свободного слияния с духовным миром.

В принципе есть две возможности для очищения: *подавление* (произвольный отказ от поведенческой реализации) шлаков и их *реализация в «приемлемой» форме*, т.е. совершение «небольших» грехов с последующим покаянием.

293

Подавление (запрет себе совершать определенные действия, думать об определенных вещах, испытывать определенные чувства), безотносительно к тому, сопровождается ли оно «благочестивыми» действиями или нет, ведет к вытеснению. Шлаки, сохраняя энергетический потенциал, преобразуются в бессознательную форму и становятся источником внутренних конфликтов. Примером последствий такого вытеснения являются «неблагочестивые» сны или мысли монахов [165].

Произвольный отказ от шлаков без негативных последствий, хотя и возможен, происходит гораздо реже, чем это может показаться.

Внешняя реализация, разряжая энергию, часто не ослабляет, а укрепляет шлак. Например, реализуя свою агрессивность в спорте, боксер становится не менее, а более агрессивным.

В принципе (так считают и богословы) покаяние может вести к очищению («прощению грехов»). Но эта возможность реализуется не автоматически. «Эффективность» покаяния определяется тем же, чем и эффективность молитвы, – тем, кто его субъект. Покаяние личностных Я бессмысленно. Очищает только покаяние Я-центра. Но оно возможно, только когда Я-центр чист. Возникает заколдованный круг: чтобы очиститься, нужно покаяться, а чтобы покаяться – очиститься.

Не менее «беспросветна» и ситуация с очищением в целом: и подавление и разрядка шлака не избавляют от него – не очищают.

«Не от мира сего»

Чтобы увидеть «просвет», нужно понять соотношение «мирского» и «Божественного».

Обычное их противопоставление небезосновательно. Социальный успех (или *адаптация*) требует качеств (агрессивности, хитрости, изворотливости, целеустремленности в занятиях «мирскими» делами и т.п.), которые сопровождаются

---

[165] Как правило, проще отказаться от тех или иных поступков, чем от мыслей и тем более чувств.

переживаниями, несовместимыми с религиозными, – алчностью, злобой, страхами и т.п. Эти переживания – те самые шлаки, очищение от которых открывает дорогу высшим переживаниям.

Несовместимость «Божественного» и «мирского» – это несовместимость духовной работы и эффективности в практических делах, которую демонстрируют некоторые гении, юродивые и т.д. Единение с Богом влечет разрыв социальных связей со всеми вытекающими из него последствиями.

С одной стороны, это проблема общества, превращающего потенциальных духовных лидеров в отверженных [166].

С другой – проблема личного выбора между «греховным» социальным успехом, за который нужно расплачиваться, и духовной состоятельностью – жизнью с Богом, требующей жертвы этим успехом.

Однако противопоставление «Божественного» «мирскому» не учитывает нескольких обстоятельств. Во-первых, без адаптации вообще нельзя поддерживать индивидуальную жизнь, существование физического тела. Во-вторых, жизнь с Богом – это прежде всего Служение, а оно невозможно без адаптации [167]. Многие формы Служения основаны на социальном успехе и обладании его атрибутами – властью, деньгами, иногда и славой. В-третьих, полнота мироощущения, без которой нет жизни с Богом, основана на умении наслаждаться самыми простыми вещами – вкусом пищи, солнечным светом и т.п., т.е. на умении «вкушать мирские радости».

Возникает парадоксальная ситуация, делающая любой выбор бессмысленным: с одной стороны, Служение требует отказа от мира (социальной адаптации), с другой – такой отказ мешает Служению, несению Слова и Воли Божьих в мир.

Историю Моисея можно проинтерпретировать как иллюстрацию этого парадокса. Чтобы выполнить волю Бога и привести евреев в Землю Обетованную, ему пришлось настолько погрязнуть в практических делах и принять на себя

---

[166] Общественная ценность духовных исканий не тождественна их субъективной ценности, а иногда (как в случае с наркоманами) прямо противоположна ей.

[167] Суфии подчеркивают возможность жизни с Богом без ухода из мира.

такое количество грехов, что для него самого путь туда оказался закрыт.

Следствием невозможности выбора между «Божественным» и «мирским» стали попытки совместить их.

Вульгарная интерпретация слов Иисуса «Отдавайте кесарево кесарю, а Божие Богу» направила эти попытки в сторону поиска компромисса через *разделение ресурса*: часть ресурса тратится на социальную адаптацию, а часть (молитвы перед сном и перед едой, хождение в церковь по воскресеньям) – на жизнь с Богом.

Но такая наивная хитрость не учитывает, что от Бога нельзя откупиться ритуалами. Человек, живущий с Богом, живет с ним и при исполнении ритуала, но само по себе исполнение ритуала не означает жизни с Богом.

«Безвыходность» ситуации еще больше усиливает сомнения в исходном постулате – антагонизме «мирского» и «Божественного», который явно расходится с реальностью.

Но отказаться от него, «механически» сняв противопоставление «мирское–Божественное», нельзя. Иначе теряется само понятие «Божественное».

Отказ возможен не на общетеоретическом уровне отвлеченных рассуждений, а только на уровне индивидуальных *смыслов* – через придание личной адаптации (и неотрывной от нее реализации личных шлаков) смысла не самостоятельной ценности, а инструмента достижения духовных целей, прежде всего целей Служения.

При этом «шлаковое поведение» (агрессия отца, наказывающего ребенка; сексуальная близость любящих супругов; хитрость и жадность родителей, «поднимающих» детей в условиях кромешной бедности) становится проявлением не ненависти или алчности, а любви и заботы, то есть – духовного бытия.

Такое переосмысление – трудная задача, которую в каждом конкретном случае нужно решать творчеством собственной жизни, но оно устраняет несовместимость «Божественного» и «мирского».

Для работы очищения это означает, что произвольный отказ от того, от чего можно отказаться, должен быть дополнен *переосмыслением* того, от чего отказаться нельзя.

Глава 19

КРИЗИС НЕЛЮБВИ

Без слез, без жизни, без любви.

СИМПТОМЫ • **ПРИЧИНЫ** • **Распыленность** • **Зашлакованность** • Негативизм • Алчность • **НАПРАВЛЕНИЯ ПСИХОТЕХНИЧЕСКОЙ РАБОТЫ** • **Работа понимания • Преодоление негативизма • Борьба с алчностью** • Узнавание алчности • Проблема воли. Два типа желаний • Отказ от желаний • *Переоценка ценностей* • **Добро и жизнь**

СИМПТОМЫ

Кто-то из великих сказал, что состояние влюбленности присуще человеку. Подростки хорошо понимают эту мысль. Однако с годами ситуация часто меняется: способность к любви не реализуется.

Когда любви нет, ее место занимает одиночество. Внешний мир пуст или враждебен. Внутри пустота. Связь с миром разорвана. Источник пересох. Жить незачем. Человек оказывается в кризисе нелюбви.

Стремление избавиться от одиночества часто приводит к заполнению жизни заменителями любви – разными формами алчности, погони за призраками. Проявления алчности – приобретательство (во внешнем плане) и вожделение (во внутреннем) – отбирают все силы. Приобретательство становится главной деятельностью, а вожделение – главной эмоцией. Для других деятельностей и эмоций места не остается. Этот поток несет (иногда помимо воли) и тех, кто обладает духовным опытом и знаком с нематериальными радостями.

Часто событийная причина нелюбви – «враждебность» мира: отсутствие взаимности, измены, удары судьбы и т.п. «Естественные» реакции на такие события – негативизм (ответная враждебность, неприятие действительности) на уровне отношений и борьба с миром или уход от него – на поведенческом уровне.

Неприятие проявляется в критицизме, видении мира через «черные очки», пессимизме, раздражительности и т.п. Неприятие может быть локальным (относиться к отдельным сторонам действительности) и глобальным, относящимся к миру в целом, – «...эта глупая луна на этом глупом небосклоне». Но и локальное неприятие становится той «ложкой дегтя», которая отравляет радость гармоничного мироощущения.

В русской истории и художественной литературе много персонажей, недовольных несовершенством мира. Русский положительный герой не любит конкретных людей и делает исключение только для «народа». Из-за «склейки» двух понятий: критичности и способности к преобразованиям В европейской традиции (включая и русскую) критичность интерпретируется как необходимая предпосылка способности к преобразовательской деятельности – нетерпимость предстает в русской культуре как высшая добродетель и доблесть.

Разным по глубине кризисам нелюбви соответствуют разные способы осмысления их причин: некого любить («кого ж любить?»), не могу выразить любовь («стараюсь делать как лучше, а получается как всегда»), не могу любить («душа моя, как дорогой рояль, который заперт и ключ потерян»). Последний случай соответствует наиболее глубокой форме кризиса.

Наиболее тяжелые последствия кризиса нелюбви – мизантропия, одиночество, ощущение бессмысленности жизни, меланхолия (часто сопровождаемая и соматическими расстройствами). Однако источник любви очень мощный, и часто привязанность («влюбленность») к человеку или вещи «сама собой» сменяет состояние нелюбви, из чего, конечно, не следует, что новая попытка любить будет успешной.

Обычно человек мало осознает причины удач и/или неудач в любви. Такое осознание может прийти при повторяющихся неудачах. Если причина неудач будет приписана не внешним обстоятельствам, а себе, работа с кризисом нелюбви может стать сознательной: поиском объекта или средств выражения любви и/или развитием (точнее, восстановлением) самой способности любить.

ПРИЧИНЫ

Целостный взгляд на «проблемы нелюбви» обеспечивает энергетический подход. Главные причины этих проблем – *недостаток эроса* (энергии любви) и невозможность его свободного течения.

Распыленность

У человека есть много возможностей расходовать необходимую для синтеза эроса энергию либидо для других целей (секс без любви, превращение либидо в энергии, расходуемые на замещающие деятельности).

Когда для синтеза используется мало либидо, небольшим оказывается и количество синтезированного эроса. Если при этом он не накапливается, а расходуется сразу же, то растрата происходит в форме легких увлечений – «дежурных влюбленностей».

Наличие многих привязанностей (в настоящем и прошлом) связывает энергию эроса. Что касается прошлых привязанностей, это объясняется тем, что невозможность поведенчески выражать любовь к объекту, с которым нельзя вступить в контакт, не означает прекращения любовного отношения. Со смертью любимого человека любовь не умирает. Тем более не означает конца любви прекращение общения. Отношение сохраняется и требует для своего поддержания энергии эроса.

Если недостаток либидо приводит к количественному уменьшению синтезируемого эроса, то недостаток духовной энергии, необходимой для восприятия красоты и восхищения объектом любви, – к его качественному обеднению.

Зашлакованность

Симптомы кризиса нелюби во многом те же, что и у кризиса потери Бога, – опустошенность и ее оборотная сторона – зашлакованность. Это сходство основано на глубоком (хотя не всегда очевидном) тождестве «Бог есть Любовь, и Любовь есть Бог». Энергия, идущая от Бога, – это энергия Любви. В состав человеческой любви (энергии эроса) также входит Любовь, хотя и в гораздо меньшем количестве.

Возможности пополнять необходимые для синтеза эроса «материалы» ограниченны и, как правило, уменьшаются с возрастом. В отношении либидо это вызвано физиологическими причинами. В отношении духовной энергии – тем, что каналы связи с духовным Я с возрастом «зашлаковываются» – накапливаются переживания, дела и заботы, которые не оставляют времени и сил для связи с духовным Я.

Являясь порождением отношений Я с миром, в которых доминируют сверхценность Я, эгоизм, пустота и/или враждебность мира, шлаки не только перекрывают канал связи с духовным Я, но и отбирают у эроса возможность свободно изливаться на мир, так как захватывают все ресурсы, заполняют всю жизнь.

Главные причины (шлаки), мешающие любить, – *негативизм* и *алчность*.

Негативизм

Не судите.

Можно замечать недостатки того, что любишь, но нельзя полюбить то, что считаешь плохим. Отношение к миру, в котором преобладает неприятие, парализует способность любить.

Это относится и к такой «ослабленной» форме неприятия, как двойственность, когда в отношении соединены привлекательность и отторжение (например, презрение или брезгливость). Позитивная и негативная модальности двойственного отношения взаимно нейтрализуют друг друга.

В основе неприятия лежат противопоставление себя (мысляшего и действующего) миру (враждебной и вообще «нехорошей» среде обитания) и стремление отыскивать недостатки – результат склонности к вынесению приговоров, оценке явлений как «хороших» или «плохих» [168].

Когда оценивание основано на сравнении с несуществующим идеалом, его результаты не могут быть позитивными. Обычно поводов для недовольства хватает. И то не так, и это не этак. Однако в отличие от судебной практики, где за вынесением приговора следует наказание преступника, за свои «приговоры» расплачиваемся в первую очередь мы сами. Расплачиваемся нелюбовью.

Алчность

Все мое.

Блаженны нищие духом.

Фромм («Иметь или быть?») противопоставляет стремления к обладанию и к бытию как два полюса организации индивидуальной жизни. Главный атрибут «бытия» по Фромму – «внутренняя активность».

Развивая эту мысль, можно противопоставить два способа организации отношений Я с миром. Первый – любовь – основан на альтруистическом стремлении к самоотдаче, деланию добра. Второй – алчность [169] – на эгоистическом стремлении подчинить мир, манипулировать им, использовать его как инструмент достижения своих целей. Алчное отношение исключает любовь, и наоборот. Алчность засоряет источник любви, не дает ему изливаться на мир.

---

[168] Навязчивое стремление к оцениванию, закладываемое в детстве, мешает духовной работе, делая ее во многом борьбой с оценочностью.

[169] Алчность в узком смысле – стремление к обладанию деньгами и другими «материальными ценностями». Алчность, понимаемая широко, – стремление к обладанию необязательно материальными объектами: стремления к власти, к обладанию любимым человеком и т.д.

Последовательно осмысленная и «одобренная» алчность делает мировосприятие *прагматичным*: любые явления оцениваются с точки зрения их полезности для своих узких целей. Когда отношение к человеку определяется его «полезностью» (для решения финансовых проблем, или проблем домашнего хозяйства, или продолжения рода, или воспитания детей), как это бывает при браках по расчету, оно несовместимо даже с «эгоистичной любовью».

Как и любовь, алчность раздвигает границы Я и придает смысл жизни. Стремясь к обладанию, человек знает, **что** делает. Правда, он часто не понимает, **зачем** ему это нужно, и, получив желаемое, обнаруживает, что приобретение его не радует. Так бывает с детьми, которые получили желанную игрушку, поиграли полчаса и забыли о ней. Нередко основная функция приобретения в том, чтобы напоминать владельцу об упоительных минутах борьбы за обладание им.

НАПРАВЛЕНИЯ ПСИХОТЕХНИЧЕСКОЙ РАБОТЫ

Работа понимания

Работа начинается с понимания причин интерпретации своего состояния как «нелюбви». Результаты этой работы могут быть разными.

Например, за отсутствие любви можно принять «распыленность» энергии эроса по многим объектам, когда каждой любимой вещи достается только пылинка любви. Непонимание того, что объекты любви – это не только люди, может вести к интерпретации страстного занятия любимым делом как отсутствия Любви. Нереализованное желание «большой любви» ведет к неудовольствию по поводу замещающих ее многочисленных «дежурных влюбленностей».

Причина кризиса во всех этих случаях – не в нарушениях «энергетики любви»: эрос синтезируется в «достаточном количестве» и течет свободно [170], а в способах интерпретации своего состояния.

В других случаях можно обнаружить недостаток духовной энергии, при котором обедненная энергия эроса близка к «чисто сексуальной» энергии либидо. Этот недостаток вызван зашлакованностью каналов связи с духовным миром. Тогда «негативная» часть психотехнической работы – это очищение, прежде всего от шлака негативизма и шлака алчности.

Преодоление негативизма

Цель борьбы с негативизмом – *принятие мира*. Основное средство – изменение своих представлений о нем (как в целом, так и в отдельных частях).

Принятие не означает замены «плохих» оценок на «хорошие». Оценка одного явления как «хорошего» означает, что другое оценивается как «плохое». Принятие исключает любые оценки, и хорошие и плохие.

Работа по изменению своих оценок начинается с *разотождествления* и *сомнения* в справедливости «обвинительных приговоров». Центральный момент в ней – умение *анализировать происхождение суждений*.

Такой анализ связан с риском снижения самооценки. Представления о независимости собственного мышления оказываются разрушенными с самых первых шагов. В результате возникает *сопротивление* из-за неготовности отказаться от представлений о себе как умном, независимом, справедливом и т.п. Если это сопротивление не преодолеть, работа закончится, так и не начавшись.

Однако, если готовность к беспристрастности сильнее сопротивления, анализ негативного суждения быстро показывает, что оно основано на *заимствованных* (и ясно у кого) представлениях о хорошем и плохом, с одной стороны, и

---

[170] Наоборот, «большая любовь» (страстная влюбленность) приходит вследствие ограничения свободы эроса. Когда есть «плотина», не позволяющая эросу изливаться вовне, он накапливается до тех пор, пока не сметает эту плотину, как и все на своем пути.

на своих непосредственных реакциях на причиненные «обиды» – с другой. Выясняется, что в суждении *«ЭТО – плохо»* свернуто суждение *«ЭТО – плохо по мнению того-то и того-то»* и/или суждение *«Я считаю, что ЭТО – причина того, что мне плохо (было плохо тогда-то)»*. Разница между исходным (свернутым) «ЭТО – плохо» и его развернутыми формами громадна.

После трудного первого шага дальнейшая работа проще. Ей помогает позитивное самоотношение. Если мнение чужое, то оно уже не столь ценно и им не стоит так дорожить. Более того, оно не обязательно справедливо.

Работа с развернутой формой «Я считаю ЭТО причиной того, что мне плохо (тогда-то было плохо)» идет через попытки ответить на вопросы «Действительно ли мне плохо?» (или «тогда-то было плохо?») и, главное, «Действительно ли ЭТО – единственная (главная) причина «плохости»?». Оба вопроса углубляют анализ и делают его более беспристрастным. Через несколько шагов (иногда и сразу) становится ясно, что исходное «ЭТО – плохо» недостаточно обоснованно и за него не следует держаться.

Такой анализ – средство еще не полюбить ЭТО, но уже избавиться от неприязни.

Борьба с алчностью

Преодоление алчности, означающее отказ от желаний и предоставление духовному началу свободы самореализации, представлявляет грандиозную проблему. Речь идет об изменении всего психического бытия. У такой задачи нет простых решений. Вопрос в том, насколько полно она вообще может быть решена. Но, даже если считать отсутствие алчности недостижимой идеальной целью, «только» задающей направление развития, работа по ее преодолению имеет смысл.

Узнавание алчности

Чтобы начать эту работу, прежде всего нужно научиться узнавать алчность. Но как это сделать, если она умеет искусно маскироваться?

Алчность может проявляться и в благотворительности, и в заботе о детях, и в религиозной жизни, и в чтении стихов. К проявлениям алчности могут относиться и такие желания, как «желание предоставить духовному началу свободу самореализации», «желание быть», «желание избавиться от алчности».

Вместе с тем даже ростовщичество, если доходы от него используются для Служения, – не алчность. Важно не то, **что** делаешь, а – **как** (для чего).

В основе алчности лежит *эгоизм*. В основе Любви – *альтруизм*, основной атрибут которого – жертвование или *дарение*. Чтобы научиться узнавать проявления алчности, нужно уметь отличать (и в других, но, главное, в себе) эгоистические проявления от альтруистических.

Это непросто. Часто за альтруизм принимают «разумный эгоизм», когда «бескорыстие» основано на понимании его «выгодности». Например, за «бескорыстной и искренней» любовью к человеку стоит расчет на взаимность, а за любовью к Богу – надежда, что Он не оставит милостями[171].

Человеку, переживающему духовный кризис, научиться узнавать алчность помогает его опыт бескорыстной духовной деятельности [172], без которого не было бы и кризиса. Этот опыт формирует представление об альтруистическом полюсе бытия.

---

[171] Краеугольная для религиозной нравственности идея воздаяния основана на подобных «сделках». Впрочем, неизбежность наказаний и воздаяний очевидна и безотносительно к богословским доктринам. Наказание состоит в лишении не того, чем человек обладает и знает, что он этим обладает, а – ценностей, которыми он обладает, не осознавая этого, или мог бы обладать, если бы не его грехи. Аналогично, воздаяние заключается в получении не известной и ожидаемой ценности, а неизвестной, но неизмеримо более ценной.

[172] Этот опыт ценен и тем, что он образует «резерв», необходимый для прекращения корыстной деятельности. Так как полная бездеятельность

Проблема воли. Два типа желаний

Центральный момент в борьбе с алчностью – работа по отказу от желаний, которая, естественно, требует напряжения воли. Но, так как основа волевого акта – тоже желания, возникает вопрос: полезны ли волевые усилия для преодоления алчности? Есть ли смысл *желать отказаться от желаний?*

Вопросы эти не схоластические. Усилия по прекращению вредной для духовной работы траты сил часто сами – вредная трата сил. Например, стремление смирить гордыню самоограничением оказывается укрепляющим ее самоутверждением, а «изгнание беса» непрерывными «молитвами» и постами только укрепляет его позиции.

Чтобы снять парадоксальность этой ситуации, нужно признать существование двух типов воли (желаний) и научиться их различать. Один тип – желания, источник которых в психике, желания множественных (включая и сущностное) Я. Другой – желания (воля) Я-центра (чистой субъектности), идущие Оттуда, где никаких Я вообще нет, – из духовного мира. Источник таких желаний субъективно кажется более глубоким. О желаниях первого типа можно сказать «Я хочу». О желаниях второго типа – только «Во мне что-то хочет».

Чтобы различить два типа желаний, необходимо определить, кто (или Кто) хочет того или иного. Абсолютное большинство желаний окажется желаниями первого типа, которые непригодны для борьбы с алчностью. Среди них, впрочем, могут быть и очень «благовидные», например «жить с Богом», «самосовершенствоваться» и т.п.

Отбрасывая одно за другим желания первого типа, можно открыть очень немногочисленные желания, идущие из того Источника, доступ к которому – главная цель духовной работы.

невозможна, прекращение корыстной деятельности требует ее замены бескорыстной.

Отказ от желаний

Так как желания – разновидность шлаков, сказанное об очищении относится и к отказу от желаний. Также из трех возможных путей борьбы с желаниями (реализация желания, запрет на реализацию, переосмысление) два первых – тупиковые.

Реализация ведет к отказу от желания только при понимании его бессмысленности. Чаще реализация укрепляет желание, превращая его в устойчивую потребность (привычку).

Запрет на реализацию чреват вытеснением проявляющейся в желании потребности и формированием неврозогенного фактора. Кроме того, деятельность по удовлетворению желания сопротивляется попыткам ее прекратить [173], и для преодоления этого сопротивления необходимо значительное волевое усилие.

Переоценка ценностей

Наибольшие возможности у третьего пути отказа от желаний – работы осмысления. Когда нельзя отказаться от того, что привык делать, можно изменить смысл делания – подчинить приобретательство другим **сверхзадачам**, превратить его из самоценного в составную часть **главной деятельности** или во вспомогательную деятельность, создающую условия для **главной**.

Борьба с алчностью требует того же синтеза *внутренней иерархии*, который необходим для преодоления кризисов непонимания.

Работа осмысления начинается с *переоценки ценностей*: выделения немногих *финальных* и построения иерархии *инструментальных* (служащих для реализации финальных) ценностей.

Структура ценностей – желаемых вещей (не только материальных) – формируется в основном стихийно. Ведущие

---

[173] В этом проявляется известный «эффект Зейгарник». Деятельность «инерционна»: сам факт делания мотивирует доведение дела до конца.

ценности в иерархии часто взаимоисключают друг друга (например, доброта и успешность в делах).

Переоценка ценностей состоит в отказе от простой констатации «Я ЭТО хочу» в пользу понимания, что «ЭТО мне нужно для ТОГО-ТО» и «ЭТО мне нужно больше, чем ТО». Трудность переосмысления в том, что старый смысл сохраняется и существует наряду с новым, делая отношение к предмету желания двойственным. Преодоление этой двойственности требует повторного (вновь и вновь) понимания: что же я *хочу и почему; что мне нужно хотеть* и почему.

При переоценке одни деятельности, на которые тратилось много сил, теряют смысл, другие превращаются из самоценных во вспомогательные, а третьи, второстепенные по затрачиваемому ресурсу, обретают смысл **главных**.

Например, переоценка может привести к пониманию, что ценность материальных вещей – в их необходимости для работы, для выживания и комфортного существования, а их количество и характер определяются потребностями работы и тем, *что* считать «комфортом». Но при любом понимании «комфорта» всегда можно пожертвовать его частью для высвобождения ресурса. То же относится и к ресурсам, необходимым для работы, – работу можно спланировать так, чтобы их рационально ограничить.

Добро и жизнь

Ненавижу
всяческую мертвечину!
Обожаю
всяческую жизнь!

Преодоление негативизма и алчности очищает «каналы Любви». Но, чтобы Любовь потекла по этим каналам, ее нужно «с-аккумулировать» [174] и направить. Необходима «позитивная»

---

[174] Аккумуляция связанной эросом энергии Любви – очень древний прием духовного воспитания. Воздержание и аскетизм проповедуются многими духовными течениями (в частности, на этот путь намекает и Гурджиев), но апогея достигают в тантризме. Впрочем, накопление эроса не

работа, которая требует кардинальной смены «методологии»: отказа от рационализма в пользу религиозного признания себя частью единого управляемого Богом Мира, родственной другим частям Мира и обменивающейся с ними Божественной энергией Любви – той энергией, которой создан и живет Мир [175].

Следующий шаг – отождествление со Вселюбящим Богом. Свободный Я-центр делает это «автоматически». Но только свободный.

Я-центр, «связанный» множественными Я, не может быть вселюбящим. Любовь к одному исключает любовь к другому. Чтобы решить, «кого любить», нужно знать Абсолютный критерий, цели Мирового процесса и свою роль в нем. Без этого не выйти из заколдованного круга внутреннего мира, в котором любовь и ненависть неразделимы. Можно лишь умерить пыл деятельной любви, заменив ее принятием и по возможности безвредным для окружающих поведением.

У Льва Толстого есть наблюдение: чтобы полюбить человека, надо сделать ему добро.

Неважно, что обычно, не отличая добро от зла, делают то, что только кажется добрым (часто принося не пользу, а вред, хотя и не понимая этого). «Субъективно хороших» поступков достаточно для формирования любовного отношения.

Можно ли применить «принцип Толстого», чтобы полюбить «неодушевленную» вещь, например книгу? Этот вопрос может показаться бессмысленным, но он дает ключ к пониманию механизмов *делания добра*.

Отношение к людям как к живым существам редко. Чаще оно инструментально – «двуногих тварей миллионы для нас орудие одно». Естественно, что при этом нет стремления делать людям добро.

простое и не безобидное дело, чреватое многими неприятностями, описанными ортодоксальными психоаналитиками.

[175] Такое признание не означает отказа от преобразовательной активности. Если мир меняется, в том числе, в результате деятельности своей части – человечества, а я – человек, т.е. часть этой части, я могу (и даже должен) изменять мир.

Делание добра человеку начинается с наделения его душой. В этом – первый дар любимому.

Но точно так же можно наделить душой (оживить) любой «неодушевленный» объект. Чтобы полюбить мир, надо его одушевить.

Метерлинк в «Синей птице» гротескно непосредственно одушевляет животных и вещи. Однако сказочные персонажи Метерлинка – лишь отблеск философии пантеизма, согласно которой, безотносительно к тому, представляем ли мы Бога человекоподобным или нет и на каких позициях – материализма или идеализма – находимся, Божественная душа есть во всех Божьих творениях [176]: в камне, в дереве, в реке, в доме и т.д. [177]

---

[176] Идея «одушевления» имеет и семиотический оттенок. Вещь – это сообщение, которое можно прочитать и понять, отчужденная душа (в частности, мысль) ее творца. Это очевидно для искусственных вещей (например, технических изделий). Для явлений природы и социальных явлений это справедливо в той степени, в какой признается существование их Творца.

[177] Считая материальные вещи одушевленными, Гурджиев формулирует такие «кощунственные» вопросы, как «Во сколько раз Иисус Христос более духовен, чем стол?» (по Успенскому).

Г л а в а 20

ТВОРЧЕСКИЕ КРИЗИСЫ

Невыносимо, когда бездарен.

Как сердцу высказать себя?

СИМПТОМЫ • ПРИЧИНЫ • Дезориентация, конфликт ценностей • Шлаки • Неспособность. Относительность понятия «способность» • НАПРАВЛЕНИЯ ПСИХОТЕХНИЧЕСКОЙ РАБОТЫ • Работа воли • Анализ причин неудовлетворенности • Развитие способностей • Возможности научиться оформлению • Развитие способности к производству внутреннего содержания • *Внутренний огонь, творческая инициатива* • *Духовная жажда. «Емкость»* • *«Внутреннее давление» и индивидуальное видение*

СИМПТОМЫ

Творческий кризис проявляется:

— либо в *отказе* от творчества при сохранении его ценности – «Я ничего не делаю (не пишу, не рисую, не проектирую), хотя и хотел!»,

— либо в *неудовлетворенности* его результатами – «Я не доволен тем, что делаю!».

Отказ от творчества часто связан с заменой его другими (необходимыми или приятными) занятиями. Если «замещающие» дела делаются творчески, можно говорить о смене творческой деятельности.

Неудовлетворенность может относиться к своему творчеству в целом или к отдельным «неудачам». Когда «неудач» много [178], формируется кризис неудовлетворенности.

Если неудовлетворенность относится к будущему – к еще не реализованным замыслам или к еще не осуществившемуся опыту, – она принимает форму неприятия видимых творческих перспектив или страха творчества.

Нередко и неудовлетворенность, и отказ от творчества вызваны пониманием своей *неспособности* к нему. Поводы для такого вывода могут быть разными: отсутствие сил, «непродуктивная» пустота (отсутствие содержания, «достойного» воплощения, отсутствие вдохновения и т.п.), «оформительские» неудачи и т.д.

ПРИЧИНЫ

Причины творческого кризиса – те же, что и у любого духовного кризиса: дезориентация, опустошенность (зашлакованность), неумение-неспособность и т.д.

Дезориентация, конфликт ценностей

Дезориентация может проявляться в неудовлетворенности имеющимися творческими перспективами и/или в отсутствии перспектив, которые вызывают удовлетворение, например планов, которые хочется (надо) осуществить, или целей, к которым хочется (надо) стремиться.

Дезориентация может быть причиной кризиса и при отказе от творчества в пользу других занятий. В этом случае она предстает как *конфликт ценностей*. Субъективное соотношение ценностей творчества и замещающей деятельности не соответствует реально затрачиваемым на них ресурсам. Непонимание этого несоответствия ведет к кризису.

---

[178] Что значит «много», зависит от индивидуальности автора. Для одного «много» – это одна «неудача». Для другого – годы творческого бесплодия.

Шлаки

Если абсолютизировать ценность творчества при отказе от него, замещающие занятия приобретают статус шлаков, от которых нужно очиститься. Роль замещающих занятий по отношению к творчеству в этом случае аналогична роли «мирских утех» по отношению к жизни с Богом. Отдаваясь замещающей деятельности, человек предает свое творческое начало.

Негативистское неприятие своего творчества (а значит, и себя), стоящее за неудовлетворенностью, – другой пример шлака. В его основе – те же механизмы оценивания, что и в других случаях неприятия.

Еще один пример шлака – страх творчества, неудовлетворенность будущим, еще не реализованным творческим опытом.

Неспособность. Относительность понятия «способность»

Специфика творческой неудовлетворенности по отношению к другим формам неприятия появляется тогда, когда она основана на осознании своей *реальной* неспособности к творчеству.

Что такое *реальные* способность и неспособность к творчеству и чем они отличаются от *приписываемых*?

Способность к творчеству – это способность создавать «хорошие» произведения. Следовательно, понятие «способность» относительно. Оно определяется критерием оценки творчества, который зависит от того, *что* в творчестве считать «главным» и кто «оценщик», судья.

Ценность любого произведения для автора и для разных «адресатов» различна: у каждого произведения своя аудитория. Например, элитное искусство «плохо» для массовой аудитории, массовое – для элиты.

Кроме того, при приписывании неудач неспособности есть риск подмены понятий. Наблюдается не не-способность, а не-умение выполнять работу, которое свидетельствует только о не-обученности: если человек не умеет что-то делать, его этому не научили. Успешность научения определяется способностями не только ученика, но и учителя, т.е. тем, как учить, – методикой. При отождествлении не-обученности с не-способностью роль второго фактора преуменьшается, а первого – преувеличивается. Разная успешность учащихся – еще недостаточное основание для такого вывода. Она свидетельствует только о разной восприимчивости к конкретному методу. Обычно за утверждением «Его как ни учи, толку не будет» нет реального опыта применения разных методик.

Еще одно обстоятельство, делающее понятие «способности» относительным, – это возможность компенсировать одни «недостатки» другими «достоинствами», формируя таким образом индивидуальный творческий стиль.

И все же, несмотря на относительность, отрицать реальность, которая стоит за понятием «творческие способности», значило бы не замечать разницу между Пушкиным и «поэтами кукушкиными» и связь между успехом произведения и его особенностями.

Конечно, это не одна, а множество реальностей. Конечно, способность к творчеству изменчива: бывают взлеты и падения, вдохновение приходит чаще или реже. Но все это не отменяет существования у каждого автора своего «потолка».

НАПРАВЛЕНИЯ ПСИХОТЕХНИЧЕСКОЙ РАБОТЫ

Психотехника преодоления творческих кризисов, вызванных отказом от творчества или неудовлетворенностью им, в основном включает неспецифичные приемы «негативной» *работы понимания* и/или *очищения*. Ее цель – устранить препятствия к творчеству (или хотя бы препятствия к «спокойному» отказу от творчества).

Аналогично при мнимой, приписываемой себе неспособности работа с творческим кризисом – это обычная (по существу, «негативная») «психотерапевтическая» работа по развитию самопонимания, самопринятия и т.п., направленная на прекращение «нападок на себя».

Специальные формы «позитивной» психотехнической работы нужны, когда причина кризиса – в реальной неспособности к творчеству.

Работа воли

Как и для любого *кризиса неделания ценного*, есть два взаимоисключающих способа разрешить *кризис отказа от творчества*.

Первый – снизить значимость творчества до уровня фактически затрачиваемых на него усилий, т.е. понять, что реальная ценность творчества ниже, чем декларируемая и чем ценность занятий, на которые расходуется жизнь.

Второй – увеличить долю затрат на творчество, чтобы они соответствовали его субъективной значимости, – начать работать.

Чтобы выбрать из двух альтернатив одну, нужна серьезная работа понимания, направленная на осознание своих ценностей, роли творчества в своей жизни и т.д. Выбор является кульминацией работы понимания и одновременно первым шагом в дальнейшей работе.

Если выбран второй путь, чтобы начать двигаться по нему, нужен еще один волевой акт – преодолеть *барьеры*, мешающие началу работы.

Сделать это помогает осознание сущности этих барьеров и возможностей их преодоления.

Барьерами могут быть: недостаток времени для творчества, неверие в свои силы, страхи перед возможностью (или неизбежностью) творческих неудач, неудовлетворенность уже сделанным, внутренняя пустота, дезориентация и т.д. и т.п.

Например, часто (особенно у поэтов и композиторов) барьером оказывается мнение о необходимости для творчества особых состояний (озарений, вдохновений, переполненности чувствами и т.п.). Отказ от творчества вызван неумением работать в «обычных» и/или произвольно вызывать «особые» состояния.

Преодоление этого барьера требует понимания природы и роли вдохновения, а также возможностей управления им.

Например, понимание хотя бы того, что роль вдохновения неодинакова на разных этапах творческого процесса, открывает возможность при его отсутствии переключаться на «черновую» работу, которой много в любом творчестве. Понимание, что вдохновение – не результат алчного стремления к нему, делает осмысленным его покорное ожидание.

Каждый из барьеров – шлак, от которого надо очиститься. Но пытаться сначала очиститься, а затем начать работать – бесполезно: слишком много времени на это может уйти и, главное, от многих шлаков (например, от неверия в себя или от страха неудач) можно очиститься только в процессе работы.

Нужно сделать первый шаг – принять решение о начале работы и начать работать. Этот шаг требует *усилия воли*. Никто не может сделать его вместо автора.

Начиная творчество вопреки страхам и неверию в себя, нужно быть готовым, что отказ от творчества может смениться неудовлетворенностью им. Риск такой замены оправдан, если считать, что кризис неудовлетворенности «лучше».

Это так в том смысле, что больше надежд на его преодоление. При кризисе отказа от творчества такой надежды тем меньше, чем продолжительней кризис [179]: занятия, замещающие творческую деятельность, «укореняются» в структуре жизнедеятельности, делая возврат к творчеству все сложней.

Анализ причин неудовлетворенности

Очищение от шлака неудовлетворенности (этой теме посвящена последняя глава книги) основано на понимании ее причин – механизмов оценивания своей работы, которые обычно осознаются мало.

---

[179] «Самопроизвольный» выход из кризиса возможен при недолгом и «мнимом» отказе от творчества, когда творческий процесс продолжается неосознанно: накапливается новое содержание, восстанавливаются силы. В этом случае «отказ» – фактически перерыв в творчестве.

Анализ механизмов оценивания обнаруживает спорность лежащих в их основе мнений и делает видение творчества более объемным, а оценки – взвешенными.

Развитие способностей

Творческие способности включают способность «продуцировать» внутреннее содержание с большим энергетическим зарядом и способность его оформлять (ее отсутствие проявляется, например, в нереализованности – переполненности неоформленным содержанием).

Частично компенсировать неспособность можно обучением. Однако здесь возникает ряд вопросов. В каких пределах такая компенсация возможна? Чему можно и чему нельзя научить в творчестве? Можно ли (и как) компенсировать недостаток того, чему нельзя научить?

Возможности научиться оформлению

Можно научиться держать карандаш или кисть, смешивать краски и т.п. и даже повторять художетвенные приемы мастеров. Можно освоить известные художественные формы: элементы, из которых складывается форма целого, законы их соединения, законы художественного воздейстия [180].

Но будет ли (и насколько) освоенная форма адекватна именно тому внутреннему содержанию, которое стремится передать автор? [181] Очевидно, нет. Передача индивидуального содержания в его своеобразии требует формы, отличной от любых канонов [182]. Успех поиска такой формы определяется

---

[180] Реально такое обучение редко: мало учителей, которые могли бы учить, а самообучение превращает несостоявшегося художника в продвинутого критика.

[181] Когда внутреннее содержание не «помещается» в известные формы, его насильственная «подгонка» под них часто приводит к утрате того, что составляет ценность содержания. Такая утрата – еще одна причина неудовлетворенности творчеством.

[182] Эта проблема остается, даже если согласиться с Гурджиевым, что при создании произведений «объективного искусства» художнику

той частью творческого потенциала, которой научить нельзя, из чего, впрочем, не следует, что эта часть неизменна, не может развиваться.

Развитие способности к оформлению возможно в двух направлениях. Первое – непрекращающиеся эксперименты с формой, в которых растет произвольность в обращении с ее элементами. Иногда такие эксперименты бывают и удачными.

Второй путь – превращение себя в инструмент Высшей Силы. В состоянии вдохновения, при Контакте, когда сознание заполняет содержание, полученное из духовного мира, растут и способности к оформлению. Добиться того, чтобы рукой водил Другой, – надежный путь к творческому упеху.

Развитие способности
к производству внутреннего содержания

Способность к производству внутреннего содержания включает способности к *восприятию* тонких впечатлений (очистке тонкого от грубого), к их *аккумуляции* и к *переплавке* впечатлений в художественный образ (пра-образ).

Производство внутреннего содержания требует наличия определенных *предпосылок*, соблюдения определенных *условий* и владения определенным *инструментарием*.

Инструментарий – это технические приемы: сензитивное восприятие, ассоциативное увязывание, воображение и т.п.

Владению инструментарием можно научить – развить воображение, способности к восприятию незаметного для других (восприимчивость к тонким впечатлениям) и к установлению ассоциативного сходства и т.п.

Главное условие «производства» – способность получать необходимые впечатления, открытость канала связи с духовным Я (а через него – с духовным миром).

достаточно знания «математически точных» законов для передачи определенного содержания. Часто содержание настолько индивидуально, что его нельзя назвать «определенным».

Наиболее эффективные «средства» для установления связи – молитвы и/или медитации – требуют отказа от «зацикленности» на повседневных заботах, от желаний, не связанных с Работой, т.е. очистки канала, и перехода в состояние «продуктивной пустоты». «Продуктивная пустота», хотя она проявляется в молчании и внешне похожа на бесплодие, на самом деле прямо ему противоположна, так как готовит «прорыв плотины», отделяющей от духовного мира, и приход вдохновения.

К предпосылкам «производства» относятся такие индивидуальные особенности, как «внутренний огонь», «духовная жажда», «внутреннее давление» и «индивидуальное видение».

Внутренний огонь, творческая инициатива

И восприятие, и аккумуляция впечатлений – активные процессы. Творческий человек жадно вбирает впечатления и столь же активно «переплавляет» их в то насыщенное энергией внутреннее содержание, которое оформляется в творческом процессе. Эта активность требует мощного источника энергии – внутреннего огня, творческой инициативы.

Сила горящего в человеке огня у каждого своя. Одни не переносят рутины, постоянно рвутся к новым впечатлениям, постоянно создают что-то новое. Для других любое отклонение от привычного – мука мученическая.

Научить внутреннему огню нельзя. Но его можно собрать, «сгребая угольки», и раздуть.

Духовная жажда. «Емкость»

Активность «поглощения» впечатлений проявляется в *духовной жажде*, интересе.

Люди различаются по количеству (суммарному богатству) впечатлений, которые они способны накапливать, так же как они различаются по объему желудков. Если представить себе канал получения и переработки впечатлений в форме трубы, то ее диаметр у каждого свой.

Один широко открытыми глазами смотрит на мир и собирает для «переплавки» много впечатлений. Другой вынужден «обрабатывать» каждое новое. Ясно, что первому работать проще, чем второму.

«Емкость» к впечатлениям является такой же устойчивой характеристикой, как и внутренняя энергетика. Увеличить свою «емкость» нельзя. Можно сделать богаче отдельные впечатления [184], но при этом допустимое число более богатых впечатлений, участвующих в «переплавке», будет меньше допустимого числа «переплавляемых» бедных впечатлений.

Однако если расширить «трубу» нельзя, то пользоваться ею можно по-разному: можно забивать впечатлениями, не относящимися к работе, а можно использовать для творчества все попавшие в «трубу» впечатления.

«Внутреннее давление» и индивидуальное видение

Для «переплавки» впечатлений в художественный образ – центрального процесса «производства» – наличия «горячих» (обладающих высокой энергией) ингредиентов-впечатлений недостаточно. Необходимо высокое «внутреннее давление». Впечатления должны быть «сжаты» большой силой в небольшом объеме («плавильной камере»).

---

[183] Богатство впечатления определяется его «валентностью», числом и характером ассоциаций, которые оно способно вызвать, а «валентность» – разнообразием деталей и связей (внутренних и внешних).>

[184] Восприятие человеком того, что имеет к нему отношение, и игнорирование остального означает, что, чем богаче внутренний мир, тем богаче восприятие. Обогатить отдельные впечатления можно, обогащая внутренний мир и делая восприятие менее прагматичным.>

«Объем» впечатлений определяется их тематическим (либо иным) сходством, а оно – *индивидуальным видением*, направляющим процесс организации (переплавки) впечатлений, – тем «стержнем», на который нанизываются впечатления.

Образ мира не отражает реальный мир ни полно, ни адекватно. Видя одно, человек не замечает другое. Кроме того, что один видит больше, а другой меньше, картины мира разных людей индивидуально-специфичны не меньше, чем отпечатки их пальцев. Каждый смотрит на мир через собственную призму.

Индивидуальное видение одних менее устойчиво. Их привлекает то одна, то другая сторона явления [185]. Других – более устойчиво.

Если духовная жажда соответствует ширине «трубы», то индивидуальное видение – ее направлению. При сформированном индивидуальном видении направление постоянно. Все впечатления «ориентированы» одинаково: каждое содержит общий для всех аспект.

Ориентируя впечатления в одном направлении, индивидуальное видение ограничивает их объем и увеличивает «внутреннее давление». В получающемся при «переплавке» пра-образе общий аспект впечатлений оказывается усилен, а их энергетические заряды – суммированы. Такие «переплавленные» впечатления могут «выстрелить». Другой вопрос, что у одного вылетают пули, а у другого – ядра.

При несформированном индивидуальном видении, когда внимание направлено то на одни, то на другие аспекты действительности («труба» поворачивается то в одном, то в другом направлении), впечатления разрозненны, их энергетические заряды не суммируются и синтеза внутреннего содержания нет [186]. В результате может сложиться, например, ситуация, когда писатель умеет писать (художник – рисовать и т.д.), но писать ему не о чем.

---

[185] Характер восприятия определяется доминирующим в настоящий момент множественным Я или доминирующей потребностью.

[186] Узкий специалист – узкий потому, что ограничивает ширину «трубы» – свое видение действительности. Однако он – специалист, потому что обладает этим видением.

Если «объем» исходного сырья (впечатлений) определяется индивидуальным видением, то «объем» промежуточных «полуфабрикатов» и конечного художественного образа – *требованиями формы*: канонами жанра, вкусами публики, ограничениями цензуры или самоограничением автора.

Отсутствие требований при неограниченной свободе снижает качество творческого процесса, приводит «производство» в упадок [187].

Центральное направление работы по увеличению «внутреннего давления» связано с формированием индивидуального видения: фиксацией «угла зрения» – контекстов восприятия. Эти контексты задает «сжимающая сила» – *замысел*.

Психотехническая задача состоит в том, чтобы подчинить восприятие замыслу, в том числе целям оформления. Впечатления осмысляются с позиций их вклада в оформление. Естественно, при этом сам замысел должен быть сфокусирован – автор должен понимать, что и как он стремится сказать.

Наряду с фокусировкой замысла зафиксировать «угол зрения» помогает полное сосредоточение всей творческой энергии на работе.

Человек может заниматься разными вещами, распределяя свой ресурс (например, внимание) между ними. А может сосредоточиться на чем-то одном, направив весь ресурс туда. В этом случае его работа, естественно, будет эффективней. Часто менее способный человек, целеустремленно занимающийся одним делом, достигает больших результатов, чем более способный, но разбрасывающийся.

Другое условие поддержания высокого «внутреннего давления» – реализация только сильных замыслов, которые невозможно не реализовать.

И наконец, необходимо самоограничение в выборе выразительных средств.

---

[187] Одна из опасностей творческого экспериментирования в том, что игнорирование требований формы и непонимание постепенности («плавности») культурного процесса чревато хаосом «культурных революций».

Часть 7
КРИЗИСЫ ДЕЗОРИЕНТАЦИИ. ПСИХОТЕХНИКА ПОИСКА

Глава 21

КРИЗИСЫ ДЕЗОРИЕНТАЦИИ И ПОИСК СЕБЯ

...Не волнуясь, не любя,
Ищем бога, ищем черта,
Потеряв самих себя.

КРИЗИСЫ ДЕЗОРИЕНТАЦИИ: СИМПТОМЫ • Утрата себя – два симптомокомплекса • Отсутствие жизненной задачи • Дезориентация и бессмысленность • ПРИЧИНЫ ДЕЗОРИЕНТАЦИИ • ПСИХОТЕХНИКА ПОИСКА Я • Осознание причин утраты себя • Тоска по утраченному • Возможность выбора • Работа понимания • **Психотехника самоинтеграции •** Развитие рефлексии. Разотождествление • Знакомство с множественными Я • Развитие произвольности. Отождествление • **ТОЧКА ОТСЧЕТА И ИСТОЧНИК ИСТИННЫХ ЖЕЛАНИЙ**

КРИЗИСЫ ДЕЗОРИЕНТАЦИИ: СИМПТОМЫ

Кризисы дезориентации проявляются либо в «утрате Я», либо в его «безоружности»: непонимании своего предназначения, смысла происходящего в мире и/или в себе, направления своего движения. Другими словами, «безоружность» — это неумение ответить на вопросы «ЧТО такое я?», «ЗАЧЕМ происходит то или это (нужно делать то или это)?», «КАК нужно жить?» («К ЧЕМУ стремиться?», «КУДА идти?» и т.п.).

Утрата себя – два симптомокомплекса

«Утрата себя» – родовое название двух разных симптомокомплексов.

Для первого (*«тоска по утраченному»*) характерны сожаления о себе, бывшем когда-то: об утраченных способностях (например, к эстетическим или мистическим переживаниям, к четкому мышлению), состояниях (например, вдохновении), впечатлениях (например, свежести восприятия), мыслях, чувствах, ощущениях и т.п. [188]

При тоске о яркой и свободной жизни неважно, была ли она такой на самом деле, главное – она запомнилась такой.

При втором (*«отсутствии единого Я»*) замечаешь: Я или нет совсем, или, наоборот, этих Я слишком много.

При «отсутствии Я» нет ощущения себя. Что-то переживаешь, делаешь, но не чувствуешь себя ни хозяином своих действий, ни, вообще, субъектом собственной жизни. Все совершается само собой, без участия того активного начала, которое ответственно за самоощущение.

При множественности сменяющие друг друга Я имеют между собой мало общего. В каждый момент ощущаешь себя субъектом своей жизни (Я), но эти Я все время меняются, не помня о своих предшественниках и не предвидя появления преемников. Каждое Я мало знает о существовании «соседей» [189].

Множественность Я часто сопровождается переживанием иллюзорности, неподлинности происходящего: «Среди моих Я нет подлинного. Все, что происходит, происходит не с настоящим мной. Это – иллюзия, а не настоящая жизнь».

---

[188] Часто тоска относится к «золотому времени» детства или юности, когда переживания новы и свежи, а удивление, восхищение, восторг – обычны.

[189] Это ощущение похоже на раздвоение личности, хотя правильней было бы говорить о ее «раз-множении».

Отсутствие жизненной задачи

Когда ощущения «отсутствия Я» в явном виде нет, дезориентация может проявляться в неудовлетворенности тем, чем занимаешься, и/или в непонимании того, чем нужно заниматься, – своего места в жизни, предназначения, *жизненной задачи.*

В основе неудовлетворенности может лежать понимание «бесполезности» [190] дела, которому посвящена жизнь, особенно болезненное, когда это обнаруживаешь, уже затратив много сил. Другой причиной неудовлетворенности может стать понимание, что «жизненное дело» непосильно, а поставленная цель – недостижима.

Непонимающее «что делать?» Я становится бездеятельным, нежизнеспособным.

Для подростка вопросы «Кто я?», «Кем быть?», «Как жить?» являются главными. Вокруг них идет духовное становление. Однако позднее жизнь берет свое: подросток вырастает, кем-то становится и вытесняет недорешенные вопросы [191].

При кризисе дезориентации они встают с новой остротой. Но отвечать на них не удается: когда одно Я хочет одного, а другое – другого, трудно понять, чего же хотят они вместе. Да и что значит это самое «они вместе»?

Дезориентация и бессмысленность

Самой глубокой формой дезориентации является *кризис бессмысленности* из-за отсутствия твердых позитивных начал – истин и ценностей, необходимых в том числе и для самоопределения.

---

[190] Например, дело не приносит того, чего от него ожидаешь, или сами ожидания оказываются малоценными. Так, человек, стремившийся к обладанию деньгами, славой или могуществом и добившийся их, убеждается, что они не приносят радости.

[191] В принципе без ответа на эти вопросы можно жить. Гармоничное существование не всегда рефлексивно – если сороконожка думает, какой ногой шагать, она не может ходить. Но все-таки она – сороконожка.

Возможны две формы кризиса бессмысленности. В первой утраченным оказывается «интеллектуальный» смысл. Во второй – «ценностный». Утрата интеллектуального смысла проявляется в неспособности отвечать на «вопросы смысла»: «Почему произошло это явление?», «Зачем?», «Что оно означает?», «Что за ним последует?» и т.д., а также на вопросы о значении явления для тебя: чем оно грозит или, наоборот, какие возможности открывает.

Ответы на вопросы смысла делают мир и, в частности, собственную жизнь понятными и вызывают особое чувство интеллектуального удовольствия[192]. Неспособность ответить – болезненное «интеллектуальное» чувство: непонимания, недоумения, бессмысленности. Оно может переживаться как опустошенность и, сохраняясь, вести к кризису[193], а иногда – к «ноогенным» неврозам, лечение которых связано с обретением смысла.

Утрата «ценностного смысла»[194] проявляется как отсутствие ориентиров в организации собственной жизни, которое приводит к неспособности определить жизненные планы, непониманию, к чему стремиться.

ПРИЧИНЫ ДЕЗОРИЕНТАЦИИ

Дезориентация является результатом незнания мира и себя и/или *недееспособности* отношений Я к Миру.

За незнанием мира стоит недостаток мудрости. Восполнить его можно только *обучением*, в том числе постоянными наблюдениями и размышлениями, которые должны стать главным занятием в жизни. На принципах организации

---

[192] Удовольствие от понимания может быть слабым. Тем не менее оно присутствует.

[193] Эта проблема, близкая русскому менталитету, нашла свое отражение в литературе: для целой плеяды литературных героев проблема смысла является центральной – Онегин, Печорин, Иван Карамазов, Андрей Болконский и Пьер Безухов, Левин, вереница чеховских персонажей.

[194] Она может происходить при переоценке ценностей, когда имевшиеся ориентиры теряют привлекательность (смысл), или при достижении поставленных целей, когда нет новых.

обучения, кроме того, что уже было сказано, мы специально не останавливаемся.

Центральные темы этой части – вопросы об *обретении Я* и о *придании дееспособности отношениям Я к не-Я*: поиске жизненной задачи, смыслов и жизненных ориентиров.

ПСИХОТЕХНИКА ПОИСКА Я

Осознание причин утраты себя

И работа с тоской по утраченному Я, и работа с отсутствием единого Я начинаются с понимания их причин.

Причин тоски по утраченному может быть две.

Первая – *отказ от духовной работы* в пользу «бездуховных суррогатов». Например, отказ от высокой поэзии в пользу комиксов или отказ от любви в пользу мимолетного увлечения (или «выгодной партии») и т.д. Как и в любом кризисе неделания ценного, ценность духовной работы и ее результатов сохраняется, несмотря на прекращение самой работы. Но без работы нет и результатов. На языке психологии Я это означает «отстранение от власти» того Я, которое занималось духовной работой.

Вторая причина – закономерные *возрастные изменения*, которые воспринимаются как утрата. Так, с возрастом исчезает свежесть мироощущения, а воспоминания о ней создают эффект утраты. Фактически такая «утрата» – оборотная сторона развития. Однако тоскливое осознание происшедших изменений часто приводит к попыткам (конечно, безуспешным) вернуть «подлинное» Я.

Причина отсутствия единого Я – в неразвитости *рефлексии*. При ощущении, что Я совсем нет, человек живет «как трава», не задумываясь о себе. При множественности Я проблески рефлексии временами появляются, но эта рефлексия несистематична и не дополнена стремлением к *самоинтеграции*.

Тоска по утраченному

Возможность выбора

Если причина тоски по утраченному – в неосознанном отказе от духовной работы, то, как и в других случаях неделания ценного, осознание случившегося открывает возможность выбора. От чего-то надо отказаться: либо от ценности духовной работы, приведя ее в соответствие с фактическим выбором и «узаконив» отказ от духовного развития, либо от замещающей деятельности. Во втором случае возобновление прерванной работы требует большого мужества и сил: начать работу заново гораздо труднее, чем продолжать начатую.

Работа понимания

Когда «утрата» вызвана закономерными возрастными изменениями, психотехника сводится к «негативной» работе понимания [195]. Она сосредоточена вокруг двух почти риторических вопросов.

Во всем ли новое Я хуже утраченного? И имеет ли смысл поиск Я, которого больше нет?

Ответы на «почти риторические» вопросы почти банальны.

У каждого возраста свои преимущества. У молодости – свежесть мироощущения и множество нереализованных возможностей. У зрелости – опыт, знания, умения, силы.

Но главное – нельзя остановить необратимое время. Нельзя два раза войти в одну реку. Изменения неизбежны. Нет смысла жалеть о том, что нельзя вернуть, и растрачивать силы на то, что нельзя изменить, как нет смысла негодовать по поводу закона сохранения энергии или закона всемирного тяготения. Еще раз вспомним молитву героя Воннегута.

---

[195] Вообще говоря, тоска по утраченному Я – это один из шлаков-страданий, способы очищения от которых подробнее обсуждаются ниже.

Психотехника самоинтеграции

Развитие рефлексии. Разотождествление

Работа с отсутствием единого Я – это «позитивная» работа по развитию рефлексии и произвольности. Она начинается с обучения наблюдению за собой.

Вообще, отсутствие единого Я не обязательно ведет к кризису. Если его не замечаешь, оно и не беспокоит. Симптомом кризиса отсутствие Я становится, когда обращаешь на него внимание, т.е. проявляешь хотя бы минимальную рефлексивность. Но с появлением рефлексии появляется и Я (тот, кто наблюдает, – субъект рефлексии). Теперь все дело в том, чтобы его *заметить*, т.е. переместиться из позиции наблюдателя в позицию «наблюдателя за наблюдателем». Если это удается сделать, то жалобы на отсутствие Я сменяются жалобами на его редкое присутствие или частые исчезновения. Это уже определенный этап.

Цель дальнейшей работы – сделать самонаблюдение *постоянным*, научиться в любой момент разотождествляться с «господствующим» множественным Я. При тренировке этого навыка нужна помощь извне: периодические команды на разотождествление. Команды может «подавать» обычный будильник, который звонит, например, каждый час.

При тренировке самонаблюдения полезно фиксировать (лучше записывать) его результаты. Например, можно попытаться создавать свои «мгновенные психологические портреты» – как можно полнее описывать переживаемые состояния. Самоописание позволяет структурировать внутреннее зрение и учит управлять вниманием, направляя его то на одни, то на другие психические проявления.

Критичным является момент сопоставления двух самонаблюдений, когда обнаруживается несходство их объектов. «Отсутствие Я» сменяется «множественностью».

Знакомство с множественными Я

Исходный пункт в работе с множественными Я состоит в знакомстве с ними. Нужно научиться узнавать разные Я. Можно дать им имена или клички (например, Обжора, Эстет, Забияка и т.п.), но главное – постараться узнать о каждом из них как можно больше: когда Я появилось, как развивалось, часто ли и при каких обстоятельствах становится «главным», какие Я сменяет, какие сменяют его и при каких обстоятельствах, в каком поведении проявляется и т.д. Центральный момент в этой работе – практика разотождествления со своими переживаниями – тренировка взгляда со стороны. Когда что-то хочешь или делаешь, нужно понять, какое Я в тебе хочет или делает это.

В ходе знакомства выясняется, что есть одно особое Я – Наблюдатель. Это второй кульминационный момент в поиске Я.

Особое Я нужно (хотя бы временно) «назначить» Подлинным. «Подлинное» Я ничего не может хотеть и ничего не делает. Единственное его занятие – наблюдение. Ясно, что с таким бездеятельным «подлинным» Я жить трудно. Необходимо научить его делать. Начинается новый этап работы.

Развитие произвольности. Отождествление

Цель этого этапа – научить Наблюдателя повелевать, т.е. управлять переходами от одного Я к другому, отождествляться с разными множественными Я по своему желанию.

Это обучение происходит в постоянных упражнениях. Например, по звонку будильника нужно вытащить из колоды карточек, на которых записаны имена множественных Я, одну и постараться сделать это Я «господствующим» – думать его мысли, испытывать его чувства и т.п. При следующем звонке (например, через пятнадцать минут) нужно все повторить с другим множественным Я и т.д.

Если упражнение выполняется без случайного выбора объекта отождествления, надо следить, чтобы отождествление действительно было произвольным, не связанным ни с какими внешними или внутренними обстоятельствами, кроме желания попробовать отождествиться с этим Я. Если актуализированное Я оказалось полезным или уместным, это значит, что, возможно, «произвольное» отождествление в действительности было непроизвольным. Чтобы уменьшить такую опасность, упражнения по произвольному отождествлению, по крайней мере вначале, следует проводить, уединившись в спокойной обстановке, где ничто от них не отвлекает.

ТОЧКА ОТСЧЕТА И ИСТОЧНИК ИСТИННЫХ ЖЕЛАНИЙ

На этом работа не кончается. Уметь повелевать не значит знать, как повелевать, чего хотеть. Большая часть желаний – это желания разных множественных Я, заимствованные из «сомнительных источников». Чтобы правильно к ним отнестись, осмыслить их, нужна «точка отсчета». Кроме того, необходим доступ к **Источнику Истинных Желаний**.

Г л а в а 22

ПОИСК ЖИЗНЕННОЙ ЗАДАЧИ. ПСИХОТЕХНИКА САМООПРЕДЕЛЕНИЯ

Куда нам жизни деть свои?..

ОСНОВНЫЕ ПОНЯТИЯ • Роли, задачи и сверхзадачи • Индивидуальный замысел и мотивы • Что такое «определение»? • **ОСОЗНАНИЕ СУЩЕСТВУЮЩЕГО ПОЛОЖЕНИЯ ДЕЛ** • **ФОРМИРОВАНИЕ ЖИЗНЕННОЙ ЗАДАЧИ И ПРОГРАММЫ ЕЕ РЕАЛИЗАЦИИ** • Творчество жизни • Выбор • Оценивание альтернатив • **ОТ ЧЕГО ЗАВИСИТ УСПЕХ САМООПРЕДЕЛЕНИЯ?** • Консервативность и осознание равнозначности • Непрерывность самоопределения • Ирония и самокритичность • Воля и гибкость • Условность выбора • Абстрактность • **ГЛАВНАЯ ПРОБЛЕМА: ОПРЕДЕЛЕНИЕ СВЕРХЗАДАЧИ** • Интуитивность

ОСНОВНЫЕ ПОНЯТИЯ

Работа самоопределения начинается с понимания того, в чем она состоит, с определения ее целей. Но сначала нужно разобраться в содержании основных понятий и, главное, связях между ними – научиться языку, на котором можно говорить о самоопределении. К основным относятся понятия «роли», «задачи», «сверхзадачи», «мотивы» и «индивидуальный замысел».

Роли, задачи и сверхзадачи

При самоопределении происходит *выбор ролей* для последующего отождествления. Хотя человек выбирает не все роли [196], при определении, кем быть, чем и как заниматься, всегда есть возможность выбора.

Роли связаны с *задачами* (хотя и нежестко). Задачи определяют смысл «исполнения роли». Принимая роль, выбираешь соответствующие ей задачи и, наоборот, ставя задачу, ограничиваешь круг ролей, исполнение которых ведет к ее решению.

Задачи различаются по общности от совершенно конкретных (например, «пойти в воскресенье в театр») до весьма обобщенных (например, «жить в искусстве»). Обобщенные задачи определяют смысл конкретных, конкретные – уточняют обобщенные и наполняют их живым содержанием.

Самые обобщенные задачи – это *сверхзадачи*. Их количество обозримо: **служение** (Богу, людям и т.д.), **самореализация** (своих способностей), **совершенствование** (себя, мира и т.п.), **достижение** и **обладание** (мудростью, гармонией, богатством, счастьем, властью, славой, любовью и т.д.). Можно добавить еще **стремления к бессмертию и продолжению себя** (в детях, учениках, произведениях). Список небольшой.

Индивидуальный замысел и мотивы

Понятые задачи и сверхзадачи жизнедеятельности образуют ее замысел. Замысел тесно связан с основными *мотивами*. Связь эта двухсторонняя.

С одной стороны, в замысле проявляется осознание основных мотивов. Основные мотивы формируются рано [197], но начинают *осознаваться* гораздо позже. Чтобы мотивы стали замыслом, к ним должна присоединиться мысль. Пока этого не произошло, деятельность, реализующую мотивы, нельзя назвать осмысленной (осуществлением замысла).

---

[196] Некоторые, наоборот, выбирают его. Рождение в той или иной семье сразу задает набор ролей на первые годы жизни.

[197] То, что подростки могут судить о привлекательных для них аспектах той или иной профессии, означает, что их устремления сформированы, хотя и мало осознаны.

С другой стороны, сформированный замысел сам является источником специального мотива его реализации. Тем более мотивообразующей является фактическая реализация замысла.

Что такое «определение»?

Самоопределение – это определение замысла своей жизни, в том числе своих ролей, задач и сверхзадач. У слова «определение» два значения: *осознание* (понимание) и *формирование*.

В первом (пассивном) значении «определение» – это осознание данности, существующего положения дел. Во втором (активном) – формирование *должного*: постановка задачи, которая должна быть решена, и разработка программы (плана) ее решения.

Осознание обычно идет «снизу вверх» – от реализации конкретных планов к пониманию общего замысла своей жизнедеятельности. Формирование жизненной задачи – «сверху вниз» – от абстрактного замысла (сверхзадачи) к его разработке в виде конкретных задач (целей) и планов.

Результатом самоопределения может стать либо понимание реально выполняемой задачи, которая до этого не осознавалась, либо формирование новой задачи и деятельности по ее реализации.

Первый случай более характерен для зрелости, второй – для молодости.

ОСОЗНАНИЕ СУЩЕСТВУЮЩЕГО ПОЛОЖЕНИЯ ДЕЛ

Самоопределение начинается с констатации существующего положения дел. Так как «положение дел» включает много аспектов, из которых нужно выделить «главные», полезно записывать выявленные аспекты. Без этого внимание будет перескакивать с одного на другое, и общую картину получить не удастся.

Сначала нужно определить *состав своей жизнедеятельности*. Для этого полезен дневник: перечень дел за день, неделю, месяц, год. В список дневных дел должны входить и мысли: когда, о чем и что думал в течение дня.

Второй этап – *анализ мотивов*. Параллельно со списком дел нужно составить список их результатов: к чему привело, должно было или могло привести то или иное дело.

Третий «список значений» содержит объяснения, для чего нужны результаты из второго списка, что они дают, могут или должны дать. Затем можно оценить по пятибалльной шкале, насколько важно достижение того или иного результата.

Эту работу можно продолжить составлением четвертого списка: причин, почему важно то, что содержится в третьем. Затем – пятого: причин, почему важно то, что содержится в четвертом, и так далее.

Кроме того, можно составить списки дел, которыми хотелось бы заняться, но «не доходят руки», их результатов и значений этих результатов, а также оценок значимости этих дел.

Спокойный и непредвзятый анализ списков помогает увидеть свою жизнь со стороны, как бы через увеличительное стекло, и лучше понять, на что жизнь расходуется реально и на что хотелось бы ее расходовать. Насколько важно то, на что уходит время, и насколько важно то, на что времени не хватает. Например, можно увидеть, что жизнь посвящена заботе о семье. А хотелось бы, чтобы она была посвящена реализации своих способностей.

Работа осознания может дать двоякий результат: либо принятие жизни, как она состоялась (легализация существующего положения дел), либо появление стремления к изменениям (творчеству нового).

ФОРМИРОВАНИЕ ЖИЗНЕННОЙ ЗАДАЧИ И ПРОГРАММЫ ЕЕ РЕАЛИЗАЦИИ

Решение о необходимости изменений знаменует переход к следующему «позитивному» этапу работы: *формированию новых задач* (направлений изменений) и *программ их решения* (реализации).

Любые изменения требуют *жертв*. В жертву приносятся заменяемые (или изменяемые) деятельности и их плоды. Идти на эти жертвы нужно с открытыми глазами. Планируя дела, которыми предстоит заняться для реализации новых планов, необходимо определить и то, от чего придется отказаться.

Решение о жертвах является кульминацией «негативного» этапа самоопределения.

Творчество жизни

При небольшом числе возможных сверхзадач количество способов их конкретизации и путей реализации практически бесконечно.

Когда замысел в общих чертах сформирован, формирование конкретизирующей его жизненной задачи и программы ее реализации (индивидуальная «разработка» роли, наполнение ее конкретным содержанием) – это непрерывное творчество своей жизни, ее со-творение.

Хотя в творчестве жизни есть элемент подражания, функция образцов для подражания аналогична функции кирпичей при строительстве. Иногда, правда, предметом подражания становится «архитектурный проект» (следование примеру чьей-то жизни), но и в этом случае для творчества остается много места.

Выбор

Вопреки сложившимся представлениям о неформализуемом характере творчества в творчестве жизни на этапе формирования жизненных задач и планов значительное место занимают более или менее формализуемые механизмы *выбора*.

Самоопределение часто основано на выборе (цели, роли, профессии, пути и т.д.) из немногих альтенатив [198].

---

[198] Количество альтернатив при выборе, с которыми человек может работать одномоментно, ограничено возможностями интеллектуального аппарата и не превышает десяти. Обычно его определяют «магическим числом» – семь плюс-минус два.

Уменьшение числа альтернатив и переход от многих тысяч возможностей к единицам организован последовательно. Все разнообразие возможностей можно разбить на нескольких классов [199] и выбрать из них наиболее подходящий для себя. Затем выбранный класс снова разбивают на несколько подклассов, из которых каждый содержит еще очень большое, но все-таки меньшее число альтернатив, и выбирают из этих подклассов. Этот процесс повторяют до тех пор, пока число альтернатив не уменьшится до допустимого. Среди них и осуществляется окончательный выбор.

Оценивание альтернатив

Выбор основан на *оценивании* альтернатив (ролей и/или задач) и определении наиболее привлекательной. Оценивание имеет сложный характер. *Общая* оценка объединяет множество *частных*, каждая из которых производится по своему *критерию*.

Среди частных критериев оценки ролей (например, профессий) можно выделить три группы: *«выгода»* [200], извлекаемая при том или ином выборе; *важность* выбранной роли (задачи); и пригодность человека для роли (задачи), т.е. предполагаемая *успешность*.

ОТ ЧЕГО ЗАВИСИТ УСПЕХ САМООПРЕДЕЛЕНИЯ?

Удачность выбора зависит от *точности общих оценок*. Она – от *полноты учета* всех значимых критериев [201] и *точности частных оценок* хотя бы по наиболее значимым критериям.

---

[199] Например, при выборе профессии консультанты часто используют классификацию Е.А. Климова, в которой профессии разбиты на пять классов по предмету деятельности: «объекты природы», «технические системы», «люди», «знаковые системы», «произведения искусства».

[200] «Выгода» может быть более (деньги, власть и т.п.) или менее (привлекательность, удовольствие от работы и т.п.) осязаемой.

[201] Неполнота значимых критериев отчасти компенсируется их гибкостью. После того как выбор состоялся, значимость учтенных критериев может возрасти, а неучтенных – уменьшиться.

Точность частных оценок – от *знаний об оцениваемых альтернативах* в связи с используемыми критериями.

Таким образом, правильная оценка основана на знании значимости для себя различных критериев и умении, во-первых, оценивать альтернативы по значимым критериям и, во-вторых, переходить от частных оценок к общей.

Выбор тем удачнее, чем больше знаешь о содержании ролей, их значении (важности), предъявляемых ими требованиях, а также о себе.

Например, если для человека важен комфорт, но он этого не осознаёт и выбирает профессию геолога, основываясь на том, что она полезная, интересная и высокооплачиваемая, высока вероятность того, что такой выбор не будет удачным.

Как правило, при наличии более или менее адекватных представлений о возможных задачах и ролях катастрофически не хватает остальных знаний. Отсутствие знаний компенсируется своими и чужими фантазиями, в которых недостатка нет. Однако это – неравноценная замена.

Неизбежность дефицита знаний заставляет удивляться тому, что самоопределение вообще может быть успешным. Тем не менее, хотя и нечасто, оно оказывается таковым. В связи с этим возникает вопрос: что способствует успеху самоопределения? И в частности, чем (кроме фантазий) можно компенсировать недостаток знаний?

Консервативность и осознание равнозначности

Недостаток знания о себе можно компенсировать *консервативностью*. Выбор совершается не на пустом месте. Человек всегда включен в какие-то дела, у него есть те или иные предпочтения. Одними делами ему нравится заниматься, другими – нет, одни вещи у него получаются, другие – нет. Если выбираешь то, что нравится делать и что получается, то вероятность того, что выбор обернется неудовлетворенностью и/или неуспешностью, меньше.

Риск обнаружить «бесполезность» своего дела снижает понимание того, что все задачи *равноценны*, любая имеет свой смысл, а важность разных задач количественно нельзя сравнивать. Другими словами, «Что ни делается – к лучшему» и «Все работы хороши...».

Непрерывность самоопределения

К самоопределению нельзя относиться как к разовому мероприятию. Нельзя сформулировать конкретную жизненную задачу раз и навсегда. Самоопределение может быть успешным, только когда им занимаешься *постоянно*, оценивая достигнутые результаты с точки зрения общего замысла и уточняя как сам замысел, так и конкретные схемы его реализации.

Ирония и самокритичность

Непрерывное самоопределение предполагает сохранение дистанции между Я и своим делом: *разотождествление*, нахождение в позиции наблюдателя (или даже судьи), *самокритичное* и/или *ироничное* отношение к себе.

Так как неуспех деятельности может определяться не только неспособностью к ней или несоответствием деятельности замыслу, но и обстоятельствами внешнего плана, ироничное отношение к деятельности должно распространяться и на обстоятельства деятельности, т.е. фактически – на весь мир. Но не на весь.

Ироничность должна оставаться в определенных рамках. Это один из самых тонких моментов в психотехнике непрерывного самоопределения. Так как возведенная в абсолют ирония убивает замысел, а значит, и саму работу, сохраняя иронию, нужно беречь от нее *сверхценности*. Топором иронии можно и нужно подрубать засохшие ветви, без ущерба для жизни дерева можно отрубить и некоторые незасохшие (оставшиеся будут лучше расти), но нельзя перерубать корни и ствол.

Необходимая для самоопределения управляемая ирония формируется в упражнениях по произвольному отождествлению и разотождествлению.

Начиная их, нужно знать свои сверхценности (такие, например, как Бог, Добро, справедливость) и следить, чтобы ирония их не затрагивала. Сначала объектом иронии могут быть только малозначимые предметы (например, обстоятельства деятельности). Постепенно можно переходить к более значимым (например, своим поступкам или чертам характера).

Ограничивать нужно и самокритичность. В противном случае она чревата негативной общей самооценкой, самоотрицанием, утратой чувства собственного достоинства, самоуничижением и т.п. Это недопустимо, так как положительная в целом самооценка, самопринятие и даже сверхценность Подлинного Я не менее важны для самоопределения, чем любые другие факторы.

Ограничить самокритичность помогает *дифференцированное самовосприятие*, когда Я воспринимается и как совокупность проявлений – поступков, мыслей и чувств, успехов или неудач, черт характера и т.п., и как целое, которое больше совокупности его проявлений. При этом в целом позитивное самоотношение может сосуществовать с самокритикой отдельных проявлений Я.

Воля и гибкость

Способность продолжать работу, которая не приносит ежеминутных результатов, также необходима для успешного самоопределения.

Формированию *воли* помогает умение находить удовольствие не в результате, а в процессе деятельности. Для этого нужно отождествиться с работой, отказаться от желания постоянно оценивать как ее саму, так и ее результат. Очень эффективно *игровое отношение* к работе. Работая играючи, больше отдаешься работе и меньше озабочен ее результатами.

Воля не означает «упертости», когда стремишься заниматься даже безнадежным делом просто потому, что решил им заниматься. К «упертости» может вести неспособность разотождествиться со своей деятельностью. Другая причина – в том, что само решение о занятии деятельностью становится настолько сильным мотивом, что поддерживает ее даже при утрате смысла и надежды на успех.

Для успешного самоопределения нужна *гибкость* – готовность изменять свою работу и меняться самому при сохранении общего направления. Такая гибкость основана на умении *произвольно отождествляться и разотождествляться* с работой.

Условность выбора

При непрерывном самоопределении используемые критерии периодически пересматриваются. Стремление организовать жизнь в соответствии со своими представлениями о должном несовместимо с догматизмом и требует постоянной готовности к пересмотру ценностей и снятию противоречий между ними.

Если человек замыкается в себе и абсолютизирует свои критерии и основанный на них выбор, творчество жизни невозможно, а осознание необходимости пересмотра критериев оборачивается кризисом.

Но при открытости к Миру, понимании ограниченности и обусловленности своих ценностей и необходимости учиться – как можно больше узнавать, как можно глубже понимать, а возможно, и изменять себя – выбор становится «безопасней» и творчество жизни получает шансы на успех.

Абстрактность

Конкретные формулировки задач (например, «Я должен вступить в такую-то партию, возглавить ее, прийти к власти и провести реформы, которые сделают людей счастливыми», или «Я должен поступить в семинарию, потом принять постриг и служить Богу в монастыре», или «Я должен писать пьесы») не только уточняют *абстрактный замысел* (например, «Моя цель – приносить пользу людям», или «Я должен служить Божественному промыслу», или «Я должен реализовать свой

Дар»), но и сужают его. Происходит подмена абстрактного замысла его конкретизацией [202].

Любая конкретная жизненная задача может оказаться нереализуемой. Еще меньше шансов, что реализация будет отвечать замыслу (по крайней мере если речь идет о замыслах, относящихся к духовной работе). Однако неуспех в реализации конкретной задачи не означает нереализуемости замысла в обобщенном виде. Всегда есть возможность «отступить на заранее подготовленную позицию» и оттуда повторить «атаку»: конкретизировать замысел иначе и постараться воплотить его в новой форме.

Кроме того, понятия «успех» и «неуспех» по отношению к реализации сверхзадач относительны. Здесь нельзя добиться полного успеха, но невозможно потерпеть и полное фиаско. Всегда что-то получается: не одно, так другое. Иногда получается не то, что задумывалось, но не может не получиться совсем ничего. Чем в более обобщенной форме существует жизненный замысел, тем больше шансов найти в любом исходе попыток его реализации признаки успеха.

ГЛАВНАЯ ПРОБЛЕМА: ОПРЕДЕЛЕНИЕ СВЕРХЗАДАЧИ

Абстрактная формулировка жизненной задачи есть не что иное, как выражение сформированной сверхзадачи. Но именно для определения сверхзадач технология выбора не работает.

Оценка альтернатив выражает их значение для реализации жизненных задач; оценка самих жизненных задач – их значение для реализации более общих задач; оценка «более общих» задач – их значение для еще более общих, и т.д.

Но тогда оценивать сверхзадачи вообще невозможно, так как их не с чем сравнить [203]. Выбор при определении сверхзадач

---

[202] В психологии это явление называется «сдвигом мотива на цель».

[203] Можно было бы считать, что оценка сверхзадач определяется их значением для реализации целей Мирового процесса. Но те, кто озабочен самоопределением, не только не знают этих Целей, но и (в своем большинстве) далеки от признания Их реальности, т.е. от понимания целенаправленности Мирового процесса.

и общего замысла жизни невозможен. Нужна другая «технология». Сверхзадачи можно получить только из какого-то иного Источника.

Это заставляет обратиться к еще не обсуждавшемуся, но, может быть, самому главному фактору успешного самоопределения.

Интуитивность

Множество требований к полностью осознанному точному оцениванию делает его практически невозможным.

Более реальна правильная оценка альтернатив, опирающаяся на *интуицию*. Интуитивное оценивание не панацея. Его эффективность зависит от «качества» интуиции. Но часто проще привести в «рабочее состояние» интуицию, чем пытаться произвести оценку полностью рационально и осознанно [204].

В интуитивной оценке свернуто неосознаваемое знание о связи альтернатив с частными критериями. Но, что более важно, в ней свернуто знание о связи частных критериев с общими (сверхзадачами). **При адекватном интуитивном оценивании человек использует (хотя и не осознает) знание о своих сверхзадачах.** Интуитивное оценивание открывает доступ к этому Знанию. По-видимому, эта возможность доступа является единственной.

---

[204] Эффективность основанных на теориях принятия решений методов, сочетающих рациональные и интуитивные приемы (см., например, книгу Ю. Козелецкого), во многом зависит от соблюдения баланса между рациональной и «иррациональной» составляющими.

Глава 23

ПОИСК СМЫСЛА

Бессмысленный и тусклый свет.

Камо грядеши?

НЕГАТИВНАЯ ПСИХОТЕХНИКА • **Соотношение «интеллектуального» и «ценностного» смыслов** • **Причины «интеллектуальной» бессмысленности** • Отсутствие безусловно хорошего и истинного. Противоречивость • **Переструктурирование** • **Стремление к смыслу** • Цепочки осмысления • Осмысление «крупных» явлений • Разрушение смысла и конечность цепочки осмысления • Ограниченность рационального осмысления • **Отказ от вопросов смысла** • **Причины «ценностной» бессмысленности** • **ПОЗИТИВНАЯ ПСИХОТЕХНИКА** • **Поиск смысла и нравственный поиск** • **Вера в ценности и истины** • **Отливка опыта** • Идея Бога • Замысел • *Свобода и смысл* • **Постижение Замысла** • Непрерывное мировосприятие. Дао • Жить по Совести

Психотехническая работа с кризисами бессмысленности мало похожа на то, что обычно понимают под словом «психотехника». Почти нет упражнений или «технологических» рекомендаций по тому, что надо делать (какие действия и в какой последовательности), чтобы обрести смысл. Работа поиска смысла в значительной части основана на работе понимания. Понимания многих и непростых вещей.

НЕГАТИВНАЯ ПСИХОТЕХНИКА

Прежде всего нужно понять, что такое *смысл*, причины его отсутствия и перспективы «обычных» способов борьбы с бессмысленностью.

Соотношение «интеллектуального» и «ценностного» смыслов

Связь «интеллектуального» и «ценностного» смыслов имеет довольно сложный характер. То, что «интеллектуальный» смысл может быть без «ценностного» (вообще-то все понятно, в том числе и что такое «хорошо», но стремиться не к чему, ничего не хочется) и наоборот (цель определена, но многое остается непонятным), позволяет считать их независимыми. Однако общая тенденция состоит в том, что при наличии «ценностного» смысла есть и «интеллектуальный», а без «интеллектуального» нет и «ценностного». Эта тенденция позволяет считать понятие «ценностный смысл» более узким, чем «интеллектуальный смысл».

Любая причина отсутствия «интеллектуального» смысла может стать и причиной отсутствия «ценностного», но у отсутствия «ценностного» смысла могут быть и свои причины, не ведущие напрямую к отсутствию «интеллектуального».

Причины «интеллектуальной» бессмысленности

Если модель мира – карта, осмысление определяет место явления на карте. Управляющий осмыслением *контекст* – аналог угла зрения. В зависимости от того, в каком контексте (под каким углом) рассматривать реальное («объемное», многостороннее) явление, оно предстает в том или ином виде и занимает то или иное место на карте.

Результат осмысления – *объяснение* явления и определение его *ценности*.

Объяснение порождает истинное знание о явлении из «истинных постулатов» (*истин*), соотнеся («связывая») с ними явление. Например, когда видишь плачущего ребенка, истина «дети плачут, когда их обидели» объясняет причину этого плача.

Определение ценности основано на соотнесении явления с тем, ценность чего бесспорна. Ценность явления (хорошо оно или плохо) определяется или тем, что в нем *проявляется* безусловная ценность (например, знание, что «правда – хорошо», делает проявления правдивости ценностью), или тем, *полезно оно или вредно*, помогает или мешает реализации безусловных ценностей (например, когда «свобода» является безусловной ценностью, знание, что «богатство обеспечивает свободу», делает ценным выигрыш в лотерею) [205].

«Интеллектуальная» бессмысленность, таким образом, является результатом либо отсутствия *б е з у с л о в н ы х истин и ценностей*, либо их противоречивости (привязка к разным истинам (ценностям) или разные способы привязки порождают взаимоисключающие результаты – назвать дурака дураком хорошо, потому что говорить правду – хорошо, но плохо, потому что обижать – плохо), либо неумения связать осмысляемое явление с безусловными истинами (ценностями).

Отсутствие безусловно хорошего и истинного. Противоречивость

Бессмысленность вызвана отсутствием ценностей только при глубокой мизантропии. Это довольно редкий случай. Однако лежащая в основе мизантропии *критичность* – черта крайне распространенная. Обычно она проявляется в двойственности, когда к позитивным оценкам «подмешиваются» негативные – «с одной стороны, это – хорошо, с другой – плохо». Эти «ложки дегтя» портят «бочки с медом» – безусловные ценности, внося в отношение к ним элемент двойственности. В отношении безусловных ценностей различие между мизантропией и

---

[205] Если считать, что безусловная ценность существует в форме суждения – постулата о безусловной ценности, то формально определение ценности явления основано на порождении истинного суждения о его ценности.

двойственностью непринципиально [206]. И то и другое превращает безусловную ценность в сомнительную.

Как критичность разрушает безусловность ценностей, так и *склонность к сомнениям* – безусловность истин.

И критичность и склонность к сомнениям имеют очень глубокие корни. И ценности («хорошее», «добро») и истины («правильное») в сознании тесно связаны с «антиценностями» («плохим», «злом») и ложью («неправильным»).

Представлений о хорошем и плохом, истинном и ложном очень много, и они внутренне *противоречивы.*

Явление, «хорошее» при одном способе оценки, при другом оказывается «плохим», и наоборот. Помощь другу – хороший поступок, но связанная с ним трата сил и времени, которые можно было употребить на еще более доброе дело, делает его плохим.

Также противоречивы суждения об истинном и ложном. Даже такие бесспорные, как «параллельные прямые не пересекаются», справедливы в рамках одной геометрии и ошибочны в рамках другой.

Противоречивость – неотъемлемое свойство вербального мышления. Уже только наличие разных по коннотату названий одного свойства (например, «высокий» и «дылда») обрекает оценочные суждения на противоречивость.

Еще одна причина противоречивости и двойственности оценок связана с выбором эталона. Давая другу двадцать рублей, поступаешь хорошо, так как мог бы не дать ничего, и плохо, так как мог бы дать и сорок.

Пока противоречивость не замечается, она и не беспокоит. Но духовная работа, постоянно требующая понимания, очень быстро делает противоречивость и ее следствие – двойственность – явными. Этот момент является исходным для формирования кризиса бессмысленности.

---

[206] Мизантроп не видит хорошую сторону в плохом. В мизантропическом отсутствии ценностей зеркально отражается их наличие у оптимиста, который не видит в хорошем плохое.

Заметив противоречивость, человек стремится устранить ее причины. Анализ этих причин быстро приводит к сомнению в исходных постулатах, на которых базируются противоречивые суждения.

Переструктурирование

В принципе есть две возможности для снятия противоречий. Первая – *переструктурировать* противоречивые постулаты, превратить их из множества рядоположных в управляемую «царем в голове» иерархию упорядоченных: «назначить» одни постулаты (истины или ценности) «главными», определяющими истинность или ценность остальных.

Но как техника выбора неприменима для определения сверхзадачи, так и техника переструктурирования неприменима по отношению к постулатам [207].

Что должно быть поставлено «во главу угла»? Как выбрать из всего разнообразия постулатов «самые правильные»? На основании каких критериев?

Положительная сторона попыток переструктурирования в том, что они углубляют понимание природы противоречий и проясняют необходимость других методов «борьбы» с ними.

Стремление к смыслу

Вторая возможность снять противоречия – в том, чтобы *проверить* истинность (ценность) постулатов (переосмыслить их) и отказаться от невыдержавших проверки.

Это желание проявляется в навязчивой постановке вопросов смысла по отношению к постулатам. Невозможность получить на эти вопросы ясный ответ – главный симптом утраты «интеллектуального» смысла.

---

[207] Заметим, что, даже если бы переструктурирование было возможно, проблема многозначности языка не снимается. Двойственность сохраняется и при оценке явления по единственному критерию. Остается неразрешенной и проблема выбора эталона.

Чеховские «Три сестры» – мудрая пьеса о поиске смысла, где «положительные» персонажи стремятся к смыслу, пожалуй, даже больше, чем к счастью, а «отрицательные» – потому и «отрицательные», что согласны жить в бессмысленном мире.

Маша так отвечает Тузенбаху на его «Вот снег идет. Какой смысл.»: «...Жить и не знать, для чего журавли летят, для чего дети родятся, для чего звезды на небе... Или знать, для чего живешь, или же все пустяки, трын-трава».

Но почему финальный, «под занавес» монолог другой сестры, Ольги «Музыка играет так весело, так радостно, и, кажется, еще немного, и мы узнаем, зачем мы живем, зачем страдаем... Если бы знать, если бы знать! Если бы знать, если бы знать!» разорван репликой Чебутыкина совсем другого эмоционального накала «Тара...ра... бумбия... сижу на тумбе я... Все равно! Все равно!»? Почему так печально-ироничен Чехов?

Цепочки осмысления

Стремление к смыслу, когда оно проявляется в непрекращающейся постановке вопросов, не ведет к его обретению.

Ответ на один вопрос смысла вызывает постановку другого. Это видно у детей, когда они «экспериментируют» с вопросами «Зачем?» и «Почему?»: «Зачем ходить в школу? – Для того, чтобы стать образованным. – А зачем быть образованным? – Для того, чтобы иметь хорошую работу. – А зачем иметь хорошую работу? – Для того, чтобы тебя уважали люди. – А зачем чтобы меня уважали люди? – И т.д.»

Ответ на вопрос смысла расширяет контекст рассмотрения, а последующий вопрос заставляет осмыслять те более «крупные» истины или ценности, которые ранее использовались для объяснения.

Создавая новый смысл, ставишь старый под сомнение и тем самым уничтожаешь его. Отвечая на вопрос «Почему (для чего) А?» – «Потому (для того), что В», ставишь истинность (ценность) А в зависимость от истинности (ценности) более «крупного» В, т.е. отказываешься от безусловного признания истинности (ценности) А. Ограничиться ответом «Потому, что

В» можно, пока не сомневаешься в истинности (ценности) В. Однако стремление к осмыслению заставляет поставить вопрос «Почему (для чего) В?» и, таким образом, усомниться и в истинности (ценности) В. И так далее.

Осмысление «крупных» явлений

«Крупные» явления (например, «моя жизнь в целом», «я в целом») состоят из множества «мелких». Осмыслять «крупные» явления сложнее, чем «мелкие», в двух отношениях.

Если осмысление «крупного» явления происходит через осмысление «мелких», смыслы которых различны (например, одни поступки свидетельствуют о «хорошести», а другие – о «плохости» меня), результат осмысления оказывается неоднозначным и/или неопределенным.

Если «крупное» явление или абстракция осмысляется в целом, то для осмысления нужен контекст, который шире («крупнее») осмысляемого явления. Это сразу ставит пределы для осмысления таких понятий, как «основы бытия», «первоисточник», «первопричина», «Бог», «Мир» и т.д.

Последовательное расширение контекста приводит к необходимости осмысления вещей, для которых не имеешь соразмерных с ними контекстов. Эти контексты требуют знания мира в его настолько масштабных («больших» или «маленьких») проявлениях, которые недоступны непосредственному восприятию. Источником такого рода знаний могут быть только абстрактные теории – космологические, метаисторические, религиозные и т.д. Невозможность проверить эти теории опытом означает, что объяснять (придавать смысл) они могут, только если в них верить.

Разрушение смысла и конечность цепочки осмысления

Неуемная тяга к смыслу ведет к последовательной *переоценке* (ревизии) ценностей и истин. Эта переоценка разрушает ценности (истины)[208]: они перестают быть безусловными, ставятся под сомнение, в зависимость от других («более крупных») ценностей (истин), которые не вызывают (пока!) сомнений и выступают как мерило ревизуемых, но которые также будут пересмотрены. В результате происходит утрата всякого смысла.

Цепочка вопросов смысла не может быть бесконечной. Рано или поздно ответы либо начинают повторяться (в приведенном примере такое окончание беседы могло бы выглядеть так: «А зачем чтобы меня уважали люди? – Чтобы получить еще лучшую работу. – А зачем иметь хорошую работу? – Для того, чтобы тебя уважали люди. – И т.д.»), либо перестают подразумевать последующее осмысление (например, «Так надо, и все!», «Так устроен мир», «На то воля Божья» и т.п.).

«Терминальные» ответы предполагают не продолжение осмысления, а **веру** в их истинность.

Ограниченность рационального осмысления

Здесь проходит граница возможностей рационального осмысления. Попытка идти дальше, которую часто предпринимали западные философские школы [209], ни к чему, кроме скептицизма, атеизма, релятивизма, агностицизма и других аналогичных «измов», не приводит.

Чтобы быть продуктивным, поиск смысла должен быть не механическим ниспровержением всех и всяческих основ. В стремлении к смыслу необходимо уметь остановиться. Рационализм может *отодвинуть границу*, но не может *заменить* веру, на которой только и может покоиться здание осмысленного мира. При поиске ответов на **Главные вопросы** рационализм бесполезен, так как превращает их во второстепенные.

---

[208] Когда человек пытается, например, осмыслить, почему он любит другого человека, заслуживает ли тот любви и т.п., он тем самым разрушает любовное отношение.

[209] Европейцам свойственно доходить до конца. Отказываться от однажды сформулированного вопроса не в нашей традиции. Так мы пытаемся обрести ответы и на Главные вопросы.

Отказ от вопросов смысла

Так как потеря «интеллектуального» смысла проявляется в навязчивой постановке вопросов смысла при неспособности на них ответить, возможности преодоления кризиса в том, чтобы или найти ответы на вопросы смысла, или перестать задавать их.

Вторая возможность – отказ от вопросов смысла – сама по себе не решает проблемы. Стихийно сформированные истины и ценности нежизнеспособны. Они не обеспечивают устойчивой почвы, на обретение которой направлена работа осмысления.

Выявленная ситуация не вызывает оптимизма. С одной стороны, последовательное стремление к смыслу не приближает к нему. С другой – оставить все как есть тоже нельзя.

Не снять, но погасить остроту ситуации можно при отказе от вопросов смысла. Но этот отказ не должен вести к их вытеснению. Тогда он в принципе совместим с продолжением духовной работы.

Духовная работа может продолжаться, если вопросы смысла «игнорируются» из-за понимания своей неготовности к ним. При таком акте смирения вопросы сохраняются, но утрачивают навязчивость и перестают отнимать силы у работы. Этот «выход» из кризиса бессмысленности не связан с немедленным обретением смысла.

Причины «ценностной» бессмысленности

К утрате «ценностного» смысла (отсутствию реализуемых активных ценностей) могут вести, кроме «интеллектуальной» бессмысленности, также недостаточная привлекательность (энергетичность) и/или нереализуемость имеющихся ценностей (неспособность их реализовать).

Одна из главных причин «интеллектуальной» бессмысленности – двойственность – разрушает и «ценностный» смысл, делая несовместимыми реализации разных ценностей.

То, что любое явление хорошо в одном и плохо в другом, приводит к тому, что, улучшая одно, ухудшаешь другое. Реализуя одну ценность, «ущемляешь» другую. Например, стремясь к Служению, замыкаешься в себе и своим безучастием к близким делаешь их несчастными. Соблюдая заповедь «возлюби», иногда вынужден преступить «не кради», а иногда – и «не пожелай».

За недостаточной привлекательностью (энергетичностью) пассивных ценностей часто стоит их надуманность. Когда ценность заимствована (*кто-то* сказал, что ЭТО – хорошо) или нафантазирована, но не пережита лично, не «прочувствована кожей», не выстрадана, мнение о необходимости или желательности ее реализации оказывается очень «теоретическим». Мотивационный потенциал таких ценностей обычно невысок, и любое препятствие останавливает работу по их реализации.

Причины нереализуемости ценности могут быть разными. Во-первых, *неумение* ее реализовать, например неумение правильно конкретизировать абстрактную ценность и спланировать работу по ее реализации. Так, стремясь к самосовершенствованию, человек придумывает «оптимальную» модель и стремится ей следовать – измениться как внешне (поведенчески, событийно), так и внутренне – переживать только «хорошие», «добрые» чувства, думать только «хорошие» мысли и т.п. Но реализовать абстрактное желание добра в конкретной жизненной программе он не может – его модель, конкретизирующая ценность и намечающая путь к ее реализации, не учитывает всех значимых обстоятельств (например, особенностей своей психики или действий других людей), препятствующих достижению цели.

Изменить одни черты психики нельзя принципиально, другие – нельзя без вреда для здоровья. Нельзя эмоционального человека сделать спокойным. А подавляя его импульсы к активности, есть риск «добиться» невроза. Психотерапевты и педагоги знают, к чему приводит грубое вмешательство в психику. Цена, которую приходится платить за изменение, оказывается больше «выигрыша».

Но и когда корректировка принципиально возможна, нужно еще суметь ее произвести. Одного желания здесь недостаточно.

Надо понимать, что стоит за «хорошими» и «плохими» чертами и как можно их изменить. Перефразируя булгаковского Воланда, чтобы чем-либо управлять, надо иметь об объекте управления сколько-нибудь верные сведения.

Другая причина нереализуемости ценности состоит в *неспособности* ее реализовать, например из-за своей мечтательности или нерешительности.

С мечтательностью связана еще одна причина «ценностной» бессмысленности – *стремление реализовать то, что нереализуемо* принципиально. В частности – *идеалы* в форме существующего в мечтах (например, девушек, «ждущих принца», или юношей, «ищущих принцесс») образа или отвлеченного набора свойств. Так, можно хотеть жить в справедливом, благоденствующем обществе, которое помогает всем его членам раскрывать свои способности и т.д. Единственный недостаток этого идеала в том, что его нельзя воплотить в реальность.

Иногда стремление к реализации идеалов связывают с юношеским максимализмом. Но оно встречается не только в юности. Впрочем, к кризису ведет не само стремление к реализации идеала, а отчаяние от невозможности добиться желаемого.

ПОЗИТИВНАЯ ПСИХОТЕХНИКА

Поиск смысла и нравственный поиск

Работа по преодолению кризиса отсутствия «ценностного» смысла – нравственный поиск. Как и поиск «интеллектуального» смысла, нравственный поиск – одна из самых распространенных в русской культуре форм духовной работы.

Нравственный поиск может состоять в поиске *активных ценностей* («добра») и/или в стремлении *реализовывать* ценности, «жить по совести».

Вообще говоря, любая активная ценность «пригодна» для придания смысла жизни. И ценность денег, и ценность власти, и ценность славы, и даже ценность мести врагу. Обретая такие «ценностные» смыслы, можно преодолеть кризис. Однако эти смыслы «хороши», пока ценности, с реализацией которых они связаны, не переоцениваются. Переоценка, «убивая» ценность, уничтожает и смысл.

Поэтому задача нравственного поиска – обрести ценности, которые, с одной стороны, были бы устойчивы к переоценке, а с другой – были бы реализуемы.

Обрести такие ценности путем рациональных рассуждений невозможно. Но в рассуждениях можно понять общее направление пути к их обретению. Работа понимания не заканчивается пониманием того, чего не надо (нет смысла) делать. Нужно еще понять, что надо делать, к чему стремиться.

Вера в ценности и истины

Какие есть другие возможности для обретения смысла, кроме умозрительных рассуждений?

Прочные устои, незыблемые истины и ценности, которые придают жизни смысл, основаны на *вере* в них. Путь к смыслу – это путь веры и надежды на ее обретение, своего рода «богоискательство». Эта вера должна быть искренней, твердой и последовательной. Во что (в кого) вера – важно лишь постольку, поскольку содержание позволяет ей быть таковой.

Путь веры тернист для рационалиста-скептика, в размышлениях осознавшего его необходимость. Но в нем – единственная надежда придать жизни смысл, не подверженный угрозе распада.

Когда вера в истины и ценности *умозрительна*, она очень хрупка. Любое противоречащее постулату веры умозаключение вызывает сомнения.

Прочной веру делает *опыт*. Тот, кто обжигался паяльником, твердо верит, что паяльник горячий. Боль от ожога является надежной основой его веры, что ожог – это плохо.

Пока находишься в области своего опыта, вопросы смысла не мучают – все понятно. Однако духовное развитие предполагает отход от опыта физического мира. Если при этом не приобретаешь новый опыт, то, лишаясь прочной основы, оказываешься среди умозрительных (во всяком случае, для себя!) конструкций.

Можно быть буквально напичканным чужими мнениями о прекрасной поэзии Пушкина. Но все это будут пустые слова, пока сам не переживешь эстетическое наслаждение от «Евгения Онегина» или восторг от «Бориса Годунова». Когда все разговоры окружающих о возвышающей душу поэзии можешь сопоставить только со своим умилением от стихов Асадова, привязка этих мнений к опыту остается очень умозрительной и не может обеспечить надежную «почву под ногами», теряя которую теряешь и смысл.

Обрести «почву» в имеющемся опыте можно, только отказавшись от духовного – ограничив жизнь сугубо материальными, «земными» вещами, «хорошесть» или «плохость» которых определяется тем, помогают они или мешают получать простые удовольствия (удовлетворять «физические» потребности).

Чтобы духовное развитие стало возможно, необходимо приобретение нового, духовного опыта – опыта новых истин и ценностей. Этот опыт делает умозрительную веру в новые истины и ценности настоящей Верой. Наличие вопросов смысла указывает на то, что нового опыта не хватает.

Отливка опыта

Вообще говоря, «новый опыт» – не такой уж новый. Человек обладает элементами духовного опыта. Другое дело, что эти элементы переживаются несистематически, часто разрозненны и не осмыслены: изолированы от остального содержания модели мира.

Работа обретения духовного опыта начинается с установления связей уже имеющихся его элементов с моделью мира: «включения» духовного опыта в модель, «узаконивания» его, с тем чтобы впоследствии, возможно, организовать вокруг него и остальной («земной») опыт.

Это означает, что духовный опыт нужно превратить в знание (неважно, в какой форме – вербальной, образной или какой-либо еще), «отлить» его в устойчивые психические формы – имена, представления (когнитивные структуры), образы и т.д. Для этого сначала можно использовать те же когнитивные инструменты, которые задействованы при освоении любых явлений, – средства интерпретации.

Первый такой инструмент – превращение явления в про-явление «невидимой сущности». Второй – придание сущности (или характеру ее изменений) статуса закономерности.

Идея Бога

Позитивный итог постановки последовательных вопросов смысла – понимание того, что для обретения устойчивого смысла необходима *идея Бога*, Первопричины и Первоосновы Всего – Того, по отношению к чему дальнейшие вопросы смысла бессмыслены.

Чтобы прийти к идее Бога, не надо жертвовать рационализмом.

Так как наше мышление основано на разделении видимости и сущности, явление для нас всегда – про-явление той или иной *сущности*.

Логически доказать «объективное» бытие невидимых сущностей, проявляющих себя в наблюдаемых явлениях, невозможно. В его пользу свидетельствует повторяемость явлений при одинаковых условиях. Но такая повторяемость – еще не логическое доказательство. Тем не менее мы легко миримся с этой алогичностью и не сомневаемся в реальности сущностей (даже таких абстрактных, как «добро» и «зло»).

Чтобы прийти к идее Бога, необходимо сделать только один шаг – начать рассматривать про-являющиеся в явлениях сущности не сами по себе, а как про-явления единой *Пра-сущности*. Этот шаг совершенно естественный: он продолжает и логически завершает переход от явления к сущности.

Психотехника формирования идеи Пра-сущности состоит в том, чтобы любой акт понимания (объяснения, интерпретации) не останавливать на фиксации связей сущностей, а идти дальше, к объяснению этих связей как проявлений Пра-сущности [210].

Формирование идеи Бога (Пра-сущности) знаменует переход к *новому этапу духовной работы*. Чтобы познать содержание этой Идеи, необходим Контакт с Пра-сущностью. Для такого Контакта одной идеи Бога мало. Контакт невозможен без Веры, так же как и Вера невозможна без Контакта. Впрочем, это не «заколдованный круг», а указание на еще одну границу рационализма в духовной работе.

После признания логической естественности идеи Бога и ее принятия встает вопрос о свойствах Пра-сущности. Первое и наиболее очевидное из них – активность. Пра-сущность в своих проявлениях изменчива, а причина изменений может быть только в Ней самой. Другие свойства Пра-сущности – самосознание (самопознание) и постоянное самовоспроизведение. Но наиболее интригующ вопрос о таких Ее атрибутах, как Разум и Воля.

Замысел

Я люблю Твой замысел упрямый
И играть согласен эту роль.

Для европейской ментальности характерно «дискретное» восприятие непрерывного мирового процесса как последовательности явлений-событий, управляемых «закономерностями».

Как и в случае других «невидимых сущностей», на мысль о реальности закономерностей (т.е. о том, что мир не хаотичен или не полностью хаотичен) наводят наблюдения за повторяемостью явлений.

---

[210] Чтобы идея Пра-сущности заработала в рациональном сознании, необходимо облечь ее в языковую форму. Сделать это, сохранив весь ее объяснительный потенциал, невозможно. Обычный язык непригоден для описания Пра-сущности. Это хорошо понимают те, кто писал или читал эзотерические тексты. Необходим иной «язык» – средство выражения полу-интуитивных и полу-неосознаваемых связей.

Введение в модель мира закономерностей устанавливает между явлениями *причинно-следственные связи*: каждое явление вызвано одними «явлениями-причинами» и само вызывает другие «явления-следствия». Понимание явлений основано на раскрытии закономерностей, «расшифровке» связей явлений между собой и с «невидимыми сущностями».

Продолжая эту методологию, естественно ввести для понимания самих закономерностей сущность второго (по отношению к явлениям) порядка, т.е. наделить мир Разумностью, которая проявляется в закономерностях.

Соотношение между Разумностью (Мировой Волей) и закономерностями повторяет соотношение между Пра-сущностью и другими «невидимыми сущностями».

На вопрос, проявляется ли в закономерностях Мировая Воля, нельзя ответить рационально. Но рационально можно понять, что неверие в Мировую Волю обрекает на бессмысленность, и, нуждаясь в смысле, нуждаешься в Ней.

Это принципиальный момент. Придание миру осмысленности зависит от нас. **Бессмысленность – не данность, а наш выбор**.

Одна возможность – признавая существование Бога, признать целенаправленный характер Мирового процесса, осуществляемого Божественной Волей в соответствии с Божественным Замыслом.

Рационально постичь Замысел нельзя. Мы не знаем, что означают Божественные Воля, Разум или Любовь. Их нельзя понять по аналогии, соответственно, с волей, разумом или любовью человека. Попытка наполнить Божественные качества «человеческим» содержанием приводит к массе «противоречий», проявляющихся в вопросах типа «Если бог любит людей, то зачем он их наказывает?», «Зачем существуют войны?» и т.п. Эпитет «Божественные» означает, что между Волей и волей, Разумом и разумом есть различия, которые нам неизвестны. Уподобление того, как «наверху», тому, как «внизу» (которое, кстати, основано на вере), не проясняет, что именно одинаково «наверху» и «внизу».

Невозможность рационального понимания Замысла означает и невозможность получения рациональных доказательств Его существования. Но вера в существование Замысла, даже без его понимания, позволяет обрести смысл.

Если мир развивается по Замыслу («Мир – театр, люди – актеры»), а мы – люди, части мира, то наша цель – понять Замысел, свое место в нем и содействовать его реализации (принять роль и сыграть ее в соответствии с Замыслом Режиссера).

Другая возможность – требовать доказательств бытия Божьего, которых нельзя получить «по определению». В этом случае наша судьба – жить в бессмысленном мире.

Свобода и смысл

Еще один момент, который можно понять рационально, – то, что **осмысленность ограничивает свободу**. Смысл может быть найден только в подчинении себя (Абсолютным Ценностям, Замыслу и т.д.) и Служении, т.е. – в самоограничении.

Смысл жизни свободного человека может быть создан только им самим. Но его нельзя создать из ничего. Полная свобода делает жизнь бессмысленной. В ней нечего делать, незачем жить. Только в жизни раба (Божьего), участника эксперимента (Пьесы) может быть смысл, а значит – и надежда на его постижение.

Постижение Замысла

Как можно постичь Замысел, если это невозможно сделать рационально? Только узнать у *Того, Кто Знает*. Для этого нужно установить с *Тем, Кто Знает*, Контакт. Но Контакт требует подготовки. С этой подготовки и начинается работа.

Непрерывное мировосприятие. Дао

Подготовка к Контакту требует перехода от «дискретного» восприятия мирового процесса к непрерывному, т.е. к пропусканию живого, постоянно меняющегося мира («потока», который «все течет») через себя.

Такое непрерывное мировосприятие, описанное классиками даосизма (прежде всего Лао-цзы в «Дао дэ цзин»), формирует динамичный и более адекватный прообразу образ мира.

Для европейцев, склонных разрушать целостность мира рассуждениями, «выхватывающими» то один, то другой аспект реальности, непрерывное мировосприятие нетипично. Но ему можно научиться. Способность к даосскому мировосприятию присутствует у всех, и ее можно развивать или по крайней мере не давать ей угаснуть.

Когда воспринимаешь (чувствуешь) мир как целостный процесс (поток всепроникающего дао), проходящий и через тебя, а себя – в потоке дао, нет нужды задавать бесполезные вопросы о причинах процесса. Его ощущаешь, согласовываешь себя с ним и живешь в нем.

Жить по Совести

В русской традиции жизнь в согласии с мировым потоком – это жизнь по Совести (в согласии с собой или в согласии с Богом) [211]. Чтобы жить по Совести, необходимо постоянно держать Совесть обостренной, сохраняя контакт с тем Источником, который единственный позволяет безошибочно определять, что делать.

---

[211] Опора на интуицию при самоопределении является одним из проявлений жизни по Совести.

Часть 8
КРИЗИСЫ ОПУСТОШЕННОСТИ. ПСИХОТЕХНИКА ОЧИЩЕНИЯ

Гурджиев так описывает механизм связи с Источником.

Связь осуществляет особый Центр Сверхсознания. Он развит у каждого, но не развиты его связи с «обычными» психическими центрами.

Скорости разных центров различны. Скорость Центра Сверхсознания в сотни раз выше, чем у интеллектуального центра, и в десятки – чем у эмоционального. Промежуточным по скорости между эмоциональным центром и Центром Сверхсознания является Центр Сверхэмоций. Его скорость выше средней скорости эмоционального центра, но ниже скорости Центра Сверхсознания.

Связь с Центром Сверхсознания устанавливается через Центр Сверхэмоций. А связь с Центром Сверхэмоций – через эмоциональный центр (а также через сексуальный, такой же быстрый, как и эмоциональный).

Эмоциональный центр работает с одними эмоциями медленнее, с другими – быстрее. Когда он работает быстро, между ним и Центром Сверхэмоций устанавливается связь.

Весь механизм Гурджиев сравнивает с вращающимися шестернями. Чтобы обеспечить связь с быстрыми шестернями высших центров, «приводные» шестерни «обычных» центров тоже должны вращаться быстро.

Таким образом, чтобы заработало Сверхсознание, нужно отказаться от рационализма в пользу эмоций, но не любых, а быстрых.

Описанная Гурджиевым конструкция согласуется с наблюдениями. Скорости эмоций различны. «Обыденные» эмоции (например, обида) медленнее, Высшие (например, чувство красоты) быстрее. Высшие эмоции позволяют ощутить Богоподобное дыхание духовного Я (Центра Сверхсознания), а через него – духовного мира.

Дорога к Источнику лежит через переживание Высших эмоций (любви, вкуса к жизни, эстетических и религиозных чувств, ощущения духовного богатства, вдохновения).

Для человека, знакомого с Высшими эмоциями, они представляют огромную ценность. Осознание их отсутствия при кризисах нелюбви, или творческих кризисах (отсутствие вдохновения), или кризисах утраты Бога (отсутствие Контакта) переживается как опустошенность.

Работа понимания, выводя из глубокого кризиса дезориентации, ведет к пониманию необходимости Высших эмоций. Когда при этом человек замечает, что нужных Эмоций нет, он испытывает чувство опустошенности. Это позволяет считать кризис дезориентации прелюдией к кризису опустошенности, его начальной стадией, на которой опустошенность еще только осознается [212].

---

[212] Дезориентация без опустошенности (человек захвачен Высшими переживаниями, но не может понять, что с ним происходит) встречается редко. Опустошенность без дезориентации (псевдорационализация) – чаще.

Глава 24

ОБЩАЯ ХАРАКТЕРИСТИКА КРИЗИСОВ ОПУСТОШЕННОСТИ

И рада бы душа в рай, да грехи не пускают.

СИМПТОМЫ. БЕЗРАДОСТНОСТЬ • **ПРИЧИНЫ ОПУСТОШЕННОСТИ** • **Радость и свобода** • **Общая схема** • Разные радости • Двухполюсная модель и ограничения духовных потоков • Два ограничителя свободы: «конкуренты» и «тромбы» • **Четыре причины опустошенности** • Пресыщение • Духовная глухота • *Настройка и истощение* • *Конкурирующие резонаторы* • *Качество сигнала* • *Роль окружения* • Нереализованность • Трудности воплощения • *Замещающая реальность* • *Конкуренция множественных Я и шлаки нелюбви* • *Реальные и искусственные ограничения* • **НАПРАВЛЕНИЯ ПСИХОТЕХНИЧЕСКОЙ РАБОТЫ** • **Радость и духовная работа. Серьезность** • **«Удаление тромбов»** • **Очистка от шлаков. Разотождествление и переосмысление** • Техники разотождествления. Игра • **Позитивная психотехника** • Условия для Высших переживаний • **Защита от нападок на себя**

СИМПТОМЫ. БЕЗРАДОСТНОСТЬ

При опустошенности Высшие эмоции вытеснены «обыденными».

Ничто не кажется ни красивым, ни возвышенным, ни торжественным. В самоощущении отсутствует чувство чистоты. Переживания гармонии мира и гармонии себя с миром недоступны. Так же недоступно чувство причастности. Так как нет Контакта с Высшей Силой, нет и чувства благодарности Ей.

Мир видится обыденным и серым. Человек заключен в одиночку своего Я.

Без Контакта невозможны и ощущения духовной наполненности, внутреннего богатства, силы, то есть – вдохновение.

Часто опустошенность переживается как отсутствие вкуса к жизни. Ничто не доставляет удовольствия, все переживания испытаны, все надоело, все известно, и ничто не интересно. Ни в чем нет ни новизны, ни смысла, ни тайны. Это состояние называют хандрой.

Снижение «любовной потенции» проявляется как «сердечная сушь» – неспособность волноваться и сопереживать (жалеть, радоваться, огорчаться), испытывать умиление, влюбляться и т.д. Иногда «сушь» ощущается как устойчивое равнодушие. Иногда – как накопление любовной энергии, которая не может вырваться наружу.

Общее во всех проявлениях опустошенности – отсутствие радости.

ПРИЧИНЫ ОПУСТОШЕННОСТИ

Радость и свобода

Основная причина безрадостности – в нарушении *свободного* циркулирования энергии. Ощущение свободы [213] неотрывно от переживания радости. Находясь под гнетом (своих желаний, обстоятельств, других людей), радоваться нельзя.

Субъективно нарушения свободного циркулирования энергии переживаются как внутренние напряжения. Форма этих напряжений может быть разной: от тревожности до озабоченности.

---

[213] Ощущение свободы – это ощущение полета (например, «радостный птичий полет» у Гумилева).>

Общая схема

Разные радости

Тождество свободы и радости означает существование разных радостей [214]. И жеребячий гогот подгулявшей компании – радость, и упоение игрой виртуоза – тоже радость. Одна радость отличается от другой тем, какой энергетический поток получил свободу. В радости Высших эмоций освобождаются потоки приема, преобразования и излучения тонкой (духовной) энергии [215].

Духовная радость неоднородна. Если рассматривать духовную работу как потоки энергии, направленные внутрь («зарядка»: созерцательная работа восприятия и/или познания, слушание Бога) или вовне («разрядка» энергии: любовь, творчество, обращение к Богу), то можно говорить, что двум направлениям потоков соответствуют два типа радости.

«Заряжающая» *созерцательная радость* принятия психическим телом потока духовной энергии при Контакте, переживания чувства красоты, удовлетворения интереса [216] проявляется в умиротворяющем гармоничном ощущении духовной полноты. Созерцательная радость – это радость-восторг. Ее отсутствие (ощущение пустоты) указывает на *опустошенность в узком смысле* – результат перекрытия каналов поступления духовной энергии.

«Разряжающая» духовную энергию *деятельная радость* при свободном самоосуществлении (в любви, в творчестве и т.д.) проявляется в хорошем настроении, смехе, веселье (часто «радость» и «веселье» – синонимы). Деятельная радость – это

---

[214] Радость не особая эмоция, а общая для разных эмоций характеристика. Любую из радостных эмоций можно назвать радостью.

[215] Нужно четко осознавать различие между полной свободой бессмысленного существования («свободой от духа») и свободным циркулированием потоков духовной энергии («свободой духа»).

[216] При удовлетворении интереса удовольствие связано с выходом из дискомфортного состояния непонимания.

радость-экстаз. Когда ее нет, можно говорить об *опустошенности в широком смысле.*

Деятельная и созерцательная радости могут соединяться в «беспричинной» радости, характерной для молодости, – радости бунинского «легкого дыхания», естественной и ненапряженной жизни в мире с Миром.

Двухполюсная модель и ограничения духовных потоков

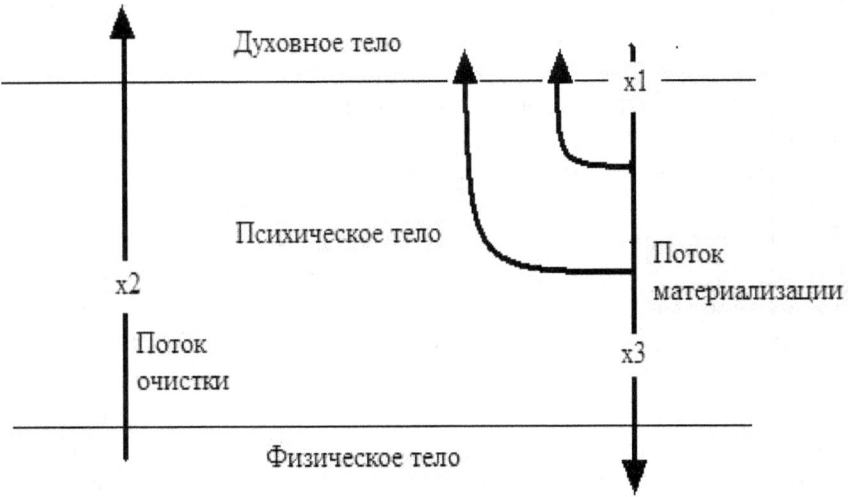

Рис.4. Схема духовных потоков (х = «места» возможных ограничений потоков)

В соответствии с двухполюсной моделью общую схему потоков духовной энергии можно представить как два потока: «поток очистки», идущий из физического мира в духовный, и «поток материализации», идущий в противоположном направлении.

Ограничения свободному прохождению энергии [217] могут возникать в трех местах (знаки «Х» на рисунке): при

---

[217] Ограничение духовного потока может долго не осознаваться, если он слаб и энергия накапливается медленно. Тем более драматичным оказывается осознание.

восприятии духовной энергии (Х1), при очистке духовного содержания из воздействий физического мира (Х2) и при материализации духовной энергии (Х3).

Два ограничителя свободы: «конкуренты» и «тромбы»

Свободное прохождение энергии «наверху» (в Х1) ограничивается только по одной причине – из-за *недостатка ресурсов*. Свободное прохождение энергии «внизу» (в Х2 и Х3) может ограничиваться как недостатком ресурсов, так и *«закупоренностью» каналов*.

Недостаток ресурсов вызван наличием шлаков-конкурентов: прагматических желаний, негативных чувств, посторонних мыслей, дел, забот и т.п.

Разные виды энергии качают одни и те же «насосы». Производительность их ограничена. Поэтому качать одну энергию они могут, только если не качают другую.

Энергетические потоки конкурируют между собой за ресурс – «насос». Так, два противоречивых желания (например, *«пойти гулять»* и *«сесть за работу»*) ограничивают друг друга. Импульс совершить неэтичный поступок ограничивается нравственным запретом.

Конкуренты, занимая ресурс, мешают как восприятию духовной энергии – «заглушают» духовные голоса, так и ее воплощению (Служению).

Переносящая духовную энергию материя по мере спуска из духовного мира в физический «сгущается» (тонкая материя духовного мира «одевается» во все более грубую, чтобы попасть в физический мир), и ее движение замедляется, а по мере подъема из физического мира в духовный – разрежается, и ее скорость увеличивается. В любом случае в нижних областях, близких к физическому миру, материя движется медленно. Иногда она вовсе останавливается. Тогда «сгустки» закупоривают канал прохождения духовной энергии подобно тромбам или склеротическим «бляшкам». Это проявляется, например, при *пресыщении* или *нереализованности*.

Таким образом, возможны четыре типа ограничений прохождения духовной энергии. Каналы могут быть «перекрыты» в двух местах – «на входе» (Х1 и Х2) и «на выходе» (Х3) – двумя обстоятельствами: »конкурентами» (во всех случаях) и «тромбами» (только в Х2 и Х3).

	«Вход»	«Выход»
«Тромбы»	Пресыщение	Нереализованность
«Конкуренты»	Духовная глухота	Трудности воплощения (например,, нелюбовь)

Четыре типа ограничений прохождения духовной энергии

Глобальность кризиса опустошенности зависит от того, перекрыт ли только один из двух потоков («материализации» и «очистки») или оба. Когда перекрыт поток «очистки», опустошенность проявляется в отсутствии эстетических чувств. Когда перекрыт поток «материализации» – в отсутствии религиозных чувств.

Может показаться, что перекрытие канала на выходе (в Х3) не должно вести к нарушению циркуляции духовной энергии и кризису опустошенности [218]. Духовный поток сохраняет возможность «отразиться» и вернуться в духовный мир. При этом Контакт не утрачивается.

Действительно, в этом случае опустошенности в узком смысле нет. Но есть опустошенность в широком смысле – отсутствует разряжающая радость Служения (любви, творчества).

---

[218] Такова схема циркуляции при разных формах отшельничества, отрешенности от мира – в общем, при отказе от Служения на Земле, то есть – от переноса духовной энергии в физический мир и наоборот.

Четыре причины опустошенности

Пресыщение

Причина отсутствия вкуса к жизни (интереса, стремления к новому) – в пресыщении. Здесь полная аналогия с пресыщенным гурманом. Пресыщение («Все надоело!») – результат неспособности находить новые блюда и, что более важно, в знакомых – новые оттенки вкуса.

При пресыщении модель мира находится в устойчивом состоянии. Внутренних импульсов к ее развитию (например, актуальных вопросов) нет [219]. Внешние отторгаются, так как каналы восприятия закупорены.

Причина пресыщения в «непереваренности» имеющихся впечатлений, которые в ожидании обработки забивают «буферную зону» («желудок»). В этом хандра («*английский* сплин») Онегина похожа на состояние завзятого двоечника, которого учителя засыпают ненужной ему информацией.

Содержание, извлекаемое из впечатлений при «переваривании», выводит модель мира из равновесия (например, обнаруживает неполноту знания, ставит новые вопросы и т.д.) и, таким образом, обеспечивает энергию для ее развития, которая субъективно переживается как жажда впечатлений, интерес [220] и т.п.

Когда обработка уже имеющихся впечатлений «пробуксовывает» и не приводит к извлечению содержания, она все равно отвлекает интеллектуальный ресурс. В результате его не хватает для приема новых впечатлений.

---

[219] Ответы на все вопросы, представлявшие интерес, известны. По крайней мере есть иллюзия, что они известны, – следствие «всезнайства», ощущения повторяемости явлений.

[220] Для интереса, который играет роль «желудочного сока» при «переваривании», необходимо осознание значимости воспринимаемого явления. При пресыщении такого осознания нет.

Духовная глухота

Настройка и истощение

И в эстетических, и в религиозных чувствах проявляется восприятие духовной энергии, которое требует *настройки* себя на частоту ее колебаний («вибраций»).

Разные резонаторы в человеке воспринимают разные частоты вибраций: низкие частоты грубой материи физического мира и высокие частоты тонкой материи духовного мира. Но одновременно может работать только одна группа – резонаторы конкурируют между собой.

Настройка состоит в активизации тех резонаторов (обнажении тех пластов индивидуальности), которые созвучны духовному содержанию, и в подавлении активности резонаторов, созвучных более грубому содержанию (например, реагирующих на прагматическую полезность).

Для настройки, естественно, необходим отказ от конкурирующих форм активности. Во-первых, от активности, не связанной с восприятием. Во-вторых, от восприятия грубых энергий.

Если сделать этого не удается, отсутствие духовной энергии ведет к истощению.

Конкурирующие резонаторы

Результат восприятия определяется двумя факторами: привычным состоянием разных резонаторов (т.е. тем, какие из них обычно задействованы, а какие нет) и качеством сигнала.

Если вся жизнь состоит из борьбы за существование и глотания культурного ширпотреба, в которых духовные резонаторы не задействованы, то включить их вместо обычно работающих «грубых» очень трудно. Сделать это тем проще, чем больше опыт Высших переживаний в прошлом и их удельный вес в настоящем.

К «обычно работающим», например, относятся резонаторы, воспринимающие физиологическое состояние организма. Голос организма может заглушать духовные голоса и при несовместимых с «физиологической» радостью организмических нарушениях (утомлении, боли, болезни), и при радостной бодрости и утренней свежести.

Точно так же для человека, погруженного в рефлексию, духовные голоса заглушает голос рефлексии. Сама рефлексия чаще всего безрадостна[221]. Но и когда она радостна, эта радость не духовна.

Качество сигнала

Качество сигнала определяется соотношением интенсивностей (амплитуд) духовной и грубых энергий. Например, в музыке Баха интенсивность духовной энергии велика, а в поп-шлягере – мала. В результате из шлягера извлечь духовное содержание «обычный» человек не может.

Заполняя жизнь «недоброкачественными» впечатлениями, духовное содержание которых для него недоступно, – склоками, погоней за призраками, продукцией индустрии развлечений и средств массовой информации, – человек перекрывает себе доступ к Высшим переживаниям. На восприятие вещей, из которых он способен извлечь духовное содержание, не остается ресурса [222], и канал связи с духовным миром оказывается перекрыт.

Роль окружения

Настройке препятствует неблагоприятное и способствует благоприятное *социальное окружение*.

Резонаторы готовы звучать созвучно окружению. Когда все вокруг поражены страхом или ненавистью, эти чувства

---

[221] Конфликт результатов самонаблюдения с Я-концепцией, ограничивая свободное течение рефлексии, лишает ее радостности. Исключение составляет только внеоценочное самонаблюдение при полном разотождествлении Я-наблюдателя с тем, что предстает перед ним.

[222] То же происходит, когда родители, заботясь о развитин ребенка, пичкают его «заумностями», например заставляют читать Шекспира или Толстого (а то и Пруста), когда он только что научился читать.

захлестывают даже человека, понимающего, что ни бояться, ни ненавидеть причин нет. В «атмосфере горя», когда люди вокруг печальны, угрюмы или озабоченны, радоваться может только злорадный или погруженный в себя (аутичный) человек. Так же и в «обстановке праздника» радость окружающих способствует переживанию радости.

Европейцы редко массово переживают Высшие эмоции. Обычные западные феномены массового сознания имеют другой характер [223]. Чтобы преодолеть их влияние, необходимы специальные усилия.

Нереализованность

Близкий к пресыщению феномен – нереализованность. Если при пресыщении блокируется канал очистки на стадии приема впечатлений, то при нереализованности – канал материализации на стадии воплощения духовного содержания.

Неоформленное содержание (интересная мысль, образ и т.п.) остается невостребованным, «капсулируется» и часто вытесняется.

Трудности воплощения

Замещающая реальность

Отождествляясь с некритично заимствованными представлениями (а это – почти вся «культурная психика») и плодами воображения, множественные Я накапливают «мусор». К «мусору» относятся многие ценности (например, стремление быть не хуже других), «лишние» желания (например, неограниченного богатства), большинство забот и т.п. В «мусоре» часто нет никакой необходимости, но он, как гиря на ногах, тянет «вниз» и мешает быть счастливым.

---

[223] Для групповых Высших переживаний необходимы особые условия, о которых упоминают восточные Учителя и свидетели восточной эзотерической практики.

Если часть реальности внутреннего мира, основанную на пережитом опыте (мир сущностного Я), можно назвать «настоящей», то остальная «реальность» (миры прочих множественных Я), состоящая из чужих мнений и своих фантазий, – это «замещающая реальность», своего рода «мир грез (иллюзий)». У большинства (особенно «культурных») людей замещающая реальность преобладает над настоящей.

Отличить замещающую реальность от настоящей трудно. Она прекрасно маскируется, в том числе и под духовную жизнь (феномен «прелести»).

Конкуренция множественных Я и шлаки нелюбви

Множественные Я (их желания, способы поведения и логики – способы осмысления мира) постоянно конкурируют между собой, ограничивая тем самым свободу друг друга. Те множественные Я, которые далеки от духовной работы, перехватывая друг у друга ресурс, не оставляют его для работы по разрядке (воплощению) духовной энергии – творчества, но прежде всего любви.

Причинами нелюбви (шлаками в «выходном» канале) часто становятся захват власти «Я-критиком», убивающим любовь негативизмом («кого ж любить?»), «Я-владеющим», превращающим любовь в погоню за обладанием и лишающим ее духовного содержания («все равно ты будешь мой»), или даже «Я-прагматиком», который вообще выхолащивает из положительного отношения «любовную составляющую» («этот человек хорош, потому что полезен»).

Еще одно Я, эгоцентрически относящееся к миру и парализующее способность любить, – это «Я-трус», боящееся и из-за страха отказывающееся от любви. С любовью связаны не только приятные переживания. Например, присущее влюбленности чувство беспомощности, зависимости от любимого может осмысляться как унижающее гордость. Страдания из-за сомнений во взаимности могут вызывать страх перед угрозой их повторения. К произвольному отказу от любви может вести и умозаключение о ее вредности (например, влюбленность может считаться дьявольским искушением).

Те множественные Я, которые не вытесняют работу по воплощению духовного содержания («Я-духовные работники» [224]), делают ее сами – кроме них, ее делать некому. При этом их представления о работе обычно создают дополнительные препятствия.

В нижних, наиболее плотных слоях психического тела свобода воплощения духовного содержания ограничена множеством факторов. Часть этих ограничений имеет «объективный» характер. Нельзя строить дома из песка, лепить скульптуры из творога, рисовать дымом сигареты.

Но не меньшая их часть искусственна и существует только в замещающей реальности. Например, к таким ограничениям относится стремление к «серьезным» и избегание «шуточных» художественных форм.

Искусственные ограничения подобны тюрьме, в которой происходит действие набоковского «Приглашения на казнь».

Напряженное стремление к материальному результату в условиях многочисленных ограничений проявляется как несовместимая с радостью *озабоченность*.

НАПРАВЛЕНИЯ ПСИХОТЕХНИЧЕСКОЙ РАБОТЫ

Радость и духовная работа. Серьезность

Преодоление кризиса опустошенности начинается с понимания его природы и прежде всего – обязательности радостного характера духовной работы и тревожности симптома безрадостности, означающего, что в работе что-то не так.

---

[224] Хорошо, когда сущностное Я оказывается среди «духовных работников». Но так бывает не всегда.

Для европейской ментальности этот тезис, несмотря на его многочисленные подтверждения в Библии, не очевиден. Преобладает мнение, что духовная работа требует собранности, напряженности, серьезности. Чтобы понять, на чем основано это мнение, нужно проанализировать соотношение между радостностью и серьезностью.

У слова «серьезность» несколько значений. Серьезность «насупленных бровей» («сурьезность») проявляется во внутренней собранности (напряженности), повышенном контроле и самоконтроле, в не допускающем никакой самоиронии сознании собственной значимости [225]. «Сурьезность» несовместима с радостью. «Сурьезный» человек слишком многим обременен и ничем не может поступиться.

В другом значении «серьезность» означает веру в то, чем занимаешься. В этом смысле серьезны детские игры и любое творчество, включая остроты шута. Такая серьезность не только совместима, но и неотъемлема и от духовной работы, и от радости. Она несовместима только с возведенной в абсолют иронией, готовностью смеяться над всем.

«Сурьезность» характерна для неумелых попыток преодолеть духовный кризис. Так как духовная работа европейцев, за редкими исключениями, – это малопродуктивные переходы из одного кризиса в другой, она всегда «сурьезна». Продуктивная же духовная работа и радостна и серьезна, но не «сурьезна».

«Удаление тромбов»

В зависимости от причин опустошенности психотехническая работа с ней может быть направлена либо на «удаление тромбов», либо на очистку от шлаков-«конкурентов».

---

[225] И на Западе, и в России «сурьезность» – обязательный атрибут почти всех форм социального преуспевания. За удовольствие не быть «сурьезным» приходится платить отказом от карьеры.

В принципе есть две возможности для «удаления тромбов». Первая – проложить «параллельный» энергетический канал. Вторая – «рассосать тромб».

При прокладывании «параллельного» канала наличие «тромба» (старые представления, старые способы восприятия, старое нереализованное содержание и т.п.) игнорируют и начинают жизнь «с чистого листа».

Этот путь привлекает своей простотой, но следовать ему трудно. Старое в той или иной форме проявляет себя: старые способы восприятия продолжают конкурировать за ресурс, старые представления – притягивать к себе новые, старое нереализованное содержание – рваться наружу.

Более психологически обоснован второй путь – «рассасывание тромба».

В случае нереализованности он состоит в *отреагировании* – реализации «закапсулированного» содержания в любой (пусть и кажущейся неудовлетворительной) форме. При последовательном отреагировании содержание утрачивает свою энергию и перестает закупоривать канал, открывая дорогу для появления и воплощения нового содержания.

По отношению к мертвому содержанию непереваренных впечатлений «рассасывание тромба» состоит в том, чтобы дать им возможность *перевариться и «ожить»*. Для этого нужно изменить структуру своей жизнедеятельности: сократить долю активного восприятия (перестать «гоняться» за новыми впечатлениями) и поведения (перестать «суетиться», стремиться к призрачным целям) и увеличить долю внутренней работы осмысления уже имеющихся впечатлений. Идеальный вариант для этого – уединиться в месте, где ничто не отвлекает от работы. Если такой возможности нет, то хорошо ограничиться делами, которые можно делать «механически», не эксплуатируя творческое начало.

Очистка от шлаков.
Разотождествление и переосмысление

В значительной части борьба за радость духовной работы – это борьба со шлаками-«конкурентами» во всем их разнообразии (например, с не имеющими отношения к работе желаниями или заботами).

Центральный момент в этой борьбе – *разотождествление*.

Чтобы начать работу разотождествления, необходимо понимать, почему она необходима.

Прежде всего, разотождествление очищает самоощущение, *высвобождает Я-центр*. Этот момент чрезвычайно важен и отмечается практически всеми Учителями [226].

Освобожденный Я-центр получает возможность для активной работы по очищению от шлаков. В этой борьбе он крепнет, формируя антагонистическое по отношению к шлакам начало – психический орган связи с Источником.

Разотождествление со своими мнениями ведет к пониманию их обусловленности (того, что «я знаю только то, что ничего не знаю»), к более гибкому к ним отношению и исчезновению страха перед их пересмотром.

Центральное место в очищении от любых шлаков занимает изучение их логических корней – тех представлений (как правило, малоосознаваемых), на которых основан шлак (неприязнь, страдания и т.п.), и подвержение этих представлений сомнениям, т.е. их переосмысление.

Так как шлаки часто нужны для реализации функции выживания, «просто» отказаться от них нельзя. Задача переосмысления состоит не столько в отказе от шлаков, сколько в их переподчинении, использовании для духовной работы.

Разотождествление с заботами [227] часто обнаруживает бессмысленность предмета желания и зависимость его исполнения от неподконтрольных обстоятельств. Результатом их переосмысления может стать либо отказ от «ненужных» желаний, либо понимание, зачем они нужны.

---

[226] Суфийское «Чтобы родиться [духовно], нужно умереть [как субъект желаний]», евангельские «Блаженны нищие духом» и «Удобнее верблюду пройти сквозь игольные уши, нежели богатому войти в Царствие Божие» и т.д.

[227] Отдых как средство избавиться от забот эффективен, когда он – не «бегство от себя».

Разотождествление со своим физическим состоянием – единственный способ сохранить радость духовной работы при боли или усталости. Физическое состояние приобретает статус внешнего обстоятельства (подобно погоде), на которое можно обращать или не обращать внимание, осмыслять его так или иначе, например как ниспосланное благодеяние, укрепляющее дух, за которое нужно быть благодарным.

Разотождествление с множественными Я устраняет препятствия на пути любви и помогает переходу от прагматического восприятия к самодостаточному, что открывает дорогу, например, для эстетических переживаний.

Разотождествление с внутренним содержанием необходимо, чтобы начать его оформление, которое освободит место для нового содержания и силы для новой работы [228].

Техники разотождествления.
Игра

Надо жить умеючи, надо жить играючи.
В общем, братцы, надо жить припеваючи!

Для разотождествления прежде всего необходим «психологический пост» – отсутствие суеты и погони за призраками.

В психотерапии (особенно в гештальт-терапии) разработано много методов разотождествления. Большая часть из них – игровые, основанные на том, что для разотождествления с собой надо отождествиться с другим – человеком, предметом, литературным персонажем или персонажем своих снов (объект отождествления не так уж и важен), т.е. начать играть [229].

Игровое отношение к действительности, при котором обстоятельства воображаются существующими «понарошку»,

---

[228] Трудность разотождествления из-за высокой значимости внутреннего содержания увеличивается, когда содержание «закапсулировано» и воспринимается не как богатство, а как пустота, создающая напряжение.

[229] Выделение для разотождествления «цепочки наблюдателей» тоже можно рассматривать как игровой прием.

позволяет выйти из-под гнета ограничителей свободы и снять страх перед проживанием нового и/или обнаружением нового в себе.

Воображение преодолевает все ограничения [230]. Однако, давая ему волю в игре, нужно следить, чтобы фантазии не превратились в замещающую реальность.

Позитивная психотехника

Разотождествление со шлаками, которое высвобождает духовное начало (Я-центр), но не обеспечивает ему «активной» помощи, — это негативная психотехника. Возможна ли позитивная, активно содействующая преодолению опустошенности? Можно ли помочь освобожденному Я в его движении к Богу? И нужно ли к этому стремиться?

С одной стороны, ответ отрицательный. Позитивная работа – оборотная сторона «бездеятельности».

Я-центр движется к Источнику, не ставя целей в привычном понимании этого слова и не используя основанных на рационализме методов рефлексии, работы понимания и т.п. Освобожденный Я-центр не нуждается в помощи наносных, «личностных» множественных Я [231]. Он нуждается только в том, чтобы ему не мешали. Я-центр сам по себе активен. Более того, именно его активность, а не «активность» множественных Я наиболее полезна для очищения от шлаков (особенно шлаков-страданий).

И тем не менее в «бездеятельности» есть место и для активного поддержания определенных внутренних и внешних условий.

---

[230] Поэтому так радостны уход в мир фантазий, ролевые игры и всегда содержащее игровой компонент творчество.

[231] Чтобы помочь, надо знать как, а множественные Я этого не знают. Позитивная психотехника не может быть целенаправленной деятельностью одного из множественных Я.

Условия для Высших переживаний

К внутренним условиям относится даосское мировосприятие непрерывно изменчивого целостного и разумного Мира – организма, живущего единой жизнью и управляемого одним Центром, и ощущение себя частью Мира, управляемой через посредство разных «агентов» [232] тем же Центром.

Для такого мировосприятия нужна открытость – стремление к Высшим переживаниям, Контакту (слиянию) с Миром, пропусканию Его через себя, проживанию. В основе этого стремления – любовь к Миру (Богу) и осознание своей малости как физического организма и/или множественных Я, но Богоподобности как духовной сущности.

Часть внешних условий, способствующих высвобождению Я-центра и Высшим переживаниям, индивидуальны и известны не «вообще», а только самому субъекту переживаний. Понять, что это за условия, можно только в работе самопознания.

Другие условия более универсальны. Первое из них – «есть» доброкачественную «пищу» (впечатления): талантливые произведения искусства, картины природы, умные книги.

Если эта «пища» не вызывает «аппетита», возбудить его может понимание того, что она – лекарство от пустоты, оторванности от мира, одиночества [233].

Важным частным случаем (и вместе с тем предпосылкой) потребления доброкачественной «пищи» является наличие благоприятного социального окружения. Групповое безумие затрудняет духовную работу, делая ее порой невозможной. Но правильно организованная духовная работа в группе [234] неизмеримо увеличивает способность к Высшим переживаниям.

---

[232] Одни «агенты» (психика, ноосфера, социальные и культурные институты) известны нам больше, другие (духовные сущности) – меньше.

[233] Точно так же, как объект медитации, предлагаемый восточными Учителями ученику, менее важен, чем правильная организация ее процесса, вопрос, *что* «есть» из доброкачественной «пищи», менее важен, чем – как.

[234] Примеры стихийной организации такой работы – коллективные богослужения истинно верующих или слушание музыки истинными ценителями.

Другие внешние условия, которые время от времени нужно обеспечивать, – это условия для спокойной внутренней работы, от которой ничто не отвлекает.

Защита от нападок на себя

Наиболее трудна очистка от эмоциональных шлаков – негативных чувств. Но прежде чем перейти к обсуждению этой темы, необходимо остановиться еще на одном вопросе.

Очистка от негативных чувств основана на их осознании, неприятии и желании от них избавиться. При этом к списку негативных чувств добавляется еще одно – *недовольство собой* (своей склонностью к негатиным переживаниям), например: «Я плохой, потому что не могу не ревновать». Такое недовольство чревато неврозом и только усложняет работу.

Избавиться от него нужно в самом начале. Для этого можно либо признать негативные эмоции своей неотъемлемой частью, принять их, либо, наоборот, разотождествившись, перейти от представления «Я переживаю» к представлению «Что-то чужое во мне переживает (например, одно из моих множественных Я)».

Психотерапевты часто идут по первому пути, создавая обстановку принятия всех переживаний клиента. В этом приеме есть некое лукавство: разрешение переживать негативные чувства без самокритики может вести к избавлению от них [235]. Но и когда негативные чувства остаются, они перестают быть источником жалоб. С точки зрения психотерапии – это успех (по крайней мере локальный). С точки зрения психотехники духовной работы – нет. Укрепить шлак – значит укрепить плотину, перекрывающую канал духовной энергии. Поэтому

---

[235] Субъекты негативного чувства и критического к нему отношения – это разные множественные Я, которые борются друг с другом и тем самым «подпитывают» друг друга энергией. Прекращение активности Я-критика означает конец «подпитки» Я-негативиста. На этом основана внедренная В. Франклом в практику психотерапии техника «парадоксальных интенций (намерений)».

для целей духовной работы возможен только второй путь – разотождествление.

Глава 25

ОЧИЩЕНИЕ ОТ ШЛАКОВ АКТИВНОГО НЕГАТИВИЗМА

Юпитер, ты сердишься, значит, ты не прав.

ПРОЯВЛЕНИЯ АКТИВНОГО НЕГАТИВИЗМА • ОБЩАЯ СХЕМА РАБОТЫ С АКТИВНЫМ НЕГАТИВИЗМОМ • Разотождествление • Самопринятие • Изучение проявлений и функций активного негативизма • Анализ корней и сомнения • Отождествление • Переподчинение • НЕНАВИСТЬ • Что такое ненависть? • Логические корни ненависти • Сомнения • ЗЛОБА • Что такое злоба? • Трудности работы со злобой • Логические корни злобы • Сомнения • Контроль за поведенческими проявлениями злобы • ЗАВИСТЬ • Что такое зависть? • Логические корни зависти • Сомнения • ОБИДА • Что такое обида? • Логические корни обиды • Сомнения • РЕВНОСТЬ • Что такое ревность? • Логические корни ревности • Сомнения • Ревность и страдания

ПРОЯВЛЕНИЯ АКТИВНОГО НЕГАТИВИЗМА

Шлаки активного негативизма – это ненависть, злоба, зависть, обида, ревность и т.д. В работе с ними есть много общего, что позволяет говорить о ее единой схеме.

ОБЩАЯ СХЕМА РАБОТЫ
С АКТИВНЫМ НЕГАТИВИЗМОМ

Работа со всеми шлаками включает одни и те же стадии:

а) разотождествление и самопринятие;

б) изучение проявлений шлака;

в) понимание функций шлака в духовной работе и в обеспечении условий выживания;

г) анализ логических корней – постулатов, на которых основан шлак;

д) подвержение этих логических корней сомнениям (для чего иногда нужно отождествиться со «злом»);

е) переподчинение устойчивого («некорректируемого») шлака целям духовной работы.

Разотождествление

Чтобы начать работать, прежде всего нужно *разотождествиться* с субъектом шлакового чувства (Я-ненавидящим, Я-озлобленным, Я-завистником и т.д.). Разотождествление позволяет посмотреть на шлак со стороны, усомниться и задуматься.

Разотождествление – это не разовое мероприятие, выполняемое перед началом работы, а ее непременное условие. Работа невозможна в состоянии самотождественности. В тот момент, когда Я-рефлексивное исчезает, растворившись в одном из множественных Я (неважно, в том, которое борется со шлаком, или в том, с кем идет борьба), работа перестает быть продуктивной. Стать продуктивной она сможет только при следующем разотождествлении.

Разотождествиться со шлаком не всегда просто. Например, разотождествление невозможно, когда ненависть или злоба заполняет «до краев». Впрочем, в этом случае мучает только невозможность утолить ненависть и говорить о духовном кризисе не приходится: для духовной работы просто нет места.

При духовном кризисе шлаки сосуществуют с другими переживаниями. Сам факт недовольства указывает на присутствие Я, которое наблюдает за шлаком, порицает его и хочет от него избавиться. Это (рефлексивное) Я способно к осмыслению происходящего с Я-ненавидящим, а также к отождествлению и разотождествлению с ним.

Самопринятие

Работа всегда открывает неправоту (а иногда – и просто забавную нелепость) представлений, которые питают негативизм. Если такое осознание снижает общую самооценку, оно очень болезненно. Когда хотя бы теоретической готовности к «неприятным» открытиям нет, возможна ситуация, когда работа заканчивается, не успев начаться.

Для работы необходимо безусловное самопринятие. Что бы ни пришлось узнать о себе, общее позитивное самоотношение должно сохраняться. «Хотя я ошибался (горячился, делал глупости, не понимал и т.п.), все это никак не снижает моей ценности как Богоподобной сущности».

Так как очищение от шлаков активного негативизма основано на их активном неприятии, можно считать движущей силой этой работы «ненависть к ненависти». Однако борьба с одной ненавистью укрепляет другую. Если Я, борющееся с ненавистью, ненавидит Я-ненавидящее (т.е. само становится Я-ненавидящим), работа лишена смысла. То, что ненависть нового Я-ненавидящего направлена на одно из проявлений целостной индивидуальности, делает ее опасной вдвойне.

В этих условиях строить отношения между двумя Я нужно очень деликатно. Разотождествление с Я-ненавидящим не должно вести к нарушению или прекращению внутренней коммуникации. Я-рефлексивное должно признать Я-ненавидящее одним из равноправных множественных Я – составной частью целостной индивидуальности (в этом смысле отождествиться с ним), но обозначить границу между собой и Я-ненавидящим (и в этом смысле разотождествиться).

Изучение проявлений и функций активного негативизма

У каждой формы активного негативизма (ненависти, злобы и т.д.) свои проявления, которые необходимо изучать для каждой формы конкретно. Общим является то, что первый вопрос, на который нужно ответить, – это вопрос «Что такое (ненависть, злоба и т.д.)?».

Любое качество психики полезно как инструмент удовлетворения той или иной потребности. Нельзя считать «плохими» ни агрессивность, ни злость, ни что бы то ни было еще, так как каждое «плохое» качество имеет свою позитивную функцию.

Роль активного негативизма по отношению к реализации функции выживания состоит в обеспечении *защиты* физического организма. Стремление защищаться естественно и необходимо для адаптации и выживания. Защита, которую обеспечивает активный негативизм, – это «лучшая защита» – нападение.

Работа с активным негативизмом не должна оставлять человека без необходимых ему средств защиты. Безоглядное стремление уничтожить негативизм любой ценой было бы похоже на попытку вырвать зубы у волка или остричь когти тигру.

Но, кроме защиты физического организма, активный негативизм направлен и на защиту того «мусора», который входит в состав множественных Я.

По отношению к духовной работе активный негативизм – шлак. Это особенно очевидно в отношении наиболее острой его формы – злобы.

Злоба малосовместима с духовной работой: обычно одно исключает другое. Сосуществуют они, только когда и духовная работа и озлобленность локализованы. Например, если художник-пейзажист озлоблен против своей семьи.

Развиваясь, духовная работа требует все больших ресурсов и постепенно захватывает всего человека. При этом даже локализованная озлобленность становится для нее препятствием.

Аналогично, распространение озлобленности (учащение приступов злобы или появление новых ее объектов – например, включение в их число негодных критиков и художественной общественности) мешает даже «локальной» работе, «загрязняя» ее мотивы (например, делая мотивом творчества не выражение внутреннего содержания, а стремление доказать другим свой талант). Чем шире распространена озлобленность, тем больше она парализует духовную работу.

Противоречивость ролей активного негативизма по отношению к двум функциям человека усложняет постановку задач психотехнической работы.

Конечно, можно желать расстаться с негативизмом, направленным на защиту «мусора». Но полный отказ от любого негативизма разоружает человека и делает его беззащитным перед опасностями, угрожающими его физическому существованию. Отказ от необходимого для физического выживания негативизма возможен только при его замене другими, не менее эффективными средствами защиты.

Однако уже сам переход, например, от «слепой ненависти» к поиску эффективных средств защиты принципиально меняет ситуацию. Ненависть, которая осмысляется не как существующая сама по себе, а как инструмент, обеспечивающий необходимую для Работы сохранность физического организма работника, утрачивает значительную часть своего разрушительного (в отношении и объекта ненависти, и психики ее субъекта) потенциала.

Анализ корней и сомнения

В основе активного негативизма лежат представления о «зле» – плохом, опасном и т.д. Работа осмысления направлена на вскрытие этих представлений и проверку их адекватности.

Обычно негативизм – это реакция на то, что воспринимается как несправедливость. Поэтому вопросы: что такое справедливость, что я считаю справедливым и почему, и т.п. – часто центральные для понимания логических корней негативизма. При анализе своих представлений о справедливости почти всегда оказывается, что они уходят корнями в детство и отражают взаимоотношения ребенка с его воспитателями, и прежде всего – с родителями.

Анализ логических корней негативизма вскрывает, на защиту каких ценностей он направлен, «заслуживают» ли эти ценности защиты и насколько защита, которую обеспечивает негативизм, эффективна.

Работа по обнажению и ревизии логических корней для каждой формы активного негативизма (ненависти, злобы и т.д.) имеет свои особенности. Но она всегда погружает Я-негативиста в новые контексты и «связывает» энергию отношения, снижая его активность.

Отождествление

Часто представления, на которых основан активный негативизм, относятся к поведению других людей и являются малоадекватными интерпретациями их намерений, реакций, представлений о должном и т.п. Чтобы проверить правильность таких интерпретаций, нужно *отождествиться* с человеком, к которому они относятся.

Такое отождествление является универсальным инструментом переосмысления. Кроме того, являясь актом любви, оно само по себе часто ведет к уменьшению негативизма.

Переподчинение

Переподчинить, превратить шлак в инструмент духовной работы можно, не только ограничив его значение ролью инструмента защиты физического организма.

Активный негативизм является «искаженным» проявлением любви по отношению к тем ценностям, на защиту которых он направлен. Очень часто ненависть вызвана угрозами, направленными против любимых людей.

Наиболее очевидно «любовное происхождение» ревности. Но и обида возможна только по отношению к человеку, к которому хорошо относишься и, «естественно», от которого ожидаешь ответного хорошего отношения, – на врагов не обижаются.

От понимания, что негативизм – это неумелое средство выражения любви, только один шаг до сознательного поиска более совершенных средств.

В инструмент работы можно превратить даже такие формы негативизма, в которых проявляется любовь только к себе, например зависть или озлобленность. Правда, для этого может понадобиться изменить и характер работы.

Зависть, если это зависть к чужим достижениям в Работе, полезна для определения ориентиров своего развития.

Озлобленность обостряет видение плохого. Это качество ценно для обличителя, например сатирика. Придав творчеству сатирический характер, можно превратить озлобленность из помехи в инструмент работы. При этом с самой озлобленностью как бы ничего не происходит, но она включается в более широкий контекст, над ней как бы вырастает надстройка, и озлобленность превращается в средство выражения любви. Осознанно или неосознанно этот путь прошли многие желчные художники.

Однако для превращения злобы в инструмент Работы нужно постоянно осознавать себя и понимать, какое из множественных Я («Я-творец» или «Я-злюка») действует в этот момент. То есть необходима постоянная разотождествленность – постоянное присутствие Я-рефлексивного, которого обычно при озлоблении нет.

В основе преобразования активного негативизма в инструмент Работы, если оно происходит призвольно, лежит осознание того, что любые явления в мире, в том числе и я сам, в конечном итоге – проявления Бога, Божественной любви. В этом смысле любое зло в конечном итоге является Добром. А если моя раздражительность, агрессивность, желчность и т.п. – Добро, то мне нужно совершать это Добро осознанно, согласовывая, а не противопоставляя себя Воле Божьей.

НЕНАВИСТЬ

Что такое ненависть?

Объектом ненависти в принципе может быть любое «зло»: группа, социальные явления, явления природы (плохая погода) и т.д., но чаще всего ненависть фокусируется на человеке как носителе «зла».

В ненависти *негативная оценка* соединена с *активным отношением.* Активность проявляется в стремлении *уничтожить* объект ненависти. Уничтожение может быть «полным» или «частичным».

Когда удается «полностью» уничтожить объект ненависти, ненависть к уничтоженному объекту исчезает, но как способ отношения к миру она только укрепляется.

К счастью, часто для «полного» уничтожения из-за правовых, нравственных и иных ограничений либо нет возможностей, либо оно чревато последствиями, значимость которых перевешивает мотивационный потенциал ненависти. В этих случаях проявления ненависти сводятся к «частичному» уничтожению.

«Частичное» уничтожение – это нанесение вреда человеку как физической или психической особи или той части мира, с которой он отождествлен (близким людям, социальным группам, к которым человек принадлежит, идеям и ценностям, которые он разделяет, и т.п.). Примерами «частичного» уничтожения являются ругань, злые мысли, «магическое» уничтожение «замещающего» объекта [236]и т.п. Хотя «частичное» уничтожение может вести и к прекращению ненависти, чаще оно только ее разжигает.

---

[236] «Магические» игровые действия по уничтожению или нанесению вреда «замещающему» объекту (например, втыкание иголок в портрет ненавистного человека) используют и в психотерапии.

Логические корни ненависти

Причина негативной оценки («ЭТО – плохо») может быть в отрицательном опыте взаимодействия с объектом ненависти, когда ему приписывают свои неприятности. В этом случае ненависть проявляется как жажда мести. Но негативная оценка может быть и «теоретической», не подкрепленной опытом. Разновидностью «теоретической» оценки являются опасения, что объект ненависти причинит вред в будущем.

Сомнения

Преодоление «теоретической» ненависти связано с переосмыслением «теоретических основ» негативной оценки. Для этого нужно поставить под *сомнение* любой из постулатов либо авторитетность любого источника знаний, на которых основана негативная оценка. Такие сомнения легко расшатывают все здание ненависти.

Если ненависть возникла из негативного опыта, первое, что нужно понять, – был ли опыт действительно негативным (нанесенный вред – действительно вредом). Одно и то же событие всегда можно интерпретировать и как вредное, и как полезное. Даосская притча о крестьянине, у которого пропала лошадь и которого жалели соседи, пока лошадь не вернулась и не привела с собой другую лошадь, после чего соседи начали завидовать, иллюстрирует это положение так же, как и песенка быковского Айболита «Это очень хорошо, что нам очень плохо».

Если все-таки опыт признается негативным (что почти всегда указывает либо на «некачественное» разотождествление, либо на поверхностное понимание), работу можно продолжить осмыслением жажды мести.

Прежде всего нужно понять, *что* за ней стоит. При их кажущемся разнообразии все причины жажды мести сводятся к двум главным: стремлению к справедливости и/или желанию предотвратить повторное нанесение вреда.

Роль мести как орудия справедливости по меньшей мере сомнительна. Мы не знаем ни что такое справедливость, ни кто (Кто) ответственен за ее торжество.

Не более очевидно и значение мести как средства превентивной защиты.

При желании предотвратить повторное нанесение вреда нужно понять, насколько ожидание вреда обоснованно и насколько эффективно месть его предотвращает.

Из того, что неприятное событие произошло в прошлом, не следует, что оно повторится. Чтобы определить вероятность угрозы, надо спрогнозировать поведение «врага», а для этого – понять его побудительные мотивы, причины поведения и т.д.

Но и когда угроза реальна, насколько ее предотвращению способствует движимая ненавистью агрессивность? Не так редко агрессивность не останавливает, а раззадоривает врага, т.е. не снижает, а увеличивает угрозу. Порой более адекватны ситуации уход, избегание контакта, в который нужно было бы вступить при мести или «профилактическом» нападении.

Предотвращение угрозы требует создания препятствий, затрудняющих ее реализацию. Агрессия по отношению к врагу – один способ для этого. Бегство – второй. Но есть и другие. Например, сделать врагу добро (совершить акт любви), тем самым изменить его мотивацию и превратить врага в друга. В этом смысле христианская мораль («Любите врагов ваших») вполне прагматична.

ЗЛОБА

Собака бывает кусачей
Только от жизни собачей.

Что такое злоба?

Злоба проявляется в готовности нападать на многочисленные объекты и по любому поводу.

В злобе соединяются три свойства: *«диффузный» негативизм* по отношению к неопределенно широкому кругу объектов [237], *агрессивность* и низкий порог возбудимости — *раздражительность*.

Озлобление является реакцией на жизненные неудачи, проявлением своего рода взаимности по отношению к миру.

Лежащие в основе злобы представления о плохости мира — результат не теоретизирования, а осмысления жизненных неурядиц, при котором *ответственность* за них приписывают кому угодно, но не себе. Эта ответственность распространяется с непосредственных «виновников» на все однородные с ними объекты. У озлобленных мужчин в неудачах личного плана виноваты женщины, причем не конкретные, а все вообще: «Все бабы — стервы». В профессиональных неудачах — начальство, и тоже не конкретное, а вообще: «Начальнички — сволочи» и т.д.

Трудности работы со злобой

Прежде чем решиться на работу со своей озлобленностью, необходимо понять ее трудность.

Свойственные для озлобленности «диффузность» (неопределенная множественность) объектов злобы, агрессивность и низкий порог возбудимости — характерологические качества, устойчиво проявляющиеся в «провоцирующих» ситуациях.

Кроме того, озлобленность малосовместима с самонаблюдением и тем более с принятием на себя ответственности за свои неприятности.

Чтобы нейтрализовать эти факторы, необходима длительная и напряженная работа, требующая сосредоточенных волевых усилий. Шансы на успех она может иметь только при ясном понимании вреда, который озлобленность наносит духовной работе, и сильном желании изменить себя. Без такого желания начинать работу бесполезно.

---

[237] В предельном случае негативизм распространяется на весь мир и превращается в мизантропию.

Логические корни злобы

Анализ причин негативизма и агрессивности – это прежде всего самоанализ.

Он начинается с осознания того, что именно вызывает злобу и почему.

Обычно злобу вызывает то, что воспринимается как угроза: моей безопасности, моим желаниям, моим ценностям, близким людям и т.п.

Эти угрозы нужно каталогизировать: вспомнить все случаи своей раздражительности за последнее время (например, за неделю) и записать их.

Чтобы понять, что именно и почему вызвало раздражение в каждом случае, нужно записать по возможности развернутую интерпретацию каждого события. Без навыка это трудно. Но, если постараться не оценивать результаты незаконченной работы, не раздражаться на себя и не бросать работу из-за «неудачных» попыток, какие-то (не обязательно адекватные) интерпретации получатся [238].

Сомнения

Каждую интерпретацию нужно подвергнуть сомнению: задать (и записать) по ее поводу все возможные вопросы типа «Действительно ли это так?», «Почему это так?» и т.п. Полученные ответы также нужно записать и еще раз подвергнуть сомнению и т.д.

Анализ негативизма («истории озлобленности») дает более глубокое понимание своего взаимодействия с миром и в том числе способов реагирования.

В частности, он может привести к пониманию, что агрессивность неэффективна в решении тех задач, для которых она (обычно непроизвольно и неосознанно) задействуется.

---

[238] Даже такие интерпретации, как «Я разозлился, потому что Петька – дурак» или «...потому что я – козел», значительно лучше, чем их полное отсутствие.

Для этого достаточно осознать последствия агрессивности. **Злоба вызывает злобу**. Если я накричал на другого, следует ждать от него аналогичной реакции, которая спровоцирует новые проявления моей злобы, и т.д. — «маховик злобы» раскручивается. Озлобленный человек обрекает себя на жизнь в атмосфере зла, враждебности.

Если я этого не понимаю, то могу считать себя жертвой враждебного мира и мстить за эту враждебность. Но если я осознаю последствия своего поведения, то оно становится моим *сознательным выбором*. Я могу выбрать агрессивность, но только вместе с ее неизбежными следствиями или отказаться от нее.

Когда я постоянно осознаю, что все время вольно или невольно выбираю между агрессивным и неагрессивным поведением (и, соответственно, между враждебным и дружественным миром), агрессивность обесценивается, становится бессмысленной и, таким образом, возникают предпосылки для ее изменения.

Если же анализ приводит к пониманию того, что озлобленность помогла достичь цели («если бы я не накричал на него, то ушел бы ни с чем»), то открывается целый «букет» возможностей для дальнейшей работы.

Первый вопрос: нужен ли был такой ценой достигнутый результат для духовной работы? Если ответ отрицательный, снова возникает ситуация выбора: что важнее – этот результат или Работа?

Если ответ положительный (цель была нужна для Работы), возникает второй вопрос: перевешивают ли «плюсы» (польза для Работы, полученная в результате достижения цели) «минусы» («выброс» своей озлобленности и спровоцированных ею негативных эмоций других людей)? Предельно остро этот вопрос ставит Достоевский: можно ли пожертвовать слезинкой одного ребенка для всеобщего счастья?

Но и при положительном ответе на второй вопрос, когда «минусы» признаются менее «весомыми», чем «плюсы» («пожертвовать слезинкой» можно), все равно остается третий: «Нельзя ли было достичь того же результата с меньшими издержками?» Ответ на него очевиден. Даже если игнорировать возможности добиться цели «добром» (их и вправду может не быть), один абсолютно универсальный путь «уменьшения издержек» есть всегда – не озлобляться, а только *сыграть* озлобление.

Контроль
за поведенческими проявлениями злобы

Специфика работы с озлобленностью по сравнению с преодолением других форм активного негативизма в том, что наряду с работой осмысления не меньшее место в ней занимает работа по изменению своего «внешнего» поведения.

Если анализ причин негативизма ведет к устранению внутренних причин агрессивности, то работа по устранению ее внешних причин направлена на уменьшение количества провокаций злобы извне, т.е. на то, чтобы сделать мир более дружелюбным. Эта работа прямо связана с отказом от поведенческих проявлений озлобленности.

Большое место в ней занимают отслеживание и управление «порогом раздражительности».

Попытки сдерживаться редко успешны. Удерживая себя от раздражения, человек как бы сжимает пружину, которая затем разжимается в яростной вспышке [239].

Однако порогом раздражительности можно управлять не только волевым усилием «сдержаться». Этот порог сам по себе постоянно меняется в зависимости от общего состояния организма. У отдохнувшего человека он выше, чем у уставшего и измотанного. Наблюдая за собой, нетрудно определить величину порога. Если я замечаю, что порог низкий (я устал), лучше отказаться от напряженной работы, особенно если она связана с общением, и отдохнуть.

---

[239] Иногда неотреагированность ведет к «поломке пружины» (развитию депрессивно-тревожных состояний) или к «разжиманию пружины внутрь» – соматическому отреагированию, чреватому психосоматическими осложнениями: нейродермитами, гипертонической болезнью, стенокардией, язвой желудка и т.д. и т.п.

ЗАВИСТЬ

Что такое зависть?

Зависть – это желание не быть «беднее» другого, обладать его преимуществами (личными качествами, социальным положением, имуществом и т.д.), которое может принимать две формы – получить чужие преимущества («белая зависть») или лишить другого его преимуществ («черная зависть»). При «белой» зависти неприязни к другому может не быть; при «черной» она обязательна.

Зависть возможна только к человеку, который воспринимается как равный. Когда человек считает себя не хуже другого, а свое положение – хуже, возникает мысль о несправедливости: «Он ничем не лучше меня, а как живет! А я?!»

Негативизм при зависти направлен на источник несправедливости. Им может быть объект зависти, если, например, считается, что он «украл» («неправедно» добыл) свои преимущества. Но им может быть и любой орган власти (вплоть до Высшей Власти), который несправедливо распределяет блага.

Логические корни зависти

В основе зависти лежат ценности *равенства* и *справедливости*, а также *соревновательная мотивация*.

Центральный постулат в системе представлений завистника состоит в том, что преимущества другого – воздаяние за его добродетели, а лишение их меня – наказание за мои грехи. Причем и наказания и поощрения могут быть как заслуженными (справедливыми), так и незаслуженными [240].

---

[240] «Центральный постулат зависти» – центральный и в кармических теориях. Однако то, что кармическое мировоззрение исключает возможность «незаслуженных» воздаяний и наказаний, предотвращает распространение зависти у его носителей.

Этот постулат формируется в детстве, когда поощрения и наказания воспитателей сопровождают, соответственно, хорошее и плохое поведение, но не всегда бывают справедливыми.

Логика зависти воспроизводит логику ребенка, который завидует брату, считая, что тот «незаслуженно» получил конфету.

Непосредственная причина зависти – невыгодное социальное сравнение.

При сравнении себя с другими почти всегда оказывается, что у другого есть что-то, чего нет у меня, – другой оказывается в чем-то «богаче».

Последствия таких «открытий» различны. Им можно просто не придавать значения. Они могут вести к признанию моей дефектности (к снижению самооценки). При развитой соревновательной мотивации такое осознание приводит к зависти, которая может переживаться бездеятельно, но может мотивировать и «гонку за лидером», и агрессию против него.

Сомнения

Переосмысление корней зависти ведет к пониманию многих вещей.

Первая – *инфантильность* наших представлений о равенстве и справедливости. Не различая равенства и тождества, мы не понимаем, в чем люди равны, а в чем – нет. Именно по этой причине мы не можем понять идею справедливости – в чем она состоит и кем (Кем) осуществляется.

Вторая – у каждого преимущества есть оборотная сторона – *жертвы*, которых требует приобретение и сохранение этого преимущества. Богатство и высокое социальное положение ограничивают свободу. И о том и о другом нужно заботиться, охранять. Нравственные добродетели требуют самоограничения. И так далее.

Верно и обратное. Лишившись в силу обстоятельств (или отказавшись сознательно от) одного, мы получаем (можем получить) другое. Так, отказ от карьеры ведет (может вести) к обретению внутренней свободы или успеху в личной жизни и т.д.

Всегда можно обнаружить у себя то, что компенсирует отсутствие «преимуществ» – предмета зависти. В то же время «гонка за лидером» – это погоня за одним в ущерб другому. Выигрывая в одном, мы обречены проиграть в другом.

Наконец, третья: часто отсутствие предмета зависти – результат не чужой «злой воли», а моего более или менее сознательного *выбора* (совершаемого сейчас или совершенного в прошлом): или стремиться к достижению того, что вызывает зависть, и, значит, пойти на необходимые для этого жертвы, или воздержаться от усилий и жертв, сочтя их неадекватными результату, и отказаться от предмета зависти.

При осознании этого обстоятельства могут возникнуть сожаления по поводу упущенных возможностей, «даром» потраченного времени или «обида» на то, что объективные причины (нехватка таланта, плохое здоровье, низкий исходный социальный статус и т.п.) не давали возможности добиться того, что вызывает зависть. Отсутствующие возможности часто притягательны именно потому, что они отсутствуют, – «Запретный плод вам подавай, а без того вам рай – не рай».

Работа понимания быстро приводит к мысли о бесполезности подобных сожалений и обид. Действительно, зачем жалеть о том, что нельзя изменить? **Пока жизнь не прожита, смысл есть только в поиске наилучшего использования имеющихся, а не в сожалении об отсутствующих возможностях.**

ОБИДА

Что такое обида?

Обида – это реакция на обманутое ожидание хорошего отношения. Обида всегда неприятно неожиданна.

Объектом обиды может быть как человек, так и иные ответственные за «торжество справедливости» сущности (или Сущность) [241].

Логические корни обиды

Первый шаг в анализе причин обиды после разотождествления с собой (со своим «Я-обиженным») и подъема «над ситуацией» – это понимание, кто (Кто) является обидчиком.

Второй – понимание того, что обида основана на несбывшемся ожидании от обидчика «хорошего поведения».

Как и зависть, обида часто является реакцией на «несправедливость». Но если зависть вызывает поощрение другого вместо меня, то обиду – получение «незаслуженного» наказания вместо предполагавшегося «заслуженного» поощрения.

Сомнения

При работе с обидой самое важное – *понять обидчика*, его *ви́дение* ситуации, представления о справедливости, чувства, намерения, действия, реакции и т.д.

Для этого необходимо, прежде всего, осознать, что мои представления о справедливости – не единственно возможные и что право обидчика – иметь другие, непохожие на мои взгляды и стремления, чувствовать и думать по-другому, не так, как я.

Чтобы понять обидчика, нужно попробовать поставить себя на его место: задуматься, что бы я чувствовал и как я вел бы себя на его месте. Очень часто этого оказывается достаточно.

Если умозрительно понять обидчика не удается, т.е. оказывается, что «я бы на его месте поступил хорошо, а не так, как он», нужно попробовать увидеть ситуацию не своими, а его глазами. Для этого необходимо *отождествиться* с обидчиком, «сыграть» его.

---

[241] Например, в среде российского андеграунда в «годы застоя» такой виноватой во всем сущностью была Система.

Невозможность понять обидчика может говорить о недостатке воображения у обиженного или недоступности для него опыта обидчика. Но значительно чаще она свидетельствует о неполной разотождествленности обиженного с собой, т.е. о том, что он не поднялся над ситуацией, а продолжает находиться внутри ее.

Сложней обстоит дело, когда обида адресована не человеку, а Высшей Сущности. В этом случае рассчитывать на легкое понимание уже не приходится, и прекращению обиды способствует понимание, Кому она адресована.

РЕВНОСТЬ

Что такое ревность?

Ревность – это переживание из-за реальной или воображаемой «измены» любимого человека, которое почти всегда сопровождается агрессией по отношению к нему и/или его избраннику, а также попытками «восстановить справедливость».

Логические корни ревности

За восприятием ситуации как «измены» стоит ее интерпретация, опирающаяся на специфичную логику ревности.

Эта логика основана на отношении к объекту ревности как к *собственности*, которое, естественно, отрицает его свободу воли и выбора. Термин «объект» здесь особенно уместен, так как ревнивец любит «объект» алчно, как хозяин принадлежащую ему вещь.

Если любимый человек принадлежит мне, следовательно, его поступки, чувства, мысли и т.п. определяются моей волей. Он не может (не столько из-за моральных предписаний, сколько по самой своей природе) не любить меня. Тем более – любить другого, отдавать ему то, что принадлежит мне, нарушать мое право собственности, обкрадывать меня. Если же это происходит, то он и/или его избранник – воры.

Другая логическая схема приводит к включению в состав ревности элемента обиды. Объект ревности неблагодарен, несправедлив и нечестен. Моя любовь к нему – дар, благо, которое предполагает ответную благодарность. Его взаимность – требование справедливости, на котором основан договор между нами о взаимной преданности. Любовь к другому означает, что вместо благодарности и соблюдения договора «объект» предает меня. Разве это справедливо?! За что?!!

Сомнения

Работа понимания обнажает логические корни ревности и обнаруживает их явную нелепость. Прежде всего, бессмысленно предположение о возможности обладания живым человеком, безусловном подчинении его себе. Эту посылку опровергает сам факт «измены», демонстрирующий независимость «объекта».

Другая ничем не подкрепленная «аксиома ревности» – наличие договора о взаимности. Такого договора просто не может быть, так как «подписавшие» его Я «договаривающихся сторон» (Я-любящие) не в состоянии отвечать за действия других Я (Я-изменщиков), которые могут «прийти к власти» и «разорвать договор».

Осознание логической несуразности ревности может помочь преодолеть неприязнь по отношению к объекту ненависти и/или его избраннику, но не решает всех проблем.

Ревность и страдания

В эмоциональном букете ревности не меньшее место, чем негативизм и алчность, занимают *страдания*.

Главной причиной страданий является потеря любимого, а значит – части себя. В этом смысле и измена и отсутствие взаимности равносильны «мини-смерти». Эта причина может усугубляться и другими факторами. Среди них – вынужденная двойственность отношения к любимому: он хороший, потому что я его люблю, и плохой, потому что не любит меня.

Другая причина страданий связана с неизвестностью. Когда факт измены (отсутствия взаимности) не известен доподлинно, а только предполагается, возникает ситуация неопределенности, переживание которой обычно имеет выраженный отпечаток страдания.

Осознания причин ревности обычно недостаточно, чтобы избавиться от страданий неразделенной любви. Однако, очищенные от ревности, эти страдания могут быть даже полезны для духовной работы.

Впрочем, о страданиях необходим отдельный разговор.

Глава 26

ОЧИЩЕНИЕ ОТ ШЛАКОВ СТРАДАНИЙ

Слезами горю не поможешь.

РАЗОТОЖДЕСТВЛЕНИЕ И ИЗУЧЕНИЕ СТРАДАНИЙ • Виды страданий • Страх • Горе • Сожаления • Подавленность и борьба • Функции страданий • Роль страданий в выживании • Страдания и духовная работа • «Бытовая» психотехника • АКТИВНАЯ БОРЬБА • Выход из паралича • Фантазия или реальность? • Чему вредит вред? • Улучшение ситуации • Умение поставить точку. Принятие ситуации • КАК СТАТЬ НЕУЯЗВИМЫМ

Наряду с активным негативизмом к шлакам относятся и пассивные отрицательные эмоции – страдания или мучения: страхи, переживания боли, утраты, одиночества, чувства вины и т.д. и т.п. Заполняя и отравляя жизнь, страдания часто оказываются не меньшим, чем негативизм, препятствием на пути к Источнику. Но это препятствие можно превратить в трамплин, инструмент Работы.

РАЗОТОЖДЕСТВЛЕНИЕ И ИЗУЧЕНИЕ СТРАДАНИЙ

Работа со страданиями начинается с их *изучения* – понимания их проявлений, причин, форм течения, функций и возможных путей избавления от страданий. Для изучения необходимо *разотождествление*. Роль разотождествления в очищении от страданий не меньше, а может, и больше, чем в работе с другими шлаками.

Виды страданий

Страдания могут относиться к будущему, настоящему и прошлому.

Страх

Страх – эмоциональное предвосхищение будущих опасностей, угроз тому, с чем человек отождествлен: организму, личностному ядру (планам, намерениям, ценностям и т.п.), любимым людям и т.д.

Чем с большим числом уязвимых вещей человек отождествлен, тем больше существует для него потенциальных угроз и тем больше он боится. Богач, обладающий многими ценностями, боится больше бедняка, которому нечего терять. Это относится и к имуществу, и к идеальному «внутреннему богатству», если оно подвержено угрозам.

Страх может быть вызван конкретными угрозами (в этом случае его причина обычно осознается) или проявляться в форме постоянно присутствующей и не зависящей от ситуации «диффузной» тревоги, причина которой не осознается.

Причины страха могут быть самыми разными: и собственный негативный опыт, и чьи-то внушения [242], и внебиографический (архетипический) опыт страха темноты, грозы, высоты, замкнутого пространства и т.п.

Горе

Если в страхе проявляется реакция на будущие неприятности, то в переживаниях горя, боли, болезней, утраты близких, одиночества и т.д. – на настоящие, уже свершившиеся, но еще не отошедшие в прошлое.

---

[242] Взрослые, которые запугивают ребенка с «благими намерениями» уберечь его или добиться послушания, передают ему свои страхи.

И переживание потери близкого, и переживание одиночества связаны с недостатком теплых (любовных) связей с миром.

Потеря, которая лишает нас и многих возможностей выражать свою любовь, и источника, согревающего любовью нас самих, насильственно ввергает нас в одиночество.

Переживание одиночества – результат осознания одной из двух (или обеих одновременно) вещей: «я никого и ничего не люблю» и «меня никто не любит» (последнее можно назвать «комплексом Иа-Иа» по имени ослика – персонажа «Винни-Пуха»). Одиночество свидетельствует не о событийной неудачливости, а о засорении эгоцентризмом и/или прагматизмом каналов «любовной» коммуникации с миром. Ф. Перлз (по Дж. Энрайту) считает, что «одиночество – это когда человек остается один, не считая кучи дерьма».

Сожаления

Еще одна группа страданий – сожаления об упущенных возможностях и переживание вины (муки совести, недовольство собой) – относится к прошлому, которое нельзя изменить.

Недовольство собой может проявляться как критика конкретного поведения в конкретных обстоятельствах, но может быть (например, при приписывании себе греховности) и устойчивой чертой – общей негативной самооценкой.

Подавленность и борьба

Характер страданий зависит не от того, насколько человек «объективно» способен изменить вызвавшую их ситуацию, а от того, насколько он чувствует себя способным изменить ее.

При отчаянном и безнадежно-безысходном чувстве беспомощности, когда ни принять, ни изменить ситуацию человек не хочет и не может, так как не верит в (и не надеется на) возможность изменения, страдания-«шлаки» проявляются в форме *подавленности* (депрессии). Ощущая себя жертвой обстоятельств («злых» сил), человек теряет способность к любой активности. Наступает паралич, ступор.

В основе депрессии лежит недостаток оптимизма и энергии. Вся энергия уходит на депрессивные переживания. Отсутствие оптимизма исключает другие возможности ее расходования.

Депрессивные состояния – это состояния самотождественности. В них «хозяйничает» только одно Я-страдающее. Других Я нет.

Но иногда из состояния самотождественности удается выйти (разотождествиться с Я-страдающим). Тогда появляется шанс на обретение по отношению к страданию *активной* позиции. При этом страдание как бы раздваивается на собственно *страдание* и *борьбу* с ним и его причинами. Лейтмотивом такого раздвоения становится «Я не хочу мучаться!!! Я не хочу страдать!!!».

Отношение к любым страданиям может быть и активным и пассивным.

При переживании страха, например, *активность* проявляется в поиске средств защиты: обострении внимания при ходьбе по краю обрыва, подбирании камня, чтобы отогнать злую собаку, бегстве или, наоборот, поиске встречи для боя с врагом. *Пассивность* – в параличе любой деятельности и уподоблении себя кролику перед удавом.

Аналогично, переживание вины может вести к извлечению уроков, к очищению и самосовершенствованию (духовному развитию), но может остаться и бесполезным «самоедством», не помогающим выйти из кризиса, а только углубляющим его.

Функции страданий

Роль страданий в выживании

Как и любые негативные эмоции, страдания нужны для реализации функции выживания.

Предвосхищение опасности необходимо для сохранения человека как физического и/или психического индивида. Тем более нужны сигналы (в форме боли, плохого самочувствия, переживания утраты, одиночества и т.д.) не о потенциальной, а об уже наступившей опасности. И страх и горе сигнализируют о необходимости *мобилизоваться для борьбы* с будущими или настоящими угрозами.

Роль сожалений иная. Они необходимы для обучения, освоения пережитого опыта и извлечения из него уроков, которые могут помочь действовать в будущем эффективней.

Страдания и духовная работа

Чтобы понять роль страданий по отношению к духовной работе, нужно очень точно определить предмет. Иначе неизбежна путаница: взаимоисключающие интерпретации и оценки.

С одной стороны, известно множество авторитетных свидетельств о том, что страдания возвышают душу, помогают разорвать путы «бренного мира» и достичь Бога.

«Искусственные» страдания занимают важное место во всех или почти во всех культурах – от первобытных (испытания при инициации) до современных (наказания при воспитании). В этом смысле можно считать любую культуру садомазохистской.

В самых разных религиозных практиках (христианский аскетизм, культ страданий у мусульман-шиитов, православное осознание своей греховности, осознание собственного ничтожества учениками суфиев и т.д.) страданиям отводится центральное место.

Гурджиев говорит, что в страданиях происходит кристаллизация подлинного Я [243].

Интересно наблюдение В. Джемса о том, что особенность религиозных чувств – наличие «негативного» в «позитивном». «Негативные» переживания (собственного ничтожества, малости, греховности) являются оборотной стороной «позитивного» чувства Бога.

Не замечать такое отношения к страданиям невозможно. Столь редкое единство между Востоком и Западом само по себе является примечательным и дает основание считать «негативный» опыт страданий полезным для духовной работы.

---

[243] Согласно Гурджиеву, при кристаллизации происходит формирование тонких тел (например, астрального).

Впрочем, подтверждения этому встречаются постоянно. Например, опыт пережитых страданий создает предпосылки для научения сочувствию и сопереживанию [244]. Многие духовные лидеры прошли через школу страдания.

Но, если посмотреть на предмет с другой стороны, иного пути у них и не могло быть. К тому же через страдания проходили не только духовные лидеры, но и их антиподы.

Слишком часто страдания растаптывают, озлобляют или коверкают человека, лишают сил, парализуют духовную (и любую другую) работу. Сопоставление этих фактов с представлениями о радостности духовной работы дает достаточно оснований считать страдания шлаками, засоряющими канал связи с Источником [245].

Очевидно, оба отношения к страданиям небеспочвенны. Следовательно, нужно понять, когда страдание – шлак, а когда – форма (многие считают – высшая) духовной работы.

Для прояснения этого вопроса прежде всего нужно осознать «многослойность» страданий. Есть мучительная *ситуация*. Есть *эмоциональная реакция* на нее (собственно страдания). Есть *осмысление*, формирующее отношение и к ситуации, и к реакции на нее. Наконец, есть *поведение* в мучительной ситуации.

Водораздел между полезными и вредными страданиями проходит по способу их *осмысления*. Если при осмыслении удается придать страданию ценность [246], то оно превращается в фактор, способствующий духовной работе. В противном случае оно остается шлаком.

---

[244] Можно привести воспоминание Горького в «Детстве» о том, как первой поркой ему «содрали кожу с сердца».

[245] У того же Гурджиева встречается и мнение, что для прекрашения бесполезной траты энергии (одна из главных предпосылок начала Работы) нужно прежде всего избавиться от негативных эмоций.

[246] В. Франкл подробно анализирует этот вопрос. Ему же принадлежит и деление ценностей на три группы: *творчества, переживания* и *отношения*. Ценности отношения могут быть реализованы при любом страдании, даже при неизлечимом заболевании.

С точки зрения двухполюсной модели страдания концентрируют «земное» (близкое к физическому миру) содержание психики – «...проклята земля за тебя; со скорбию будешь питаться от нее...».

Но, концентрируя земное, страдания создают возможность для *поляризации* – концентрации «небесного» («духовного») начала как противостоящего «земным» страданиям. Использовать эту возможность – главная задача работы со страданиями.

Очищающими страдания становятся не сами по себе, а только при появлении того, что можно очищать, – Я-центра, т.е. при разотождествлении. Я-центр (духовное начало) укрепляется (закаляется, концентрируется) в противопоставлении, борьбе со страданиями, неважно, страдает ли тело, самооценка, планы или какая-либо другая «неосязаемая» сущность.

«Бытовая» психотехника

Обилие страданий в жизни человека, их невыносимость и желание избавиться от них породили множество «бытовых» способов борьбы со страданиями.

Приступая к очищению от страданий, необходимо понимать возможности «бытовых» методов, их сильные и слабые стороны.

Приемами «бытовой» борьбы со страхом являются *подбадривание* («заражение» смелостью), *объяснения*, что бояться нечего (часто – откровенная ложь), а также искусственное создание «страшных» ситуаций в миниатюре (своего рода *прививки против страха*«). Эти методы иногда позволяют добиться нужного поведения, но от страха избавляют редко. Впрочем, у «бытовых» методов главная цель – преодолеть не страх, а трусость, т.е. неспособность действовать вопреки страху. Избавить они могут только от псевдостраха, когда опасения необоснованны. В этом случае и объяснения и особенно «прививки» оказываются эффективными.

«Бытовой» способ преодоления горя – плач, разряжающий *жалость к себе.*

Жалость к себе – суррогат теплого отношения [247], форма регрессивной защиты, уход в детство, когда потребность в любви удовлетворяется общением с матерью.

Материнская любовь погружает травмирующую ситуацию в более широкий и благоприятный контекст (мамины колени). Травмирующая ситуация становится частной и утрачивает долю значимости. Безысходность прерывается. Нити любви образуют мостик, по которому можно выбраться. Появляется надежда, свет в конце тоннеля.

Жалость к себе отчасти воспроизводит материнскую любовь («Кто же тебя, хорошего, еще пожалеет?») и создает иллюзорное ощущение участия, тепла, понимания и т.п. Но одновременно она парализует волю и в конечном итоге, когда мираж рассеивается, обостряет одиночество.

В жалости к себе присутствует элемент разотождествления: одновременно сосуществуют и тот, кого жалеют, и тот, кто жалеет. Последний как бы находится над ситуацией. Другой позитивный момент – в том, что плач разряжает энергию страданий и они отчасти утрачивают свою деструктивность.

Другой «бытовой» способ борьбы со страданиями – отвлечение, или *уход* (в пьянство, в работу, в развлечения и т.д.). Разновидностью ухода является и основанное на афоризме «Время лечит» терпеливое ожидание, когда страдание притупится.

Следствие ухода – вытеснение – сохраняет деструктивный потенциал страдания, которое продолжает свою разрушительную работу в подсознании, часто приводя к отсроченным приступам депрессии. Но и в уходе есть позитивный момент – активное желание преодолеть ситуацию.

Одна группа «бытовых» приемов борьбы с чувством вины – это *наказание*, *раскаяние* и *прощение*. «Бытовыми» они являются, когда наказание и прощение воспринимаются как внешние действия (первое – как возмездие или месть; второе – как

---

[247] Теплота, любовь и забота – сильнейшие терапевтические факторы. В любой терапии важны эмпатийность, атмосфера принятия и т.п. При самотерапии, какой является работа по преодолению духовных кризисов, их заменители (хотя и неполноценные) – это самопринятие и недопущение самообвинений, нападок на себя и т.п.

примирение), а раскаяние – как цена, которую нужно уплатить за прощение. В этом случае переживание вины бесполезно для Работы: склонные к «раскаянию» люди (а то и целые страны) привыкают «согрешивши, покаяться и опять согрешить».

Однако и наказание, и раскаяние, и прощение могут быть и не «бытовыми». Если наказание идет изнутри как самонаказание, проявляющееся в муках совести и жертвах, которые нужно принести вследствие своих ошибок, а раскаяние является внутренней работой осмысления произошедшего, то прощение достигается также изнутри в форме прекращения чувства вины и завершения эпизода греха.

Вторая группа приемов борьбы с переживанием вины – *самооправдание*. Так, проанализировав имевшиеся возможности, можно установить, что «обвиняемое» поведение было наилучшим из возможных в той ситуации или вообще единственно возможным для меня, т.е. «правильным».

В самооправдании есть несколько позитивных моментов. Один – самопринятие. Второй – видение хорошего в плохом. Третий – сомнение в «качестве» нравственных критериев. Понимание, что я, как «голубой воришка» из «Двенадцати стульев», который «крал и ему было стыдно», поступаю «правильно», но «плохо», приближает к осознанию противоречий между нравственными требованиями и жизненными правилами.

Негативный момент самооправдания – самообман. При самооправдании обычно не хватает внутренней честности называть белое белым, а черное – черным. Позволяя увидеть хорошее в плохом, самооправдание затрудняет видение плохого в хорошем (например, собственных недостатков). Кроме того, самооправдание сужает поле зрения и не позволяет увидеть ситуацию греха «со стороны», со всем разнообразием имевшихся в ней возможностей.

АКТИВНАЯ БОРЬБА

«Бытовая» психотехника не избавляет от страданий. В лучшем случае она смягчает их остроту. Чтобы подчинить себе страдания и использовать их в Работе, нужны другие пути.

Общим для них является активная позиция по отношению к страданиям.

Если работа с активным негативизмом направлена на прекращение «плохой» активности, то центральный момент в работе со страданиями – наоборот, инициация «хорошей» активности.

Борьба со страданиями – это *активный поиск* возможностей использовать их «позитивный потенциал» для Работы. Так как Работа возможна только при успешной реализации функции выживания, ее важной составной частью является поиск путей «улучшения» ситуации, если это возможно, и извлечение из нее уроков, если «улучшения» невозможны.

Выход из паралича

Первое, что нужно сделать, чтобы приступить к активной работе со страданиями, – это выйти из состояния депрессивного паралича.

Преодоление паралича начинается с *разотождествления*. Кроме страхов (горя, грехов), во мне еще Кое-что есть. Я – не то же самое, что мои страхи (горе, грехи), и Я способно бороться с ними. Но для этого Я должно сначала от них освободится.

Чтобы активность стала возможной, нужно мобилизовать энергию, а значит – отказаться от ее бесполезной траты на негативные переживания. В свою очередь отказ от негативных переживаний возможен только при переосмыслении ситуации. Но для переосмысления также нужна *свободная энергия*. Если ее нет, как это бывает при депрессии, получается заколдованный круг.

Разорвать его можно, используя свободную энергию в перерывах депрессивного состояния.

Фантазия или реальность?

Первый вопрос, на который нужно ответить при активном переосмыслении: *реальна* или *надуманна* ситуация, которая заставляет страдать?

Например, при страхе будущая (то есть предполагаемая) ситуация, существующая (по крайней мере пока) только в воображении, проживается как настоящая – «трус умирает тысячу раз». Пугающая ситуация еще не наступила. Она, **м о ж е т   б ы т ь**, наступит в будущем. А **м о ж е т   б ы т ь**, не наступит [248].

Чтобы оценить реальность угрозы, нужно понять, почему я считаю ее реальной. На основании своего опыта? Чужих мнений? Или просто потому, что она «очень страшная»?

Аналогично, только воображаемыми могут быть основания для жалоб на отсутствие любви (как это происходит с уже упомянутым Иа-Иа). Если задаться вопросом, действительно ли меня никто не любит и я никого (ничего) не люблю, очень часто удается обнаружить «бреши» в стене одиночества.

Точно так же на собственных фантазиях основаны страдания из-за болезненного и навязчивого приписывания себе греховности.

За приписыванием греховности (восприятием себя как «сосуда зла») стоит обобщение отдельных «грехов» в атрибут индивидуальности.

При этом игнорируется то, что наряду с греховностью (склонностью поступать «не по-Божески») в человеке есть и *Божественное начало*, без которого не было бы чувства вины из-за греховности. Если назвать Божественное начало (свидетеля и судью греховности) Подлинным Я и отделить его от Я-греховного, то очевидно, что самооценка должна быть как минимум двойственной: негативной по отношению к Я-греховному и позитивной по отношению к Подлинному Я.

Надуманные причины страданий не так безобидны, как это может показаться. Помимо того что вызванные ими страдания могут быть ничуть не легче страданий от «реальных» причин, сами причины могут «превращаться» из надуманных во вполне осязаемые. Тот, кто срывался с шаткого моста, знает, как страх «притягивает» опасность.

---

[248] Если угроза воспринимается как неизбежная, она не вызывает страха – «чему быть, того не миновать». В этом смысле фатализм способствует уменьшению страха.

Если активное осмысление обнаруживает фантастичность, надуманность причин страданий, само осознание этого факта может оказаться достаточным для избавления от страданий.

Однако часто причина страданий имеет под собой более реальную почву. В этом случае работу осмысления надо продолжить.

Чему вредит вред?

Следующий вопрос, нуждающийся в осмыслении, – о «жертвах» вызывающей страдания ситуации. Чему она наносит (может нанести) вред? И чем этот вред вреден?

Например, при осмыслении причин страха нужно понять, какое развитие ситуации меня пугает. Иногда это легко: например, «Я боюсь заболеть (разбиться, разориться, разочароваться, остаться одиноким и т. д.)». Иногда – трудно: или ответов нет, или они очень неопределенные, типа «Что-то тревожное носится в воздухе» [249].

Вопрос о вредности вреда *терминальным (конечным) ценностям* – вещам, ценность которых ничем не обусловлена и ни от чего не зависит, – является тавтологическим и лишенным смысла. Такой вред вреден потому, что мешает реализовать терминальную ценность. И все.

Но по отношению к *инструментальным*, т.е. обусловленным другими, более общими ценностями, вредность вреда определяется тем, что он разрушает инструмент реализации этих более общих ценностей. Этот вред не очень страшный, если сохраняются другие инструменты их реализации. Например, если у меня есть два набора красок, которые нужны мне для рисования, исчезновение одного набора – значительно менее неприятное событие, чем исчезновение обоих. Хотя и в последнем случае я не лишаюсь возможности рисовать карандашом.

Если выясняется, что страдания вызваны возможной или уже случившейся порчей инструмента для реализации терминальной

---

[249] В последнем случае честное «не знаю» гораздо полезней, чем самообман при псевдорационализации.

419

ценности, нужно понять, насколько потеря этого инструмента затрудняет достижение конечной цели. А для этого – определить, какие другие инструменты можно использовать для реализации терминальной ценности. Обычно «другие инструменты» найти нетрудно. В этом случае замена инструмента способствует прекращению страданий.

Иное дело, когда угрозы направлены непосредственно на терминальную ценность. Тогда нужно искать *средства защиты* от них.

Улучшение ситуации

Чтобы уберечь терминальную ценность от посягательств, нужно определить свои действия, которые могут предотвратить угрозу или исправить уже нанесенный вред. Центральный вопрос при этом: насколько я могу улучшить ситуацию (например, какими факторами, препятствующими реализации угрозы, я могу управлять или как я могу искупить совершенный «грех»)?

Возможности для улучшения ситуации обнаружить несложно. Например, если осмысление жалоб на одиночество привело к пониманию того, что отсутствие любви мешает жить, перекрывает связи Я с миром, а «брешей» в стене одиночества нет, можно найти как минимум две возможности улучшить положение.

Более трудная – извлекать тепло из радости тех, кого я люблю. Для этого нужно «всего лишь» действенно любить самому.

И более простая – завести собаку.

Хотя принципиально возможности для улучшения ситуации есть всегда [250], соотношение «величины» улучшения и цены, которую за него надо уплатить, может быть разным.

---

[250] Даже угрозу смерти можно пытаться отсрочить осторожностью, заботой о здоровье и т.п. Факт смерти близкого человека можно пытаться «исправить» поиском «замены», а свои «грехи» заглаживать «добрыми делами».

Платить за сохранность одной ценности нужно ущемлением другой. Анализ «ценового фактора» может выявить чрезмерность цены за небольшое улучшение. Например, за сомнительную надежду на продление жизни приходится платить ипохондрическим прислушиванием к своему состоянию, годами диет и лишением себя «простых» радостей. За новых друзей – забвением ушедших. За «сохранение любимого» – ревностью. За богатство – отказом от Работы. И т.д.

Если плата за «улучшение» ситуации оценивается как чрезмерная, единственный выход – отказаться от *активного* воздействия на ситуацию и *принять* ее.

При этом нужно заменить деятельность по активному улучшению ситуации более «пассивным», но адекватным ситуации поведением. Часто таким поведением является «добровольный» отказ от того, чему нанесен или может быть нанесен вред. Так поступает ящерица со своим хвостом. Например, принятие одиночества связано с попыткой обойтись без привычных форм выражения теплого отношения к себе. Если при этом удастся избежать мизантропии, которой чреват этот путь, можно научиться извлекать тепло из, казалось бы, совсем недружественных проявлений мира.

Умение поставить точку. Принятие ситуации

Чтобы принять ситуацию, ее нужно *завершить* для себя, перевести в прошлое – смириться с ней и поставить точку.

Незавершенная ситуация влечет продолжение деятельности (воспроизведение старых поведенческих форм), которая уже не отвечает изменившимся условиям и не позволяет использовать новые возможности.

Особенно ярко это проявляется при переживании утраты. Смерть близкого человека не означает прекращения любви к нему. Но невозможно любить умершего, как живого. Необходимо изменить не столько любовь-отношение, сколько его поведенческое оформление.

Работа с завершенными (прошлыми) ситуациями в корне отличается от работы с незавершенными (настоящими). Если незавершенные ситуации требуют активных усилий по их улучшению, завершенные оставляют единственную возможность – *обогащение* за счет приобретенного опыта.

При неумении поставить точку два способа переживания конфликтуют между собой. С одной стороны, ситуация переживается как завершенная – бездеятельно. Бездеятельностность может быть вызвана или непониманием возможностей для деятельности, или пониманием ее невозможности, или нежеланием действовать. С другой – ситуация переживается как незавершенная: поиск возможностей улучшить ситуацию не прекращается.

Неумение поставить точку является одной из главных причин страданий. Например, при переживании чувства вины или сожаления об упущенных возможностях в голове все время прокручивается давно прошедшая ситуация. А вопросы «Как надо было себя повести?», «Что еще можно было бы сделать?» и т.п. мучают так, как будто ответы на них нужны для решения, что делать сию минуту.

Сожаления о выпущенной птице, которая сообщила, что в ней спрятан алмаз, естественны, но бесполезны. Чтобы сделать чувство вины или сожаления об упущенных возможностях полезными, нужно перейти от самобичевания к осмыслению завершенной ситуации и понять, почему я поступил так, а не иначе, как надо было поступить и почему. Прагматический смысл понимания этих вопросов не в том, чтобы заменить «неправильное» поведение в реальном *прошлом* «правильным» поведением в воображаемом *настоящем*, а в том, чтобы узнать, как надо вести себя в похожих ситуациях, если они встретятся в *будущем*.

Восприятие событий как прошлых, настоящих или будущих не определяется только их «объективной» хронологией (А. Кроник). Это позволяет завершать и «событийно не законченные» ситуации. Даже такую, как «моя биологическая жизнь». Завершение таких ситуаций связано с принятием неизбежного (например, факта смерти) и отказом от борьбы с ним.

При принятии ситуация интерпретируется как благо. Таким благом, например, может быть урок, который можно (и должно) извлечь из завершенной ситуации. Но еще большим благом является *высвобождение и концентрация духовного начала*, противостоящего страданиям.

Конечно, за «стандартными» формулировками принимающих интерпретаций («Это – Божье наказание, его надо терпеливо пережить», восточный вариант – «Такова карма»; «Страдания возвышают душу»; «Это – испытание» и т.п.), когда их используют как заклинания, может не быть ничего, кроме желания «Я-праведника» думать (или хуже того – говорить) благочестиво. Но за ними может стоять и большая внутренняя работа.

КАК СТАТЬ НЕУЯЗВИМЫМ

Борьба со страданиями – непростое занятие. Когда страданий много (а часто в них-то и нет недостатка), эта борьба может стать единственным делом в жизни, не оставляющим места другим занятиям. Возникает вопрос, не существует ли более радикального способа, позволяющего избавиться от страданий «раз и навсегда» [251] (или хотя бы уменьшить их число).

Пока ценностей много и они не упорядочены (т.е. все терминальны), любое движение в мире чему-нибудь да угрожает. Например, любой поступок, который из-за внутренней противоречивости нравственных критериев не может быть безусловно «хорошим», означает жертву одной ценностью в пользу другой и потенциально способен вызвать мучительное чувство вины [252].

Уязвимость ценностей становится меньше, когда они упорядочены, подчинены немногим терминальным ценностям. Хотя сами по себе они по-прежнему подвержены множеству

---

[251] По крайней мере две группы людей утверждают, что знают ответ на этот вопрос. Для атеистов этот способ – смерть. Для большинства верующих христиан – праведная жизнь (хотя не многие из них могут объяснить, что это такое).

[252] Утешение, что свобода выбора, какой ценностью пожертвовать, всегда за человеком – творцом своей жизни, явно недостаточно.

угроз, если эти угрозы не исключают реализации терминальных ценностей, они не очень страшны. Когда я собираюсь в кино и не могу купить билет, но знаю, что на соседней улице есть другой кинотеатр, в котором идет тот же фильм, вред, нанесенный аншлагом в первом кинотеатре, невелик.

Вред можно обезвредить, превратив ценность, которой он угрожает, из терминальной в инструментальную. Так как терминальность или инструментальность определяется только смыслом (а не содержанием) ценности, превращение терминальной ценности в инструментальную происходит при ее переосмыслении.

Чтобы обезвредить любой вред, нужно переподчинить все ценности одной Терминальной Ценности, которой навредить не может ничто. Такой Ценностью является **духовная жизнь** (бытие Я-центра).

Вред может быть нанесен любой моей ценности, но не самому моему Я. Никакая потенциальная или реализованная угроза не может нанести вреда духовному началу – Я-центру. По своей природе Я-центр неуязвим для угроз.

Но неуязвим Я-центр, только когда он разотождествлен с тем, на что направлена угроза. Пока Я-центр отождествлен с «наносными» ценностями множественных Я, ему вредно все. Но чем больше Я-центр, разотождествляясь, очищается от «балласта», чем он становится «бедней», тем больше он приближается к Богу (Духовному миру) и уходит от земных угроз. Поэтому истинная религиозность ведет к уменьшению страха.

Формой существования Я-центра на уровне психического и физического миров является Работа. Хотя Работа уязвима больше, чем Я-центр, от «внешних» угроз она защищена. Вред ей может нанести только сам человек, когда он прекращает Работу.

«Внешние» угрозы могут относиться только к конкретным формам Работы.

Высвобождая Я-центр при последовательным разотождествлении, человек вынужден ограничить Работу созерцательной «очисткой» и общением с Небом. Работа по материализации духовной энергии в творчестве и любви (Служение) оказывается для него недоступна. Иногда (например, при неизлечимых заболеваниях) действительно ничего другого не остается. Но, стремясь Работать на Земле и реализовывать конкретные цели Служения, человек оказывается очень уязвим: свой организм может «отказать», любимые люди – умереть, творчество – оказаться непонятым и т.д.

При отождествлении с конкретными формами Служения человек должен принимать меры по предотвращению (или исправлению) вреда, наносимого этим конкретным формам. Но в его распоряжении всегда есть и «запасной вариант» – заменить одну форму Служения другой.

Глава 27

ОЧИЩЕНИЕ ОТ ШЛАКА НЕУДОВЛЕТВОРЕННОСТИ ТВОРЧЕСТВОМ

Не полусяеся, не полусяеся!!!

Только... медные лбы всегда довольны своими творениями.

РАЗОТОЖДЕСТВЛЕНИЕ И ИЗУЧЕНИЕ • **Функции неудовлетворенности творчеством** • **ПУТИ ПРЕОДОЛЕНИЯ НЕУДОВЛЕТВОРЕННОСТИ** • **Из чего складывается «плохо»?** • Универсальные критерии • *Выбор своих универсальных критериев* • Определение индивидуально-специфичных критериев • Ранжировка • **Возможности отказа от критериев** • **Противоречия** • Вскрытие противоречий • Выбор • *Главный Критерий* • **Критерии, гарантирующие позитивную оценку** • **Сомнения в адекватности оценок** • Несоответствие реализации замыслу • Бесполезность творчества • *Обмен идеями* • *Освоение идеи и качество формы* • *Духовный уровень* • *Духовное развитие* • *Творчество – приготовление «духовной пищи»* • **Совершенствование** • Технология создания «хороших» произведений • Путь

Частный, но важный случай недовольства собой, неудовлетворенность своим творчеством – одна из главных причин творческих кризисов. За неудовлетворенностью стоит негативная оценка реальных или ожидаемых результатов творчества. В последнем случае неудовлетворенность может проявляться как страх творчества.

Работа с неудовлетворенностью строится вокруг *изучения* и *переосмысления* негативных оценок творчества, которые начинаются с *сомнений* в их правильности.

РАЗОТОЖДЕСТВЛЕНИЕ И ИЗУЧЕНИЕ

Как и в других случаях, для работы с неудовлетворенностью творчеством нужно активизировать Я-центр, т.е. разотождествиться, подняться над своим творчеством и «Я-критиком», посмотреть на них со стороны.

Творчество требует самоотдачи. Если в процессе творческой работы с ней разотождествиться, работа прекратится. Оборотная сторона отождествления – неспособность беспристрастно оценить сделанное (или делаемое) – проявляется либо в эйфории, либо в сомнениях в его качестве, осмысленности, полезности и т.п.

Отождествленность автора со своим творчеством приводит к тому, что негативизм по отношению к произведению распространяется и на себя, формируя негативное самоотношение. Как и при очистке от других шлаков, негативизм по отношению к себе необходимо преодолеть безусловным *самопринятием*.

Возможность оценить сделанное появляется только после окончания работы. Если автору удается разотождествиться со своим произведением, то его оценка произведения (даже негативная) не затрагивает самооценку. Но так как творческий процесс не кончается никогда: окончание работы над произведением – это перерыв, а не завершение процесса, – без специальных усилий разотождествление невозможно.

Функции неудовлетворенности творчеством

Как и другие шлаки, неудовлетворенность творчеством выполняет и «позитивные» функции. Главная из них в том, что неудовлетворенность может мотивировать работу по самосовершенствованию.

ПУТИ ПРЕОДОЛЕНИЯ НЕУДОВЛЕТВОРЕННОСТИ

Есть две стратегии преодоления неудовлетворенности творчеством. Первая – изменить отношение к творчеству. Вторая – научиться создавать «хорошие» произведения.

Возможностей для изменения отношения несколько. Одна состоит в принципиальном отказе от *оценочного отношения к творчеству*. Для этого надо научиться, задавая вопрос «хорошо это или плохо?», сознательно отказываться отвечать на него.

Однако безоценочное отношение («Мое дело – работать, а там – время покажет») наряду с очевидным «психогигиеническим» плюсом – прекращением «самоедства» и оглядыванием на то, «что станет говорить княгиня Марья Алексевна», – чревато отказом от сознательного стремления к самосовершенствованию.

Другие возможности изменения отношения связаны с изменением оценок.
Общее «плохо» складывается из множества частных плохих оценок по кажущимся важными критериям.

Первая возможность для пересмотра оценки состоит в ревизии самих оценочных критериев.
Результат такой ревизии может состоять в отказе от критериев, которые не выдержали переоценки. Часто основанием для отказа становится осознание противоречивости критериев – невозможности соответствовать одним критериям, не снижая оценок по другим.
Использование противоречивых критериев приводит к двойственности оценок – положительные оценки по одним критерям сосуществуют с отрицательными оценками по другим. Одним понравилось, другим не понравилось, для кого-то оказалось полезным, для кого-то – нет и т.д.
Двойственность создает почву, с одной стороны, для неудовлетворенности. Но с другой – для оптимизма. Наличие положительных оценок означает, что не все так плохо и причин для безусловного самоотрицания нет.

Этот оптимизм можно укрепить, если включить в число критериев новые (и весьма значимые), положительные оценки по которым *гарантированы* самой природой этих критериев.

Вторая возможность состоит в том, чтобы, не подвергая сомнениям сами используемые критерии, усомниться в правильности отрицательных оценок по этим критериям.

Из чего складывается «плохо»?

Работа начинается с понимания того, из чего складывается итоговое «плохо», – определения критериев, которые участвуют в формировании общей негативной оценки. Условно такие критерии можно разделить на две группы: *универсальные* (общие для всех) и *специфичные* именно для меня.

Если считать, что оценка творчества складывается из оценок его *процесса* и *результата* – произведений, то в оценке процесса преобладают универсальные критерии, а в оценке произведений соотношение универсальных и специфичных критериев более паритетно.

Универсальные критерии

Список групп универсальных критериев для обеих оценок вполне обозрим.

При оценке творческого процесса первую группу составляют *этические* критерии: необходимость, полезность и т.п. («Я доволен тем, что работаю, потому что в этом – мой долг»).

Вторая группа – критерии соответствия творческого процесса своим представлениям о том, *каким он должен быть*. Например, отсутствие радостности, легкости, вдохновения может оцениваться негативно. Впрочем – как и отсутствие гонораров.

Третья группа – критерии *продуктивности* относятся как к наличию результатов, так и, главное, к их качеству.

Последние относятся уже к оценке произведений. Среди них также можно выделить несколько групп.

Первую составляет *содержательная оценка* произведения – эстетическая (художественность) для произведений искусства, научная для произведений науки, этическая для продукта «собственная жизнь» и т.д. [253] Содержательная оценка может относиться как ко всему произведению, так и к его частям, как к реализации, так и к замыслу.

Вторая группа – это критерии «прикладной» ценности (*полезности*): для Универсума («Богоугодность»), человечества, народа, поколения и т.п., для отдельных людей, которых произведение сделает умней, счастливей и т.д., и, наконец, для себя (выгоды, которые автор рассчитывает извлечь из произведения, – деньги, слава, известность, карьера, положение в обществе, уважение тех или иных людей и т.п.). Среди выгод могут быть и такие, как раскрытие своего таланта.

Третья группа – оценка произведения *людьми, чье мнение важно для автора*. Это могут быть родственники, друзья, коллеги, критики и т.д.

Выбор своих универсальных критериев

Выявление критериев, используемых для оценки своего творчества, начинается с выбора из универсальных критериев значимых для себя. Формулировки выбранных критериев надо уточнить и записать.

Определение индивидуально-специфичных критериев

Методы определения индивидуально-специфичных критериев разработаны в приложениях теории личностных конструктов Г. Келли.

---

[253] Объяснение негативных оценок по содержательным («внутренним») критериям недостатком таланта часто ведет к острым кризисам. Если несоответствие «внешним» критериям (например, отсутствие общественного признания) можно объяснить плохим вкусом «толпы», то несоответствие «внутренним» – только своей неспособностью.

Эти методы разнообразны [254]. Наиболее простой и наименее формальный из них состоит в том, чтобы для каждого из нескольких (например, десяти) своих или чужих произведений назвать пять вещей, которые мне в них нравятся, и пять вещей, которые не нравятся. Затем нужно объяснить, почему они нравятся (не нравятся). В результате будет получен набор индивидуальных критериев.

Более формальная процедура может состоять в следующем.

Выпишем на отдельных карточках названия десяти произведений, так чтобы среди них было по два очень хороших и очень плохих, а остальные «средние».

Последовательно рассмотрим все возможные пары произведений. Для каждой пары ответим на вопрос, какое из двух произведений лучше и почему. Запишем ответы на вопросы «Почему?». Это и будут индивидуальные критерии.

Ранжировка

Затем нужно объединить списки универсальных и индивидуальных критериев, удалить из них повторяющиеся, а оставшиеся проранжировать – расположить в порядке убывания их важности и привлекательности.

Простейший способ ранжировки состоит в том, чтобы для каждого критерия оценить по 10-балльной шкале его «теоретическую» важность (насколько важно, чтобы произведение удовлетворяло этому критерию) и его привлекательность для меня (насколько бы меня радовало, если бы мое произведение удовлетворяло этому критерию) [255].

Из общего списка оставим десять самых важных и десять самых привлекательных критериев.

Возможности отказа от критериев

Рассматривая выделенные критерии, легко обнаружить, что многие из них совсем не бесспорны.

---

[254] Подробнее об этих методах см. Ф. Франселла, Д. Баннистер «Новый метод исследования личности».

[255] О других, более трудоемких, но и более точных методах ранжировки (например, парном сравнении), которые устраняют влияние «мифических» представлений о себе и о творчестве, см. литературу по психометрике и экспериментальной психосемантике.

Во-первых, при сравнении двух проранжированных рядов легко найти расхождения между *привлекательностью* (реальной значимостью) и *важностью* (декларируемой значимостью) критериев. Например, на первое место по важности выходит критерий полезности творчества для общества. В то же время в десятку самых привлекательных он может и не входить. А такой критерий, как слава, оказывается в ряду важных среди «аутсайдеров», а в ряду привлекательных – среди «лидеров».

Подобные расхождения необходимо осознать, понять их причины и решить, что с ними делать.

Анализ «в принципе» важных, но малопривлекательных (не соответствующих моим стремлениям, неорганичных для меня) критериев часто показывает, что они имеют «вкусовой» характер и *навязаны мне извне*. Пока мои стремления не изменились, пользоваться этими критериями для оценки своего творчества бессмысленно. Например, бессмысленно укорять себя за отсутствие в водевилях драматизма, если в обществе преобладает мнение о необходимости серьезной драматургии, а мне нравится писать водевили.

Другой случай, когда анализ критерия может привести к отказу от него, связан с пониманием *принципиальной невозможности* соответствовать его требованиям.

Например, если причина неудовлетворенности в невыгодном сравнении своих произведений с чужими достижениями («если мои стихи хуже стихов Мандельштама, мне вообще не нужно писать», «если я не понимаю того, что понимал Иисус Христос, мне вообще не следует ничего говорить людям»), работа понимания может обнаружить, что максималистские требования к себе, задаваемые представлениями о недостижимых для меня (даже если они могут быть кем-то реализованы) идеальных, но чужих творческих результатах (например, для поэта – стихами Мандельштама), никак не увязаны с моими возможностями и особенностями моего творчества.

Тем более, когда в качестве идеала выступает несовместимое соединение особенностей творчества разных кумиров (например, Данте и Рабле), естественно осознать, что таким «завышенным» требованиям невозможно соответствовать и необходимо снизить планку требований, а не стремиться к нереализуемому идеалу, обрекая себя на самоуничижение из-за невозможности его достичь.

Противоречия

Несоответствие критериев важности и привлекательности – это только один пример противоречий среди критериев. Для осознания всей противоречивости критериев нужна специальная работа.

Вскрытие противоречий

Выпишем все наиболее важные и привлекательные критерии на отдельных карточках и начнем последовательно рассматривать пары карточек (критериев). Для каждой пары нужно ответить на два вопроса. Какое (конкретно) произведение удовлетворяет одновременно обоим критериям? Насколько я могу создать такое произведение? Например, для критериев «нравится» и «полезен для других» определяется, какое произведение одновременно и нравится мне, и полезно другим, а также могу ли я создать такое произведение. Ответы на эти вопросы нужно записать.

В результате этой работы выясняется, что многие из критериев несовместимы. Или принципиально, или для меня. Например, если я буду делать то, что мне нравится, я не смогу делать то, что нравится другим.

Представим результаты графически. Для каждого критерия нарисуем на бумаге точку и соединим точки, соответствующие непротиворечивым критериям (т.е. тем, для которых есть отвечающее им обоим произведение), линиями. Полученный рисунок можно назвать «графом принципиальной совместимости критериев». Его полные подграфы (наборы точек, которые соединены между собой ВСЕМИ возможными линиями) будут соответствовать группам непротиворечивых (принципиально) критериев.

Точно так же строим «граф совместимых для меня критериев». В нем линиями соединены точки, соответствующие критериям, для которых отвечающее им произведение могу создать я.

Полученные рисунки показывают, что все критерии распадаются на несколько групп, внутренне непротиворечивых, но несовместимых с другими группами [256].

Выбор

Выявление противоречий между критериями – принципиальный момент, когда необходимо сделать выбор. Либо сохранить только одну непротиворечивую группу и сознательно пожертвовать остальными критериями, либо оставить все как есть, но обречь себя на неудовлетворенность: мое творчество не сможет удовлетворять всем критериям, а при стремлении к компромиссу – ни одному.

Этот выбор никто другой сделать не сможет. Нерешительности здесь нет места: отсутствие выбора – это тоже выбор.

Главный Критерий

Чтобы выбрать «лучшую группу», необходим **главный критерий** оценки частных критериев. В принципе «главным» можно назначить любой критерий, но, чтобы переоценка ценностей не превратилась в единственное занятие, «главным» должен стать действительно Главный Критерий – полезность для Работы.

Принятие Главного Критерия все ставит на свои места.

Ценность содержания произведения определяется его духовностью, т.е. тонкостью его материи. Содержание лучших произведений формируется или при Контакте, или при глубокой очистке обычных впечатлений.

---

[256] Найдя общее между критериями, входящими во внутренне непротиворечивую группу, и назвав это общее, можно заменить множество частных критериев одним более общим, который в отличие от самой общей оценки «хорошо-плохо» не содержит внутренних противоречий. Этим вводится отношение упорядоченности в неструктурированную совокупность частных критериев. Критерии, входящие в группу, не рядоположны «более общему», а подчинены ему.

Ценность творческого процесса определяется тем, насколько он приближает автора к Богу.

Полезность творчества для других – тем, насколько оно способствует их духовному развитию, т.е. приближает других к Богу.

Оценка прагматических критериев – тем, насколько получение соответствующих «выгод» помогает Работе. И так далее.

Критерии, гарантирующие позитивную оценку

Кроме отказа от части критериев, по которым оценки негативны, вторая возможность улучшить отношение к своему творчеству – привлечь критерии, по которым оценки могут быть только хорошими.

Чтобы понять, что это за критерии, нужно проанализировать функции творчества в индивидуальной жизни.

Таких функций как минимум две.

Во-первых, в творчестве реализуется духовное предназначение человека: с одной стороны, извлекать (высвобождать) дух из материи, а с другой – материализовывать дух, одухотворяя материю [257].

Во-вторых, творчество дает выход внутренней энергии накопленных впечатлений. Перекрытие творческих каналов расходования этой энергии может иметь весьма неприятные последствия как для физического, так и для психического здоровья [258].

Таким образом, любое творчество, безотносительно к его другим оценкам, «полезно» с точки зрения психогигиены. И любое творчество «полезно» для Работы. Впрочем, и первое, и особенно второе верно с одной оговоркой: количественно эти «полезности» могут быть разными – они тем больше, чем больше искренность творчества.

---

[257] Первая задача решается при производстве внутреннего содержания «очисткой» обычных впечатлений. Вторая – при его оформлении.

[258] С этим связан психотерапевтический успех так называемой терапии творчеством.

Сомнения в адекватности оценок

Из того, что критерий был признан необходимым, не следует бесспорность выставляемых по нему оценок. Так как бо́льшая часть представлений о творчестве основана на мифах, сомнения и возможны и необходимы. Часто они приводят к пониманию необоснованности негативных оценок.

Несоответствие реализации замыслу

Например, сам по себе совершенно естественен критерий «чем ближе реализация к замыслу, тем лучше». Но неправомерно негодование на себя при обнаружении *любых* несоответствий между ними.

Полное соответствие реализации замыслу невозможно.

Внутреннее содержание не имеет четких границ. Все его компоненты соединены множеством связей с другими частями модели мира. Необходимая для оформления стабилизация внутреннего содержания вырывает его из «естественной среды», обрывает его связи и тем самым неизбежно обедняет. Если сохраняется память о содержании, каким оно было до воплощения, то его сравнение со стабилизированным оказывается не в пользу последнего.

Процесс обеднения продолжается и при воплощении. Воплощенный в произведении художественный образ отражает (воспроизводит) пра-образ – стабилизированное внутреннее содержание. Как отражение, образ всегда беднее отражаемого пра-образа. Это означает, что при любом оформлении у художника должно оставаться ощущение недосказанности.

В редких случаях, когда неудовлетворенности нет [259], либо удается оформить больше, чем содержалось в замысле и/или в пра-образе, либо сам пра-образ был замкнут и внутренне

---

[259] Например, знаменитый эпизод с Пушкиным, который, закончив «Бориса Годунова», оценил свое произведение словами «ай-да Пушкин, ай-да сукин сын!».

завершен, т.е. его связи с моделью мира были слабее его внутренних связей.

Бесполезность творчества

Нам не дано предугадать,
Как слово наше отзовется.

Другой пример необоснованного негативизма дает оценка своего творчества как *бесполезного*.

Критерий полезности произведения для других сам по себе бесспорен. В отличие от поспешных негативных оценок по нему.

Оценить значение своего творчества трудно [260]. Здесь особенно много заменяющих знание мифов.

Чтобы перейти от сомнений в осмысленности своего творчества к пониманию их обоснованности, нужно понять роль «среднего» творчества в духовной жизни общества.

Обмен идеями

Духовная жизнь общества состоит в обмене идеями [261]. Идеи различаются по тонкости материи, из которой они «сотканы».

Каждый участник этого процесса выступает в двух качествах – «приемника» и «передатчика». В качестве «приемника» он воспринимает (понимает, осваивает) идеи, содержащиеся в сообщениях (например, «очищает» содержание сообщений, идущих из физического мира). В качестве «передатчика» – оформляет их и передает другим [262].

---

[260] Пушкин, например, считал, что будет «любезен народу» тем, что «восславил... свободу и милость к падшим призывал». Только ли этим?

[261] «Идея» здесь – синоним «содержания», а не «мысли».

[262] Менее очевидна функция человека как «преобразователя». который синтезирует новые идеи из «принятых» им. Мы недостаточно знаем «физику идей», чтобы понять, продолжается ли процесс их создания и участвует ли человек в этом процессе.

Освоение идеи и качество формы

Каждый человек владеет разными по тонкости идеями. Одни им освоены больше: он полней их понимает, осознает и может лучше выразить, оформить; другие – меньше.

Чем больше освоена идея, тем выше качество ее оформления [263]. Если сначала оформление несовершенно – тонкая идея выражена слабо и заслонена грубыми, то по мере освоения ее выраженность усиливается – «кто ясно мыслит, тот ясно излагает». Идея начинает сначала проблескивать сквозь форму, а затем – ярко сверкать.

Духовный уровень

Хотя из любого сообщения в принципе можно извлечь сколь угодно тонкое содержание, способны на это далеко не все. Способность осваивать разные по тонкости идеи определяется духовным уровнем.

Если условно считать, что тонкость идей определяется десятью градациями, то люди с самым низким духовным уровнем освоили в той или иной мере градации 1, 2 и 3. Идеи градации 1 они воспринимают практически безотносительно к их форме и могут отчетливо их выражать: «Жрать давай!» Идеи градации 2 они понимают, когда те хорошо оформлены, но сами выражают их очень коряво: «Коммунисты (фашисты, демократы и т.п.) – сволочи». Идеи градации 3 они могут только смутно чувствовать, когда те хорошо оформлены.

С точки зрения метафоры питания можно считать, что люди с разным духовным уровнем питаются разной по тонкости пищей.

---

[263] Оформление малоосвоенной идеи может происходить и неосознанно – автор сам не понимает, что он написал. Впрочем, подготовленный читатель может извлечь не осознаваемое автором содержание.

Духовное развитие

Развитие увеличивает число градаций освоенных идей (способность извлекать из «пищи» ее тонкие элементы) – люди осваивают идеи градаций 4, 5 и т.д.

К вершинам духа можно подняться только постепенно (по-ступенно). Есть произведения, в которых совершенно оформлены идеи градации 10 – Джоконда и Сфинкс, Священные книги и Бах, Нотр-Дам и пирамиды. Но, чтобы понять эти произведения (или даже просто «прикоснуться» к ним), необходим высокий духовный уровень. Иначе Сфинкс оказывается бесформенной глыбой, а Джоконда – нарисованной бабой.

Разные по тонкости содержащихся в них идей произведения продвигают разных по духовному уровню читателей (зрителей, слушателей) к следующим ступеням духовного развития. Для человека с невысоким уровнем таким произведением вряд ли станет «Божественная комедия», к восприятию которой он не готов, а к чтению, вероятнее всего, не приступит.

Пока духовное развитие идет параллельно взрослению, «человек читающий» переходит от одних литературных форм к другим: от сказок к приключениям, от приключений к психологическим романам, от психологических романов к философским книгам [264]. Сначала вершиной для него является «Винни-Пух», затем – «Три мушкетера», затем – «Ромео и Джульетта», затем – «Гамлет», затем, возможно, – и Шопенгауэр, и наконец – Библия [265].

Но духовное развитие часто останавливается. Тогда вершиной остается Пикуль.

---

[264] Конечно, есть произведения (например, «Война и мир», «Евгений Онегин»), которые совмещают в себе черты беллетристического чтива с психологизмом и философским осмыслением жизни. Такие книги можно читать всю жизнь, все время находя нечто новое и ценное. Но не только они составляют круг чтения и способствуют духовному развитию.

[265] Еще более явно ту же картину можно наблюдать по мере перехода при обу- чении от одних учебников к другим.

Творчество – приготовление «духовной пищи»

Так как полезность произведения для других определяется тем, насколько оно приближает их к Богу, полезное произведение должно снабжать читателя (зрителя, слушателя) *доступными ему* тонкими идеями. Творчество можно считать приготовлением «духовной пищи». Приготавливая пищу, из которой другие извлекают тонкую материю, автор помогает их духовному развитию.

Считать произведение бесполезным можно, если содержащиеся в нем идеи никем не могут быть использованы для духовного развития. Ясно, что такое крайне мало вероятно, если вообще возможно.

Конечно, разные авторы работают по-разному. Те, кто больше заняты собственным духовным развитием, стремятся оформить более тонкие, но менее освоенные ими идеи, рассчитывая на адресатов, которые способны извлечь эти идеи из плохой формы. Другие, наоборот, хорошо оформляют полностью освоенные ими, но более грубые идеи, делая их доступными для менее подготовленных адресатов [266]. Но это не означает, что первые произведения «лучше» или «хуже» вторых, как не «лучше» и не «хуже» друг друга произведения элитарного и массового искусства или учебники для института и школы.

Конечно, часто (может быть, всегда или почти всегда) новое произведение «просто» по-другому оформляет идею, уже оформленную (но иначе) в другом произведении. Но и это не делает произведение бесполезным. Разнообразие форм необходимо для распространения идеи. Люди с одним уровнем развития в разной степени чувствительны к разным (хотя и «одинаковым по качеству») формам. Человек, который невосприимчив к идее, оформленной одним образом, может понять ту же идею, если она оформлена иначе.

---

[266] В науке первые наиболее эффективны в исследовательской сфере как ученые; вторые – в преподавании и популяризаторстве как, соответственно, педагоги и писатели.

Другое дело, что сплошь и рядом автор не способен оценить реальное значение своего произведения. Но такая неспособность сама по себе – не основание для самообвинения. То, что роль произведения в культурном процессе невозможно заранее предвидеть, не означает, что для кого-то воспринятое из «посредственного» произведения содержание не станет отправной точкой в его Работе. Если проанализировать круг чтения Пушкина, легко заметить, что в нем были не только шедевры.

Невозможность ответить на вопрос об эффекте произведения не является основанием для отрицания его ценности. Наоборот, она дает надежду. Например, оказывается, что творить для потомков «безопаснее», чем для современников.

Совершенствование

«Наведение порядка» с критериями и обретение возможности непротиворечиво оценивать творчество позволяют поставить вопрос о его совершенствовании.

Технология создания «хороших» произведений

Знание, какие произведения удовлетворяют используемым критериям, содержит материал о том, какие особенности произведения определяют его ценность. Этот материал можно попробовать извлечь – понять связь особенностей произведения и его «качества» [267]. Если это удастся и «технология» создания «хороших» произведений станет понятной, можно попытаться ее освоить.

Но делать это можно, только когда «технология» органична для автора. Иначе автор сам не захочет создавать «хорошие» произведения. Так, при ориентации на денежное вознаграждение может оказаться необходимым создавать рекламные ролики, рассчитанные на пробуждение зависти. Для человека, ориентированного на высокое искусство, в этой ситуации иногда проще отказаться от материального вознаграждения.

Такую ситуацию необходимо как можно более полно осознать, чтобы не тратиться на злобствования по поводу безвкусицы «дурной толпы» или тем более на самобичевание по поводу неспособности сделать то, что получается у «любой бездари». Продуктивным выходом будет изменение критериев оценки своего творчества, чтобы спокойно работать не в жанре рекламы и не на широкую публику.

Путь

По-настоящему работа по совершенствованию творчества начинается с *определения своего пути*.

Понимание разнообразия форм творчества ставит вопрос о самоопределении – поиске в этом разнообразии своего. Чтобы ответить на этот вопрос, нужно услышать, что говорит **ТОТ, КТО ЗНАЕТ.**

───────────────────

[267] Впрочем, полное осознание чревато отказом от творчества в пользу критики. Вспомним притчу о разучившейся ходить сороконожке. Критик и художник, ученый и историк науки редко совмещаются в одном лице.

ДОПОЛНЕНИЯ [268]

ВПЕЧАТЛЕНИЯ

ПЕРЕРАБОТКА ВПЕЧАТЛЕНИЙ ПО ГУРДЖИЕВУ • ВПЕЧАТЛЕНИЯ – ДУХОВНАЯ ПИЩА • ВПЕЧАТЛЕНИЯ КАК ПЕРВИЧНЫЕ РЕАКЦИИ • Виды первичных реакций • ЭНЕРГЕТИКА ВПЕЧАТЛЕНИЙ • Энергия организации внешнего и внутреннего миров • Аккумуляция впечатлений • Неполнота воспроизведения

ПЕРЕРАБОТКА ВПЕЧАТЛЕНИЙ ПО ГУРДЖИЕВУ

Согласно Гурджиеву–Успенскому, в отличие от переработки пищи и воздуха, переработка впечатлений происходит не автоматически, а требует сознательных действий («толчков»), первым среди которых Гурджиев называет *рефлексию момента принятия впечатления*.

---

[268] В Дополнения вынесен материал, имеющий, главным образом, «технический» характер, но проясняющий некоторые вопросы, обсуждаемые в основном тексте.

ВПЕЧАТЛЕНИЯ – ДУХОВНАЯ ПИЩА

Психологии известны феномены сенсорного и информационного голода и другие *«проблемы дефицита»* — эмоционального тепла, чувства безопасности (защищенности), смысла, понимания и т.д. В этот ряд естественно вписывается дефицит впечатлений.

Как и «внутренняя гармония», впечатления — родовое понятие для всего того, недостаток чего («голод») деструктивно влияет на индивидуальную психику.

ВПЕЧАТЛЕНИЯ КАК ПЕРВИЧНЫЕ РЕАКЦИИ

Процесс восприятия (и внешнего, и внутреннего — интроспекции) можно изобразить в виде линии — границы между индивидом и средой на плоскости, на которой ось абсцисс соответствует времени, а ось ординат — координате «индивид-среда». При увеличении объема восприятия граница поднимается, при уменьшении — опускается.

Чтобы определить впечатление, нужно выделить на линии восприятия *сегменты* [269]. Такими сегментами («единицами восприятия») могут быть, например, изолированные объекты (люди, вещи естественного или искусственного происхождения), сцены [270], события [271], содержание восприятия

---

[269] То, что это можно сделать (правда, по-разному), демонстрируют теоретические работы по театроведению, киноведению, музыковедению и другим «-ведениям», анализирующим динамические ряды — видео- и/ или аудио-.

[270] Сцена — совокупность объектов в их взаимоотношениях. В составе сцены выделяются активно действующие (взаимодействующие) объекты (как правило, люди) и пассивно присутствующие объекты (фон или декорация).

в зоне неизменного внимания, художественный образ (например, описание), мысль и т.д.

Восприятие подвергается «внутренним преобразованиям», которым на рисунке соответствуют полосы, уходящие от линии восприятия в глубь «индивидуальной» половины плоскости.

Если теперь разделить на сегменты эти полосы (определить единицы преобразования), то «индивидуальная» часть плоскости разбивается на клетки. Впечатления — это слой клеток, прилегающий к линии восприятия — первые единицы преобразования единиц восприятия. Эти «первые единицы преобразования» можно назвать «первичными реакциями».

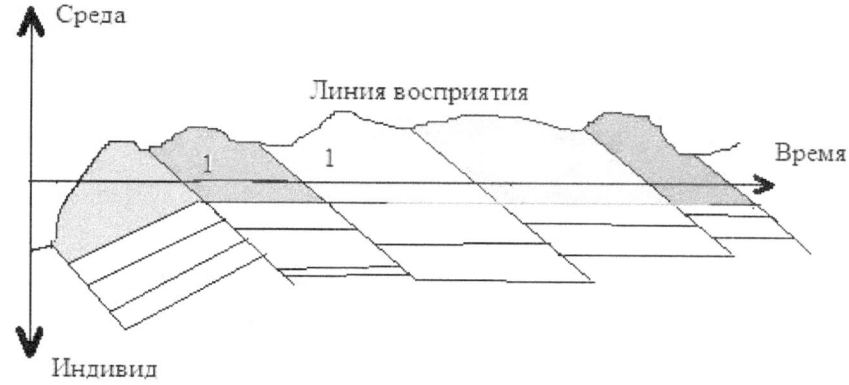

Рис. 5. Схема переработки впечатлений (1 — впечатления)

Виды первичных реакций

В первичной реакции можно выделить *мотивацинный* (импульс к действию), *эмоциональный* и *когнитивный* компоненты.

---

[271] Событие (по А.А.Кронику) — законченный фрагмент развития мира, приводящий к значимым для субъекта изменениям взаимоотношений объектов между собой или их взаимоотношений с субъектом.

«В чистом виде» мотивационный компонент проявляется в поведенческом отреагировании (человек уступает дорогу едущей машине), подчинении и подражании.

Эмоции (разные по силе и содержанию) сопровождают восприятие, образуя перцептивно-эмоциональный комплекс, составляющий сердцевину впечатления.

Когнитивный компонент проявляется в установлении связи восприятия с образом мира. Механизмами для этого могут быть категоризация и называние, интерпретация, осмысление, запоминание и т.д.

В результате когнитивной реакции возникают ассоциации (по сходству и по контрасту), происходит узнавание (припоминание), обнаружение новизны или противоречивости и т.п., формулируются вопросы, трансформируются (например, обогащаются новыми деталями) существующие и формируются новые образы.

Элементарная реакция на мысль — ее *принятие* или *отвержение*.

Принятие может быть следствием:

    а) банальности, очевидности;

    б) согласованности с имеющимися представлениями;

    в) полного незнакомства с малозначимым предметом;

    г) согласованности с имеющимся опытом.

Отвержение мысли может происходить из-за:

    а) непривычности (новизны);

    б) чуждости, несоответствия интересам (например, из-за неподготовленности, непонимания);

    в) противоречия существующим представлениям; г) противоречия опыту (абсурдности).

Отвергнутая мысль либо забывается, либо «откладывается» и «всплывает» позднее, становясь «источником премудрости».

Мысль, полученная из неавторитетного источника, скорее будет отвергнута, чем та же мысль, полученная из авторитетного источника.

Когда мысль не принимается и не отвергается, она запоминается, становится *внутренней гипотезой*. «Обработка» такой мысли часто бессознательна.

Воспринятая мысль порождает другие мысли «по поводу» (часто вопросы). Те — следующие, и т.д. Начинается акт мышления. Он может иметь форму монолога или диалога — коммуникации, в которой мысль задает тему и позицию одного из участников, а реакция(и) — позицию(и) другого(их).

ЭНЕРГЕТИКА ВПЕЧАТЛЕНИЙ

Среда, предъявляя к индивиду требования, воздействует на его поведение, передает энергию. Впечатления — посредники в этой передаче.

Каждое *впечатление несет энергию. Энергия впечатлений активирует психику.*

Энергия организации внешнего и внутреннего миров

Мир организован. Его части *связаны* между собой. Силы — пример таких связей. Связь обладает энергией. Если бы мир не был наполнен энергией связей, он разлетелся бы на мельчайшие частицы.

Отражая (воспроизводя) мир, образ мира воспроизводит и связи между его частями. Воспроизведенная связь обладает энергией. Это факт известен нейрофизиологам, но его значение выходит далеко за рамки нейрофизиологии.

Ментальная деятельность формирует связи во внутреннем (воспроизведенном внешнем) мире. Связи могут переживаться как реактивные эмоции, отражающие связи «воздействия мира на Я"; как взаимосвязи между частями мира, если ни одна из них не связана непосредственно с Я; как стремления и действия — связи «действия Я на мир».

Для установления связи нужна энергия. Эта энергия при переживании впечатлений «заимствуется» из внешнего мира.

Аккумуляция впечатлений

Аккумуляция устанавливает связи между впечатлением и частями образа мира [272]. Таким образом она включает впечатление в образ мира. Связи формируются: а) «по времени» с одновременными событиями — впечатления «нанизываются на нить» биографии; б) «по сходству» (общее настроение, внешнее сходство, общие обстоятельства переживания, общие персонажи и т.п.) с другими впечатлениями; в) по принадлежности к одному классу, когда впечатление связывается с классом сходных, например, имеющих одно имя (относящихся к одной категории); д) по наличию причинно-следственных отношений; и т.д.

Энергия впечатления преобразуется в энергию его связей с образом мира и «консервируется» в связях.

Неполнота воспроизведения

Связи в воспроизведенном (внутреннем) мире только частично репрезентируют связи внешнего мира. Эта частичность проявляется в незнании, непонимании, сомнении, вопросах, внутренних противоречиях и т.д.

Несформированные и «неправильные» связи обладают отрицательной «энергией», т.е. требуют ментальной работы для своего развития («завершения»). Это — «черные дыры» психики.

Другая сторона этого явления состоит в том, что гармонизация внутреннего мира устраняет «черные дыры» и может рассматриваться как внутренний источник энергии.

---

[272] При этом впечатление может как сохранить, так и утратить целостность.

ДИАГНОСТИКА

Центральный момент в диагностике состояния духовного развития — *изучение духовного опыта.*

Интерес представляют многие вопросы. Какие «отвлеченные» мысли есть или были у человека? Насколько он знает себя, ориентируется в мире людей, в искусстве, философии, религии? (Для диагностики значимы и общая масса «отвлеченных» представлений, и их «удельный вес» во всей системе индивидуального мировосприятия, и их адеватность.) Воспринимает ли человек тонкие вещи? Насколько ярки его впечатления (например, от природы или искусства)? Насколько богата творческая трансформация «фотографичеких» восприятий? Какие эмоции и по какому поводу переживает человек? Какие эстетические чувства? Религиозные? Любовь? Интерес?

Среди приемов диагностики духовного опыта важное место занимают методы экспериментальной психосемантики, базирующиеся на теории личностных конструктов Г.Келли. Например, выбор предпочтений из списков названий художественных произведений или имен исторических деятелей (например, писателей).

Попросив респондента указать наиболее привлекательные для него элементы в списке (например, самые важные или самые нравящиеся и т.п.), можно получить информацию об уровне эстетического развития. Близкий прием состоит в том, чтобы сначала предложить респонденту самому составить соответствующие списки.

Другая группа методов связана с анализом речевой продукции (как письменной, так и устной). Анализ свободного текста позволяет выявить тематические приоритеты собеседника — о чем человек говорит охотно, а о чем нет. О чем — со знанием дела, а о чем поверхностно [273].

Духовный опыт может принадлежать к прошлому, быть законченным, «закапсулированным» («мертвый опыт»), или — к настоящему, быть незавершенным, развивающимся. Для диагностики *духовного потенциала* интерес представляет живой опыт и его живые источники.

Диагностика духовного потенциала связана с изучением системы деятельности и событийной системы жизни (например, представлений о будущих событиях, в том числе планах и целях).

Жизнь человека — череда событий, одни из которых воспринимаются как более, другие — как менее важные. Методы каузографии [274] позволяют увидеть, из каких занятий складывается жизнь человека, какие из них для него наиболее важны и приятны. Выделение в каузограмме подмножества событий духовной жизни «проявляет» «духовную составляющую» жизни, дает представление о духовной работе, которой человек занят уже сейчас или готов заняться в будущем.

В диагностике духовного потенциала важное место занимает изучение психической энергетики и способностей.

---

[273] Реальная проблема здесь — уход респондента от обсуждения значимых, «интимных» тем — стремление «закрыться». В практике консультативных бесед общий подход к преодолению этого затруднения состоит в создании обстановки принятия, эмпатийного слушания, когда консультант внеоценочно («с пониманием») воспринимает любые сообщения клиента.

[274] Каузография — система методов, разработанная А.А.Кроником, позволяющая, в том числе, отображать графически (в виде каузограммы) видение человеком причинно-следственных связей важнейших событий своей жизни (прошлых, настоящих и будущих).

Диагностические методы решения подобных задач, в общем, известны.

Но даже исчерпывающее знание всех перечисленных аспектов все еще не до конца решает задачу диагностики духовного потенциала.

Есть еще НЕЧТО, что можно назвать жизненной силой («силой духа») и что определяет способность человека к духовному развитию в неблагоприятных обстоятельствах. Что-то о НЕЧТО можно узнать, изучая биографию человека. Но, вообще говоря, в «лабораторных условиях» о НЕЧТО можно получить лишь очень поверхностное представление.

Для определения возможных *путей духовного развития* существенно знание направленности и ценностных ориентаций. Для их диагностики существует множество апробированных методик.

Хуже обстоит дело с методами получения знаний о творческом компоненте деятельности, образующих другую группу вопросов, на которые нужно ответить, чтобы определить возможные направления развития. Насколько выражено творческое начало? Насколько организовано или хаотично творчество? Насколько оно произвольно или управляемо? Способно ли оно к развитию (в том числе к саморазвитию)?

ДОБРО И ЗЛО (ПОЗИТИВНОСТЬ И НЕГАТИВНОСТЬ ЭНЕРГИИ)

ФЕНОМЕН • ОПРЕДЕЛЕНИЯ ПОЗИТИВНОСТИ •Изменения энергии в диадическом взаимодействии • Соотношения между определениями •Позитивное воздействие и позитивное действие • **ОТНОСИТЕЛЬНОСТЬ ПОЗИТИВНОСТИ. • ДВОЙСТВЕННОСТЬ НАМЕРЕНИЯ • ПОЗИТИВНОСТЬ И АЛЬТРУИЗМ • ПРЕВРАЩЕНИЯ ПОЗИТИВНОСТИ • СОХРАНЕНИЕ ПОЗИТИВНОСТИ • ПОЗИТИВНОСТЬ И ТОНКОСТЬ • ПРАКТИЧЕСКИЕ ЗАДАЧИ**

ФЕНОМЕН

Воздействия на нас и наши воздействия на мир бывают доброжелательными или злонамеренными. К одним людям мы относимся тепло, к другим — мягко говоря, прохладно. Одним помогаем. Другим наносим вред. Так же по-разному относятся люди к нам.

Человек «излучает» на мир энергию двух родов: *позитивную* (любовь) и *негативную* (злобу).

Мы ощущаем на себе воздействие позитивной энергии, когда:

— нас бескорыстно любят;

— мы чувствуем себя защищенными;

— мы ощущаем человеческое тепло;

— нас понимают;

— мы становимся умней;

— мы воспринимаем красоту;

— мы чувствуем прилив сил;

— мы радуемся с другими;

— мы испытываем умиление.

В позитивном состоянии преобладают «добрые чувства":

— любовь, забота, стремление к добру, преданность;

— радость, чувство гармонии и согласия с миром;

— акты познания, понимания;

— переживания возвышенности, торжественности.

Мы ощущаем на себе воздействие негативной энергии, когда:

— к нам относятся с неприязнью, угрожают или не доверяют;

— мы вынуждены делать то, что не хотим;

— мы видим боль, уродство, смерть;

— нас не понимают;

— нас предают;

— нам лгут, оглупляют;

— мы сталкиваемся с беспорядком;

— мы подвергаемся соблазнам, отвлекающим от «главного».

Негативная энергия преобладает в состояниях:

— неприязни (отвращения, презрения, гнева);

— тревоги, страха;

— дискомфорта, болезни;

— усталости;

— алчности, эгоистических желаний (в том числе — сексуальных,

славы, известности и т.д.), голода и жажды [275].

---

[275] Творчество (и восприятие продуктов чужого творчества) может быть связано с излучением (поглощением) как позитивной, так и негативной энергии. Например, негативная энергия часто аккумулирована в произведениях «массовой культуры».

ОПРЕДЕЛЕНИЯ ПОЗИТИВНОСТИ

Позитивность можно определять по-разному.

1. Позитивным можно считать воздействие, вызывающее *позитивные эмоции.* Другими словами, позитивные воздействия — те, которые удовлетворяют потребности, прежде всего, в безопасности, защищенности, теплоте или, другими словами, — в любви.

2. Позитивным можно называть воздействие, приносящее *благо.* Понятие «благо» («добро») имеет много значений, так что здесь не одно, а несколько определений.

«Благом» можно считать:

2-1. *То, что представляется «благом» объекту воздействия.* Такое «благо» — эквивалент положительной эмоциональной реакции. Привычное понимание «блага» как счастья или материального *благо*-получия согласуется с этим определением. В этом случае позитивное воздействие — это *благо*-деяние, помощь.

2-2. *То, что представляется «благом» субъекту воздействия.* В этом случае позитивность воздействия определяется его смыслом для действующего, намерением.

2-3. Эзотеризм определяет «объективное благо» как *изменение объекта в сторону Божественности,* т.е. помощь в его эволюции.

Воздействия делят на способствующие и препятствующие эволюции. Способствует эволюции передача более тонкой (Божественной) материи по сравнению с преобладающей в объекте [276].

Естественно, «объективное» благо может не совпадать с «субъективным».

---

[276] Важно, чтобы эта материя могла войти в объект. Иначе «помощь» окажется «метанием бисера».

3. Позитивным можно называть воздействие, которое увеличивает энергию объекта. Здесь также два определения. Увеличиваться может:

3-1. *«Потенциальная»* энергия — способность к работе, количество сил; или

3-2. *«Кинетическая»* энергия — количество движения.

Изменения энергии в диадическом взаимодействии

Остановимся на определении 3 подробнее.

Прежде всего, считать позитивными воздействия, увеличивающие «кинетическую» энергию, бессмысленно — ее увеличивают любые воздействия. Поэтому как определение позитивности можно рассматривать только определение 3-1. Увеличение психической энергии означает рост способности к работе, т.е. «потенциальной» энергии.

Потенциальная энергия аккумулирована во внутренних связях. Рост потенциальной энергии происходит при образовании новых связей или усилении имеющихся. Уменьшение — при ослаблении (в пределе — разрушении) имеющихся связей. Таким образом, позитивная энергия — энергия *созидания*, а негативная — *разрушения*.

В диадическом взаимодействии энергия его участников меняется. Если назвать более активного участника взаимодействия «субъект», а более пассивного — «объект», то возможны четыре варианта таких изменений: 1) энергия обоих участников уменьшается; 2) энергия субъекта уменьшается, а объекта увеличивается; 3) энергия субъекта увеличивается, а объекта уменьшается; и 4) увеличивается энергия обоих участников.

Обычно поведенческая активность уменьшает «потенциальную» энергию. Внутренние связи «отчуждаются» в продукте деятельности и ослабевают. Это проявляется в усталости.

Когда при активности энергия возрастает (любое «питание», включая обучение или созерцание), можно считать, что излучается негативная энергия (разрушающая «пищу»).

Если воздействие уменьшает энергию объекта (т.е. энергию его внутренних связей), то передает отрицательную энергию (разрушает его); если увеличивает — положительную.

В соответствии с законом сохранения энергии ясно, что первый и четвертый случаи характерны для неизолированной системы, а второй и третий — для изолированной.

Обоюдное уменьшение энергии характерно для совместной деятельности, когда энергия участников *поглощается внешним миром*. Это поглощение может иметь форму продукта совместной деятельности, но может и «рассеиваться», например, при борьбе, ссоре и т.п.

Уменьшение энергии одного участника при росте энергии второго соответствует *энергетическому вампиризму*.

Утрата сил в общении активным участником может быть следствием нерешаемости коммуникативной задачи («Я ему толкую-толкую, а все как горох об стенку»). Такой вампиризм часто можно наблюдать во взаимодействии врача с больным или психотерапевта с клиентом. В последнем случае он известен как «эффект сгорания».

Пример вампиризма с утратой сил пассивным участником — занудство. Другие примеры можно наблюдать в асимметричных отношениях типа нападок одного супруга на другого, «задергивания» воспитанием ребенка, любви без взаимности и т.п.

Самый интересный случай представляют взаимодействия, увеличивающие энергию обоих участников. Так бывает, например, при обоюдоинтересном разговоре. Обогащая ученика, учитель обогащается и сам — «рука дающего не оскудевает». В этом случае взаимодействие организовано как *взаимопомощь* его участников в получении энергии из внешнего Источника.

Соотношения между определениями

Как соотносятся определения позитивности между собой?

Как и «определение» 3-2, «определение» 2-3 ничего не определяет. Соответствующее ему подмножество «позитивных» воздействий совпадает со всем множеством воздействий.

Любое воздействие, в конечном итоге, идет от Бога, в этом смысле является «объективным благом» и способствует эволюции — «что ни делается — к лучшему». По отношению к деяниям Бога понятие позитивности не имеет смысла, так как разделение на позитивное и негативное происходит «ниже».

Оставшиеся определения распадаются на две группы.

Определения 1, 2-1 и 3-1 (положительная эмоциональная реакция, субъективное «благо», рост сил) эквивалентны между собой и представляют разные формулировки одного определения (далее — Определение 1).

Определение 2-2 (далее — Определение 2) (позитивность намерений действующего) отличается от Определения 1, так как «благо» с точки зрения субъекта — не всегда «благо» для объекта воздействия.

Определение 2 акцентирует связь позитивного действия с любовью. Позитивное действие всегда является способом воплощения (оформления) любви. В этом смысле можно считать, что любые позитивные действия родственны между собой и происходят из одного Источника — Божественной Любви.

Позитивное воздействие и позитивное действие

Естественно отнести Определение 1 к *воздействиям*, воспринимаемым от мира, а Определение 2 (позитивно действие, реализующее любовное отношение) — к *действиям*, направленным на мир.

Определение 1 *по отношению к действиям* («позитивны действия, приятные для другого») применимо только к действиям, направленным на человека либо иной одушевленный предмет.

Определение 2 *по отношению к воздействиям* («позитивны воздействия с добрым намерением»), во-первых, применимо только к воздействиям, идущим от субъекта намерений, прежде всего, от человека, а, во-вторых, относит к позитивным, например, воздействия «услужливого дурака».

ОТНОСИТЕЛЬНОСТЬ ПОЗИТИВНОСТИ. ДВОЙСТВЕННОСТЬ НАМЕРЕНИЯ

Позитивность действия не абсолютна. Крыловский медведь, убивающий комара на голове мужика, совершал позитивное (в смысле Определения 2) действие по отношению к мужику, но — не к комару.

Это обычная коллизия: действие, позитивное для одного, оказывается негативным для другого: чтобы дать одному, нужно отнять у другого. Чтобы создать одно — разрушить другое.

Таким образом, в намерении действующего всегда присутствует *двойственность*. Желание добра одному сопровождается желанием зла другому. Точно также и за желанием зла одному стоит желание добра другому (очень часто — себе) [277]. Любое воздействие, идущее от физического мира, содержит и позитивную, и негативную энергии. Даже учение Христа было для Синедриона угрожающим.

Невозможность абсолютного Добра сама по себе также не является безусловным злом. Она означает невозможность и абсолютного зла, а значит, декларирует возможность найти Добро в любом воздействии.

---

[277] Универсальные действия (например, солнечное утро), которые у всех вызывают ощущение радости, прилив сил и т.п., материализуют намерение выразить любовь к очень широкому кругу вещей. Чем шире этот круг, тем универсальней воздействие. В частности, действия великих Учителей (Христа, Будды, Магомета, святых) универсальны потому, что в них выражена любовь ко всему человечеству.

ПОЗИТИВНОСТЬ И АЛЬТРУИЗМ

По отношению к себе эгоистичное действие (направленное на принесение блага себе) позитивно, а альтруистичное — негативно. По отношению к другим — наоборот.

ПРЕВРАЩЕНИЯ ПОЗИТИВНОСТИ

Так как часто позитивные действия при их восприятии становятся негативными воздействиями [278], и наоборот, позитивность воздействий также не абсолютна. Один человек воспринимает комплимент позитивно, другой — негативно (как лесть или издевательство). Возможна и более сложная ситуация, когда «благо» для одного Я — не «благо» для другого: одно Я воспринимает воздействие как позитивное, а другое — как негативное. Услышав «Какой ты молодец! Какой ты хитрый!», Я-"Дипломат" будет польщен, а Я-"Моралист" — обижен.

Кроме того, «благо» в результате воздействия может проявиться как сразу после воздействия, так и через долгое время.

Механизм преобразования позитивного действия в негативное воздействие прост. Объект воздействия отождествляется при восприятии не с тем, на что направлена позитивная сторона воздействия, а с тем, на что направлена его негативная сторона. Объект как бы поворачивается не той стороной, принести благо которой рассчитывал субъект действия.

СОХРАНЕНИЕ ПОЗИТИВНОСТИ

Результат негативного воздействия — ослабленные внутренние связи, требует привлечения внешней энергии для их

---

[278] Например, позитивное «воспитательное» действие часто воспринимается объектом воспитания как негативное воздействие.

восстановления. С другой стороны, усиленные в результате позитивного воздействия связи стремятся к воспроизведению во внешнем мире, что выражается в позитивном действии.

Таким образом, позитивное воздействие имеет тенденцию вызывать позитивное действие, а негативное — негативное.

Указанная тенденция позволяет говорить о круговороте или *сохранении как негативной, так и позитивной энергий*.

ПОЗИТИВНОСТЬ И ТОНКОСТЬ

Разнородность положительных и отрицательных эмоций говорит о существовании разных типов позитивности и негативности: например, «доброе слово» относится к одному типу, а «красивая картина» — к другому. Иначе говоря, и позитивные, и негативные воздействия могут осуществляться в разных планах.

Понятия *позитивность* и *тонкость* не тождественны. Тонкое не всегда позитивно (например, тонкая насмешка). Грубое бывает как негативным (грубый окрик), так и позитивным (грубая лесть).

Независимость «позитивного» и «тонкого» тем больше, чем более грубые материи передают воздействие.

Для взаимодействий путем обмена тонкими материями понятия «позитивность» и «тонкость» сближаются. Большая подвижность тонкой материи приводит к тому, что ее форма очень быстро меняется. Говорить о существовании *устойчивых* внутренних связей по отношению к тонкой материи нельзя. Картина облаков изменчивей живописного полотна. Воздействие на самом тонком плане не разрушает никаких форм, так как разрушать нечего. Наоборот, эти воздействия передают (и в этом смысле создают) свои (очень изменчивые) формы объекту воздействия. Впрочем, сказанное надо понимать условно, так как тонкая материя имеет только очень слабую *пространственную локализацию*, так что разделять объект и субъект воздействия можно только условно.

ПРАКТИЧЕСКИЕ ЗАДАЧИ

На человека действуют как негативные, так и позитивные воздействия. Его воздействия на окружающих также и негативны, и позитивны.

Общую тенденцию сохранения позитивности можно нарушить [279].

Необходимым условием для того, чтобы излучать только позитивную энергию, является невосприимчивость к негативным воздействиям.

Первый путь для этого — избегать негативных воздействий.

Второй — преобразовывать их в позитивные.

Возможности первого пути ограничены. В жизни есть некоторая свобода в выборе получаемых воздействий. Живя ближе к природе, можно увеличить количество тонких (и, следовательно, позитивных) воздействий. Аналогичные возможности есть при выборе художественных впечатлений или при избегании одних людей и стремлении к контакту с другими.

Но такая свобода очень относительна. Необходимость обеспечить для своего организма условия выживания диктует свои правила игры [280].

Человек нуждается в разных видах питания, которые он может получать только извне. И физическое, и психическое тела устроены так, что периодически испытывают голод (потребность, нужду) в пище. Эти потребности являются одновременно и негативными воздействиями, и внутренними источниками негативной энергии.

---

[279] Христианские призывы любить своих врагов или подставить для удара другую щеку — призывы к реализации этой возможности.

[280] Чтобы «перепоручить» заботу о своих БЫТ-овых проблемах Высшим силам, нужно большое мужество. И не только.

Судьба человека — подвергаться негативным воздействиям в форме или воздействий со стороны других людей, или соблазна, или боли, или актуализации животных потребностей (например, голода), или в какой-либо еще.

Хотя избежать негативных воздействий вообще невозможно, можно ограничить их силу, но не столько *внешней организацией жизни* (уединение, окружение себя красивыми вещами и добрыми людьми), сколько *внутренней работой* (например, самоограничением).

Однако оправданность такой внутренней работы не самоочевидна. Хороший работник много ест. Чтобы выполнить свою работу, необходимо иметь для нее все необходимое. Другой вопрос — правильно определить, что необходимо, а что нет.

Ограниченные возможности первого пути заставляют обратиться к изучению возможностей второго. Как можно преобразовывать негативные воздействия в позитивные?

Чтобы ответить на этот вопрос, надо понять против чего направлено негативное воздействие. Оно всегда направлено против психических *форм воплощения* индивидуального духа, но не против него самого. Руки гончара меняют форму глины, а не саму глину. Даже разбив кувшин, нельзя уничтожить глину, из которой он сделан.

На языке психологии Я ту же мысль можно выразить так. Негативное воздействие направлено на изменения множественных Я, но никогда — Я-центра. Я-центр оказывается объектом негативного воздействия только в той степени, в какой он отождествлен с множественным Я — его «мишенью».

Из сказанного понятно, что основными приемами нейтрализации негативных воздействий являются *разотождествление* с их объектом и их *переосмысление*. Человек не может сохранять неприкосновенными формы своих множественных Я. Но в этом нет и нужды. Более того, это мешало бы Работе. А вот использовать эти изменения для Работы можно. Необходимое условие для этого — свобода Я-центра. Оно же и достаточное.

ИРОНИЯ

Ирония — это отстраненность *автономного* Я от мира.

Это определение близко к кьеркегоровскому и отлично от юмористического отживания (высмеивающего неприятия) действительности [281]. Ирония может как сопровождаться, так и не сопровождаться юмором и/или весельем.

Европейской культуре свойственна абсолютизация таким образом понимаемой иронии, что приводит к стремлению сохранять автономию даже в общении с Вечным, к богоборчеству. Иллюстрациями этого стремления являются многие сюжеты греческой мифологии и Ветхого Завета (например история Иакова).

Ирония несовместима с духовной жизнью в том смысле, что последняя предполагает абсолютную серьезность: общение с Тем, что больше Я, поглощает Я, не позволяя сохранять дистанцию, без которой невозможны ни ирония, ни юмор. Однако эта несовместимость — только «одна сторона медали».

Другая состоит в том, что ирония необходима для практической деятельности. Так как Работа не исключает, а подразумевает практическую деятельность [282], несовместимость иронии и духовности (несмотря на кажущуюся естественность) является следствием теоретического отрыва духовности от реальных форм ее становления.

Более адекватно понимание иронии как инструмента духовного становления. Этим инструментом пользуются все и постоянно. Даже обучающий ученика Учитель разотождествлен

---

[281] Юмор — это соединение в сознании разных полюсов явления (высокого и низкого, умного и глупого, добродетельного и порочного), соединение всегда неожиданное (искусственное).

[282] Противопоставление духовного и светского представляется выдумкой людей, заменяющих реальную духовность некоторым вымышленным суррогатом.

с процессом обучения: его внимание распределено между учеником, собой и предметом обучения.

ТАЛАНТ

В психологии много внимания уделяется *способностям*, но почти нет работ о *таланте*.

Во-первых, считается, что между способностями и талантом различие только количественное: талант — это очень развитые способности, а гений — это очень, очень развитые способности (эти определения почти дословно заимствованы из словаря «Психология» под редакцией А.В.Петровского и М.Г.Ярошевского).

Во-вторых, психология ориентирована на массовые явления. Изучается то, что характерно для всех, пусть с разной степенью выраженности. Так как на диагностике способностей основано решение задач отбора (профессионального при подборе персонала, студентов при наборе в ВУЗы и т.п.), проблема способностей психологии близка.

Способности в психологии — это индивидуальная предрасположенность к *успешной деятельности*, то есть умение (или легкая обучаемость) решать те или иные задачи. На этом принципе построены все тесты измерения способностей.

Но способности не гарантируют реальной успешности. Далеко не все школьники с выраженными способностями к математике, легко решающие сложные задачи и побеждающие на математических олимпиадах, становятся профессиональными математиками. В то же время далеко не все профессиональные математики могут похвастаться подобными школьными успехами. То же относится и к другим профессиям, даже таким, как литература, музыка или живопись.

Одна из причин этого явления — трудности пути в професиональное сообщество, которые преодолевают не все способные школьники. Способности к деятельности не всегда сопровождаются сильным желанием ею заниматься [283].

---

[283] «Позитивная» сторона такого безразличия в том, что оно облегчает социальную адаптацию обладателя способностей, позволяя относительно безболезненно отказаться от «богоданного» дела и заняться чем-то еще.

Успех не достигается легко. Ряд (иногда длинный) «Не получается!» предваряет «Получилось!». Успех зависит от умения преодолевать кризисы обучения и творчества. Наряду со способностями для него необходимы сильные мотивация и воля. Фактически, талант — это триада **могу-хочу-делаю**, а не просто **могу**.

Однако талант — это не только выраженные способности, дополненные сфокусированной направленностью и сильной волей. Отличие таланта от способностей лежит глубже. Понять его помогает литературный синоним слова «талант» — Дар Божий.

Человек от рождения наделен набором возможностей («инструментов») для реализации основных функций своего бытия — физического выживания и духовного Служения. Но содержание Служения — Предназначение — у каждого свое. Предназначение немногих *избранных* — быть духовными лидерами и способствовать скачкообразному («прерывающему постепенность») развитию человечества. Для выполнения этой работы *избранные* наделены («одарены») особо мощными «инструментами» — талантами.

Таким образом, наиболее глубоко значение слова «талант» раскрывает его литературный синоним – Дар **БОЖИЙ**.

ОБ АВТОРЕ

Александр Исаакович Зеличенко — психолог, философ, историк, культуролог, теолог, публицист, основатель Веб-Института Высшей Психологии. Изданная в первый раз в 1996 году «Психология духовности» - его первая большая книга. За ней последовали «Разговоры ученого с Учителем» (2000, английский перевод 2001 год и немецкий перевод 2003 год), «Свет Жизни» (2006), «Psychology XXI. Or XXII?..» (2009, на английском языке), «Комментарии к евангелию от Матфея» (2011).

www.ingramcontent.com/pod-product-compliance
Lightning Source LLC
Chambersburg PA
CBHW070102290526
45789CB00005B/1893